# Pão Diário®

De: ______________________________



Para: ______________________________

Publicações Pão Diário

**AUTORES (conheça mais sobre os novos autores na página seguinte):**
Dave Branon, Anne M. Cetas, Poh Fang Chia, William E. Crowder, Lawrence Darmani, Dave Egner, Juarez Marcondes Filho, H. Dennis Fisher, Jaime F. Garrido, Davi C. Gomes, Kevin Gregory, Chek Phang Hia, Paschoal Piragine Junior, Cindy Hess Kasper, Randy K. Kilgore, Ney Silva Ladeia, Albert Lee, Julie Ackerman Link, Jaziel G. Martins, David C. McCasland, David H. Roper, Jennifer Benson Schuldt, L. Roberto Silvado, Joseph M. Stowell, Jeremias Pereira da Silva, Chris Wale, Marvin L. Williams, Philip D. Yancey

**TRADUTORES:** Renata Balarini Coelho, Elisa Tisserant de Castro, Cláudio F. Chagas, Irene Giglio, Elizabeth Hecke
**COORDENAÇÃO EDITORIAL:** Rita Rosário
**REVISÃO DO TEXTO:** Dayse Fontoura, Daniela Mallmann
**COORDENAÇÃO GRÁFICA:** Audrey Novac Ribeiro
**DIAGRAMAÇÃO:** Lucila Lis

**FOTOS DAS CAPAS:**
*Família,* Studio Gaea © Ministérios Pão Diário
*Israel,* Alex Soh © Ministérios Pão Diário
*Praia ao entardecer,* Alex Soh © Ministérios Pão Diário

**REFERÊNCIAS BÍBLICAS:**
Exceto se indicado o contrário, as citações bíblicas são extraídas da Edição Revista e Atualizada de João F. de Almeida © 1993 Sociedade Bíblica do Brasil.

**CRÉDITOS DOS ARTIGOS:**
9 de janeiro, 25 de abril, extraídos e adaptados de *O Jesus que eu nunca conheci,* por Philip D. Yancey, © 2002, Editora Vida; 4 de fevereiro, 5 de março e 5 de abril, extraídos e adaptados de *Oração Ela faz alguma diferença?,* por Philip D. Yancey, © 2007, Editora Vida; 17 de maio, extraído e adaptado de *Rumores de outro mundo,* de Philip D. Yancey. © 2004, Editora Vida; 11 de julho, extraído e adaptado de *Descobrindo Deus nos lugares mais inesperados,* por Philip D. Yancey. © 2005, Mundo Cristão; 18 de agosto, 29 de setembro, 15 de outubro e 29 de novembro, extraídos e adaptados de *Sinais da graça,* de Philip D. Yancey, © 2011, Mundo Cristão.



**PUBLICAÇÕES PÃO DIÁRIO**
Caixa Postal 4190, 82501-970 Curitiba/PR, Brasil
Email: publicacoes@paodiario.com • Internet: www.paodiario.com
Telefone: (41) 3257-4028

Brochura família: LP151 • ISBN 978-1-60485-973-7
Letra grande brochura família: Z2836 • 978-1-60485-982-9
Letra grande espiral família: YF861 • 978-1-60485-981-2
Bolso brochura Israel: RS199 • 978-160485-980-5
Bolso brochura paisagem: BP540 •ISBN 978-1-60485-979-9
Bolso brochura família: JM878 • ISBN 978-1-60485-978-2

*Impresso na China • Printed in China*
1.ª edição: 2015 • 1.ª impressão: 2015

## NOVOS AUTORES:

**Lawrence Darmani** é editor e premiado autor de renome internacional. Mora com sua esposa em Acra, capital da República de Gana. Gosta de escrever sobre os desafios que os jovens de hoje enfrentam, suas experiências pessoais, leituras e testemunhos.

**Juarez Marcondes Filho** é pastor há mais de trinta anos e exerceu o seu ministério em Santa Catarina, Minas Gerais e agora no Paraná. É autor de diversos livros. Ele e sua esposa Renata têm três filhos.

**Jaime Fernández Garrido** é pastor, escritor, musicista, produtor e diretor do programa de rádio *Nacer de Novo*, em língua espanhola. É casado com Míriam e tem três filhas.

**Davi Charles Gomes** é pastor há mais de 20 anos e também chanceler na Universidade Presbiteriana Mackenzie. É casado com Adriana e tem dois filhos gêmeos.

**Ney Silva Ladeia** é pastor da Igreja Batista de Capunga em Recife, e presidente da Convenção Batista de Pernambuco. É casado com Alice e tem duas filhas.

**Paschoal Piragine Junior** e sua esposa Cleusa têm dois filhos e um neto. É autor de diversos livros, pastor há muitos anos, professor de teologia e conferencista internacional.

**Jaziel Guerreiro Martins** é professor de teologia e reitor da Faculdade Teológica Batista do Paraná. Escreveu várias obras e artigos teológicos. É casado com Cleise e têm quatro filhas.

**Jeremias Pereira da Silva** foi casado com Ana Maria, sua companheira na obra, já recolhida pelo Senhor, e tiveram três filhos. É pastor, escritor e conferencista e exerce o seu ministério pastoral em Minas Gerais.

**Luis Roberto Silvado** e sua esposa Hedy têm dois filhos e um neto. Ele é autor de diversos livros, pastor há muitos anos, professor de teologia e conferencista internacional.

# SUMÁRIO

# Introdução

Era o ano de 1956. No interior de um pequeno estúdio de rádio onde eram gravados os programas cristãos transmitidos localmente, reconheceu-se a necessidade dos ouvintes por algo que pudessem ler ao longo da semana e que lhes trouxesse maior compreensão da Palavra de Deus.

Atendendo a essa demanda Richard W. DeHaan, sugeriu que o livreto devocional que seria escrito poderia se chamar *Pão Diário*, pois seria uma maneira de complementar os estudos bíblicos semanais transmitidos pelo rádio e os livretos mensais de sermões (série *Descobrindo a Palavra*).

O nome *Pão Diário* refletia, e ainda reflete, com clareza o propósito para o qual foi criado: auxiliar o leitor a compreender e a nutrir-se das verdades bíblicas diariamente. Entre as várias edições diferentes: temáticas, personalizadas e especiais, imprimimos anualmente mais de 60 milhões de cópias, que são distribuídas em 56 idiomas para 156 países.

Em comemoração aos 60 anos deste querido devocional, Ministérios Pão Diário no Brasil tem a satisfação de lançar esta edição na qual, pela primeira vez, um excelente grupo de líderes cristãos nacionais e um autor de origem africana vem somar forças ao nosso time de renomados autores internacionais.

Nosso desejo é que essas meditações, que abençoam os nossos leitores há seis décadas, inspirem e orientem a sua caminhada diária com Deus.

# Aperfeiçoando o seu momento devocional *Pão Diário*

Aqui vão algumas sugestões para obter o máximo da leitura devocional do *Pão Diário*:

- **Separe um local e uma hora específicos.** Seu momento devocional será mais expressivo se você puder se concentrar e estabelecer uma prática regular.
- **Leia a passagem bíblica.** Essas verdades da Palavra de Deus são as afirmações mais importantes que você lerá todos os dias. Ao ler a Palavra de Deus, procure aprender mais sobre Deus, sobre seu relacionamento com Ele e como Ele quer que você viva cada dia.
- **Observe o versículo-chave.** Está impresso à esquerda de cada artigo. Você pode memorizá-lo.
- **Leia o artigo atenciosamente.** Reflita no que o autor está afirmando.
- **Use o "pensamento" final para ajudá-lo a lembrar-se da ideia principal.** A afirmação final em negrito em cada página é o que chamamos de "pensamento do dia".
- **Escreva suas descobertas.** Por exemplo: O que Deus está falando para você por meio de Sua Palavra?
- **Invista tempo em oração.** Fale com o Senhor sobre o que você descobriu em Sua Palavra e sobre sua resposta a Ele.
- **Compartilhe sobre o que aprendeu com os outros.** Quando você conversar com outras pessoas, compartilhe o que o Senhor está lhe ensinando em Sua Palavra.

Oramos para que nestes devocionais você encontre encorajamento, esperança e consolo à medida que se aproxima de Deus e aperfeiçoa o seu amor por Ele.

1.º de janeiro

# A VISÃO CORRETA

LEITURA:
**Lamentações 3**

**Quero trazer à memória o que me pode dar esperança [...] porque as suas [de Deus] misericórdias não têm fim.**
**—Lamentações 3:21,22**

A BÍBLIA EM UM ANO:
☐ Gênesis 1–3
☐ Mateus 1

Um novo ano se inicia, o futuro se torna presente e uma pergunta nos vem à mente: como devemos viver esses dias que virão? Qual é a nossa motivação para planejar, agir e reagir?

Para responder a essas perguntas destacamos dois elementos inseparáveis: ser realista e ter esperança. Para muitos, ser realista demais com a vida os leva à desesperança. Para outros, ser esperançoso é quase sempre ser irrealista.

Na leitura de hoje, o profeta Jeremias nos ensina como devemos olhar para o dia de amanhã. Note como ele é, ao mesmo tempo, realista e autenticamente esperançoso. Mesmos descrevendo toda a ruína e angústia da situação do seu povo e de Jerusalém, ele ainda concentra seu pensamento na bondade de Deus. Sem fechar os olhos para o que estava ruim e errado, projeta seu olhar para aquilo que Deus pode fazer e transformar. Fundamenta sua esperança no Senhor. "A minha porção é o SENHOR, diz a minha alma; portanto, esperarei nele" (v.24). Reconhece que Deus é bom para os que o buscam e nele esperam.

Devemos olhar para o futuro da mesma maneira, sabendo que podemos ser realistas e fazer uma avaliação honesta daquilo que precisamos entregar e corrigir, e que também podemos descansar com confiança e esperança no poder do Deus Eterno. —LRS

**Que o novo ano seja cheio de esperança entrelaçada à sua realidade de vida!**

2 de janeiro

# SEM APETITE

LEITURA:
**Neemias 8:1-12**

---

**...desejai ardentemente, como crianças [...], o genuíno leite espiritual, para que, por ele, vos seja dado crescimento...**
**—1 Pedro 2:2**

---

A BÍBLIA EM UM ANO:
☐ **Gênesis 4–6**
☐ **Mateus 2**

Recentemente, quando lutei contra um resfriado forte, perdi o apetite. Eu conseguia passar o dia todo sem ingerir muita comida. Água era suficiente. Mas eu sabia que não sobreviveria muito tempo ingerindo apenas líquido. Precisava recuperar o meu apetite porque o meu corpo necessitava de nutrição.

Quando o povo de Israel saiu do exílio na Babilônia, seu apetite espiritual estava fraco. Eles haviam se afastado de Deus e de Seus caminhos. Para que o povo voltasse a ter saúde espiritual, Neemias organizou um seminário bíblico e Esdras foi o professor.

Esdras leu o livro da lei de Moisés desde a manhã até o meio-dia, alimentando o povo com a verdade de Deus (Neemias 8:3). E o povo ouviu atentamente. Na verdade, seu apetite pela Palavra de Deus foi tão estimulado que os líderes das famílias, os sacerdotes e os levitas encontraram-se com Esdras no dia seguinte para estudar a lei com mais detalhes porque queriam compreendê-la (v.13).

Quando nos sentimos distantes de Deus ou espiritualmente fracos, podemos encontrar nutrição e alimento espiritual na Palavra de Deus. "...desejai ardentemente, como crianças recém-nascidas, o genuíno leite espiritual, para que, por ele, vos seja dado crescimento..." (1 Pedro 2:2). Peça a Deus que renove o seu desejo por um relacionamento com Ele e comece a alimentar seu coração, alma e mente com a Sua Palavra. —PFC

---

**Alimentarmo-nos da Palavra de Deus nos mantém fortes e saudáveis no Senhor.**

3 de janeiro

# AJUDA DO SEU ESPÍRITO

LEITURA:
**Miqueias 6:3-8**

**...que é o que o SENHOR pede de ti: que pratiques a justiça, e ames a misericórdia, e andes humildemente com o teu Deus.**
**—Miqueias 6:8**

A BÍBLIA EM UM ANO:
☐ Gênesis 7–9
☐ Mateus 3

Muitos de nós tomamos resoluções para marcar o início de um novo ano. Fazemos votos do tipo: vou economizar mais, me exercitar mais ou ficar menos tempo na internet. Começamos o ano com boas intenções, mas em pouco tempo hábitos antigos nos tentam a voltar aos velhos modos. Escorregamos ocasionalmente, depois com mais frequência e em seguida, o tempo todo. No fim das contas, é como se a nossa resolução nunca tivesse existido.

Em vez de escolher os nossos próprios objetivos de autoaperfeiçoamento, talvez seja melhor nos perguntarmos: "O que o Senhor deseja de mim?" seria uma abordagem melhor. Por meio do profeta Miqueias, Deus revelou que Ele deseja que façamos o que é certo, sejamos misericordiosos e andemos humildemente com Ele (Miqueias 6:8). Todas estas coisas estão relacionadas ao aperfeiçoamento da alma em vez do autoaperfeiçoamento.

Felizmente, não precisamos contar com a nossa própria força. O Espírito Santo tem o poder de nos ajudar em nosso crescimento espiritual como cristãos. A Palavra de Deus diz que Ele é capaz de nos tornar "...fortalecidos com poder, mediante o seu Espírito no homem interior" (Efésios 3:16).

Então, ao começarmos um novo ano, vamos decidir ser mais semelhantes a Cristo. O Espírito nos ajudará conforme buscarmos andar humildemente com Deus. —JBS

---

**Aquele que tem o Espírito Santo como fonte já é vencedor.**

4 de janeiro

# EXCELENTE SITUAÇÃO

LEITURA:
**Filipenses 1:3-14**

**...as coisas que me aconteceram têm, antes, contribuído para o progresso do evangelho. —Filipenses 1:12**

A BÍBLIA EM UM ANO:
☐ Gênesis 10–12
☐ Mateus 4

Na Primeira Batalha do Marne, durante a Primeira Guerra Mundial, o tenente-general francês Ferdinand Foch enviou o seguinte comunicado: "Meu centro está desistindo, minha direita está em retirada. Excelente situação. Estou atacando." Sua disposição de ver esperança numa situação difícil eventualmente levou suas tropas à vitória.

Algumas vezes, nas batalhas da vida, podemos sentir como se estivéssemos perdendo em todas as frentes. A família em desacordo, os negócios em retrocesso, as finanças em calamidade ou a saúde em declínio pode acrescentar um viés pessimista ao modo como vemos a vida. Mas aquele que crê em Cristo pode sempre encontrar um modo para concluir: "Excelente situação".

Veja Paulo. Quando ele foi jogado na prisão por anunciar o evangelho, sua atitude foi surpreendentemente otimista. Ele escreveu à igreja de Filipo: "Quero ainda, irmãos, cientificar-vos de que as coisas que me aconteceram têm, antes, contribuído para o progresso do evangelho" (Filipenses 1:12).

Paulo encarou o seu aprisionamento como uma nova plataforma para evangelizar a guarda do palácio romano. Além disso, outros cristãos foram encorajados pela situação de Paulo a compartilhar o evangelho com mais ousadia (vv.13,14).

Deus pode usar as nossas provações para que cooperem para o bem, apesar da dor que trazem (Romanos 8:28). Essa é apenas mais uma forma de podermos honrá-lo. —HDF

---

**As provações podem ser a estrada de Deus para o triunfo.**

5 de janeiro

# Adoção

**Leitura:**
**Efésios 1:3-12**

**...assim como nos escolheu, nele [...] nos predestinou para ele, para a adoção de filhos, por meio de Jesus Cristo... —Efésios 1:4,5**

**A Bíblia em um ano:**
- ☐ Gênesis 13–15
- ☐ Mateus 5:1-26

Minha esposa, Marlene, e eu estamos casados há mais de 35 anos. Quando começamos a namorar, tivemos uma conversa que nunca esqueci. Ela me disse que fora adotada aos seis meses de vida. Quando lhe perguntei se ela já tinha se questionado sobre seus pais biológicos, ela respondeu: "Minha mãe e meu pai poderiam ter escolhido qualquer um dentre os inúmeros bebês naquele dia, mas escolheram a mim. Eles me adotaram. Eles são os meus verdadeiros pais."

A intensa identificação e gratidão que ela tem por seus pais adotivos deveria também marcar o nosso relacionamento com Deus. Como seguidores de Cristo, nascemos do alto por meio da fé nele e fomos adotados na família de Deus. Paulo escreveu: "...assim como nos escolheu, nele, antes da fundação do mundo, para sermos santos e irrepreensíveis perante ele; e em amor nos predestinou para ele, para a adoção de filhos, por meio de Jesus Cristo, segundo o beneplácito de sua vontade" (Efésios 1:4,5).

Perceba a natureza deste procedimento. Fomos escolhidos por Deus e adotados como Seus filhos e filhas. Por meio da adoção, temos um relacionamento radicalmente novo com Deus. Ele é o nosso Pai amado!

Que este relacionamento estimule os nossos corações a adorá-lo — nosso Pai — com gratidão. — WEC

**Deus ama a cada um de nós individualmente.**
—Agostinho

6 de janeiro

# NINGUÉM COMPARECEU

LEITURA:
**Mateus 6:1-7**

**Guardai-vos de exercer a vossa justiça diante dos homens, com o fim de serdes vistos por eles... —Mateus 6:1**

A BÍBLIA EM UM ANO:
☐ Gênesis 16–17
☐ Mateus 5:27-48

Certa noite de inverno, o compositor Johann Sebastian Bach deveria estrear uma nova composição. Ele chegou à igreja esperando que estivesse cheia, mas descobriu que ninguém tinha vindo. Sem perder o ritmo, Bach disse a seus músicos que ainda assim tocariam como planejado. Todos tomaram seus lugares, Bach ergueu sua batuta e em pouco tempo a igreja vazia encheu-se de música magnificente.

Esta história me fez sondar um pouco a minha alma. Será que eu escreveria se Deus fosse o meu único leitor? De que maneira o meu texto seria diferente?

Os novos escritores, geralmente, são aconselhados a visualizar a pessoa para quem estão escrevendo como uma maneira de manterem-se focados. Faço isso quando escrevo as meditações devocionais; tento manter os leitores em mente porque quero lhes dizer algo que eles queiram ler e que os ajudará em sua jornada espiritual.

Duvido que o "escritor de devocionais" Davi, para cujos salmos nos voltamos em busca de consolo e encorajamento tivesse "leitores" em sua mente. O único público que ele tinha em mente era Deus.

Sejam nossos "atos" mencionados no livro de Mateus 6 obras de arte ou serviços, deveríamos lembrar que o assunto é entre nós e Deus. Quer alguém veja ou não, não importa. Ele é o nosso público. —JAL

---

**Faça a sua parte, mesmo que em sua plateia tenha uma só pessoa.**

7 de janeiro

# PALAVRAS DE BÊNÇÃO

LEITURA:
**Mateus 6:5-15**

**...Pai nosso, que estás nos céus, santificado seja o teu nome. —Mateus 6:9**

A BÍBLIA EM UM ANO:
☐ Gênesis 18–19
☐ Mateus 6:1-18

No dia 19 de novembro de 1863, dois homens muito conhecidos fizeram discursos na consagração do Cemitério Nacional dos Soldados na Pensilvânia, EUA. O palestrante em destaque, Edward Everett, tinha sido membro do congresso, governador e presidente da Universidade de *Harvard*. Ele era considerado um dos maiores oradores de seu tempo, e fez um discurso formal de duas horas. Em seguida, o presidente norte-americano Abraham Lincoln fez um discurso que durou apenas dois minutos.

Hoje, este discurso de Lincoln é muito conhecido e citado, e as palavras de Everett foram quase esquecidas. O fator responsável por isso não foi apenas a eloquência e o tamanho do discurso de Lincoln. Naquela ocasião, as palavras dele tocaram o espírito ferido de uma nação arrasada pela Guerra Civil, oferecendo esperança para os dias que viriam.

As palavras não precisam ser numerosas para serem significativas. O que chamamos de oração dominical — a oração do Pai Nosso, está entre os ensinos mais curtos e célebres de todas as lições de Jesus. Traz ajuda e cura ao nos lembrar de que Deus é o nosso Pai celestial cujo poder age na terra assim como no céu (Mateus 6:9,10). Ele concede alimento, perdão e coragem para cada dia (vv.11-13). E toda honra e glória pertencem a Ele (v.13). Não há nada em nosso passado, presente e futuro que não esteja incluído nas breves palavras de nosso Senhor, que ajudam e curam. —DCM

**As palavras amáveis acalmam, tranquilizam e consolam quem as ouve.** —Blaise Pascal

**8 de janeiro**

# A VIDA ESCONDIDA

LEITURA:
**Colossenses 3:12-17**

**E tudo o que fizerdes, seja em palavra, seja em ação, fazei-o em nome do Senhor Jesus... —Colossenses 3:17**

A BÍBLIA EM UM ANO:
☐ Gênesis 20–22
☐ Mateus 6:19-34

Há alguns anos, encontrei um poema de George MacDonald intitulado, *The Hidden Life* (A vida escondida). O poema conta a história de um jovem muito inteligente que desistiu de uma prestigiosa carreira acadêmica para voltar a viver com seu pai idoso e sua família na fazenda. Lá, ele se comprometeu com o que MacDonald chamou de "feitos comuns" e "formas simples de assistência humana." Seus amigos lamentaram o que viram considerando um desperdício dos talentos do rapaz.

Talvez você também sirva em algum lugar despercebido, e suas atividades sejam consideradas algo comum. Outros podem pensar que é um desperdício. Mas Deus não desperdiça nada. Todo ato de amor expresso por dedicação a Ele é reconhecido e tem consequências eternas. Todo lugar, não importa quão pequeno, é solo santo. A influência significa mais do que simples ações e palavras. Pode ser simplesmente uma questão de ajuda a outro ser humano: estar presente, ouvir, compreender a necessidade, amar e orar. É isto o que torna a rotina diária em adoração e serviço.

O apóstolo Paulo desafiou os colossenses: "E tudo o que fizerdes, seja em palavra, seja em ação, fazei-o em nome do Senhor Jesus..." e "...fazei-o de todo o coração, como para o Senhor e não para homens [...] cientes de que recebereis do Senhor a recompensa da herança" (Colossenses 3:17,23,24). Deus reconhece o que fazemos em Seu nome e se alegra em nos usar como Seus instrumentos. —DHR

**A forma de conquistar muito para Cristo é servindo-o de todas as maneiras que podemos.**

9 de janeiro

# NA TERRA, COMO NO CÉU

LEITURA:
**Lucas 24:44-53**

**Vós sois testemunhas destas coisas [...] permanecei, pois, na cidade, até que do alto sejais revestidos de poder. —Lucas 24:48,49**

A BÍBLIA EM UM ANO:
☐ Gênesis 23–24
☐ Mateus 7

O paganismo romano dos dias de Jesus ensinava que as ações dos deuses nos céus acima de nós afetavam a terra aqui embaixo. Se Zeus ficasse bravo, os raios e trovões ressoariam. "No céu, como na terra," era a fórmula antiga.

Jesus, entretanto, algumas vezes invertia essa ordem. Ele ensinava: Na terra, como no céu. Um cristão ora e o céu responde. Um pecador se arrepende e os anjos se alegram. Uma missão é bem-sucedida e Deus é glorificado. Um cristão se rebela e o Espírito Santo se entristece.

Creio nestas coisas e, no entanto, de alguma forma, continuo esquecendo-as. Esqueço que as minhas orações são importantes para Deus. Esqueço que as escolhas que faço hoje trazem alegria ou tristeza ao Senhor do universo. Esqueço que estou ajudando os que me são próximos a chegarem aos seus destinos eternos.

Nós agora podemos levar aos outros a mensagem das boas-novas do amor de Deus que Jesus trouxe a esta terra. Esse era o desafio que Ele deu aos Seus discípulos antes de ascender a Seu Pai (Mateus 28:18-20). Nós que seguimos a Jesus servimos de extensão de Sua encarnação e ministério. Por isso Ele veio à terra. Antes de ir, Ele disse a Seus discípulos que enviaria o Seu Espírito do alto para aqueles que estão aqui embaixo (Lucas 24:48). Ele não nos deixou sozinhos. Ele nos enche com Seu poder para que possamos tocar as vidas aqui embaixo atingindo a eternidade. – PDY

**Tu subiste diante de nossos olhos, nos voltamos tristes e te encontramos em nossos corações.** —Agostinho

10 de janeiro

# A LONGO PRAZO

LEITURA:
**Tiago 5:7-11**

**Sede, pois, irmãos, pacientes, até à vinda do Senhor... —Tiago 5:7**

A BÍBLIA EM UM ANO:
- ☐ Gênesis 25–26
- ☐ Mateus 8:1-17

Uma pesquisa feita em 2006 com mais de mil adultos revelou que a maioria das pessoas leva em média 17 minutos para perder a paciência enquanto espera em uma fila. A maioria das pessoas também perde a paciência em apenas nove minutos enquanto espera no telefone. A impaciência é uma característica comum.

Tiago escreveu para um grupo de cristãos que lutavam para ser pacientes na espera pela volta de Jesus (Tiago 5:7). Eles estavam vivendo sob exploração e aflição e Tiago os encorajou a "arrumar seus despertadores de humor" para o modo longo prazo. Desafiando estes cristãos a perseverar sob o sofrimento, ele tentou encorajá-los a permanecer firmes e a viver sacrificialmente até que o Senhor voltasse para consertar tudo que estava errado. Ele escreveu: "...fortalecei o vosso coração, pois a vinda do Senhor está próxima" (v.8).

Tiago os chamou para ser como o fazendeiro que espera pacientemente pela chuva e pela colheita (v.7) e como os profetas e o patriarca Jó, que demonstraram perseverança em meio às dificuldades (vv.10,11). A linha de chegada estava logo adiante e Tiago encorajou os cristãos a não desistir.

Quando estamos sendo provados e submetidos a provas ou angústias extremas, Deus deseja nos ajudar a continuar vivendo por fé e confiando em Sua compaixão e misericórdia (v.11).
— MLW

**Para muita paciência — grandes provações.**

11 de janeiro

# A JORNADA COMEÇA

LEITURA:
**2 Pedro 1:5-11**

**...se alguém está em Cristo, é nova criatura; as coisas antigas já passaram... —2 Coríntios 5:17**

A BÍBLIA EM UM ANO:
- ☐ Gênesis 27–28
- ☐ Mateus 8:18-34

Há 81 anos, um menino de 9 anos orou para pedir a Jesus que fosse o Salvador de sua vida. Sua mãe escreveu o seguinte num livro de memórias: "Clair deu o primeiro passo hoje."

Clair — meu pai — caminha com Cristo há oito décadas. Ele marca o dia em que tomou a decisão de seguir a Cristo como o *começo* de sua jornada. O crescimento espiritual é um processo contínuo da vida e não um evento único. Desse modo, como um novo cristão alimenta a sua fé e continua a crescer? Estas são algumas coisas que observei na vida do meu pai durante os anos.

Ele leu as Escrituras regularmente para aumentar a sua compreensão de Deus e fez a oração ser uma parte diária de sua vida (1 Crônicas 16:11; 1 Tessalonicenses 5:17). A leitura bíblica e a oração nos ajudam a aproximarmo-nos mais de Deus e resistir à tentação (Salmo 119:11; Mateus 26:41; Efésios 6:11; 2 Timóteo 3:16,17; 1 Pedro 2:2). O Espírito Santo começou a desenvolver o "fruto do Espírito" nele conforme ele entregava sua vida em fé e obediência (Gálatas 5:22,23). Exibimos o amor de Deus por meio de nosso testemunho e serviço.

A jornada espiritual de meu pai continua e a nossa também. Que privilégio ter um relacionamento em que podemos crescer "...na graça e no conhecimento de nosso Senhor e Salvador Jesus Cristo..."! (2 Pedro 3:18). — CHK

**A salvação é o milagre de um momento; o crescimento é o trabalho de uma vida.**

12 de janeiro

# Um vizinho na cerca

Leitura:
**Atos 2:41-47**

**Todos os que creram estavam juntos...**
**—Atos 2:44**

A Bíblia em um ano:
☐ **Gênesis 29–30**
☐ **Mateus 9:1-17**

A cerca ao redor do jardim lateral de nossa casa estava desgastada e meu marido Carl e eu decidimos que precisávamos derrubá-la antes que caísse sozinha. Foi muito fácil desmontá-la, então a removemos rapidamente em uma tarde. Algumas semanas depois quando Carl estava rastelando o jardim, uma mulher que passeava com seu cachorro parou para dar sua opinião: "Seu jardim está muito melhor sem a cerca. Além do mais, não acredito em cercas." Ela explicou que gostava de "comunidade" e não de barreiras entre pessoas.

Embora haja algumas boas razões para termos barreiras físicas, o isolar-se de nossos vizinhos não está entre elas. Deste modo, entendi o desejo de nossa vizinha pelo sentimento de comunidade.

A igreja que frequento tem grupos da comunidade que se reúnem uma vez por semana para desenvolver relacionamentos e encorajar uns aos outros em nossa jornada com Deus. A igreja primitiva se reunia diariamente no templo (Atos 2:44,46). Tornaram-se um em propósito e coração conforme comungavam e oravam. Se tivessem lutas, tinham companheiros para animá-los (Eclesiastes 4:10).

A conexão com uma comunidade de cristãos é vital em nossa caminhada cristã. Uma das maneiras que Deus escolheu para demonstrar o Seu amor a nós é por meio dos relacionamentos. —AMC

**Todos nós precisamos de comunhão cristã para nos animar e sustentar.**

13 de janeiro

# MAIS DO QUE SOBREVIVER

LEITURA:
**1 Tessalonicenses 2:17–3:7**

**...trazendo-nos boas notícias da vossa fé e do vosso amor...**
**—1 Tessalonicenses 3:6**

A BÍBLIA EM UM ANO:
- ☐ Gênesis 31–32
- ☐ Mateus 9:18-38

Os exércitos invasores de Mussolini forçaram todos os missionários que serviam na região de Walamo a fugirem da Etiópia em abril de 1937. Eles deixaram 48 cristãos convertidos para trás, e estes tinham pouco mais do que o evangelho de Marcos para alimentar o seu crescimento espiritual. Poucos sabiam ler. Mas, quatro anos depois, quando os missionários retornaram, a igreja não tinha simplesmente sobrevivido, mas tinha atingido o número de 10 mil pessoas!

Quando o apóstolo Paulo foi forçado a deixar Tessalônica (Atos 17:1-10), ele ansiava por saber sobre a sobrevivência do pequeno grupo de cristãos que havia deixado para trás (1 Tessalonicenses 2:17). Mais tarde, quando Timóteo visitou a igreja dos tessalonicenses, ele levou notícias a Paulo em Atenas sobre a "fé e o amor" do povo (1 Tessalonicenses 3:6). Eles tinham se tornado "exemplos" aos cristãos das regiões vizinhas na Macedônia e Acaia (1 Tessalonicenses 1:8).

Paulo nunca reivindicou o crédito por nenhum crescimento numérico em seu ministério nem o atribuiu a outra pessoa. Antes, deu o crédito a Deus. Ele escreveu: "Eu plantei, Apolo regou; mas o crescimento veio de Deus" (1 Coríntios 3:6).

As circunstâncias difíceis podem frustrar até mesmo as nossas melhores intenções, separando amigos por certo tempo. Mas Deus está aumentando os números de Sua igreja por meio de toda dificuldade. Precisamos apenas ser fiéis e deixar os resultados para Ele. —CPH

**...edificarei a minha igreja, e as portas do inferno não prevalecerão contra ela.** —Jesus (Mateus 16:18)

14 de janeiro

# DOCE DESCANSO

LEITURA:
**Salmo 4**

**Mais alegria me puseste no coração... —Salmo 4:7**

A BÍBLIA EM UM ANO:
☐ Gênesis 33–35
☐ Mateus 10:1-20

Por mais que tentemos, nos debatendo, revirando-nos, afofando e batendo o travesseiro, algumas vezes simplesmente não conseguimos dormir. Após oferecer algumas boas sugestões sobre como ter uma noite de sono melhor, um artigo de jornal concluiu que na verdade não há um "jeito certo" de dormir.

Há inúmeras razões porque o sono nos escapa, e não temos o que fazer com relação a muitas delas. Mas algumas vezes, a indesejada insônia é causada por pensamentos ansiosos, preocupação ou culpa. É nesse momento que o exemplo de Davi no Salmo 4 pode ajudar. Ele clamou a Deus, pedindo misericórdia e para que Deus ouvisse a sua oração (v.1). Ele também lembrou que o Senhor o *ouve* quando ele o chama (v.3). Davi nos encoraja: "...consultai no travesseiro o coração e sossegai" (v.4). Concentrar as nossas mentes na bondade, na misericórdia e no amor de Deus por Seu mundo, por nossos amados e por nós mesmos pode nos ajudar a confiar no Senhor (v.5).

Deus deseja nos ajudar a deixar de lado a preocupação no que se refere a encontrar soluções para os nossos problemas e a colocar a nossa confiança na certeza de que Ele resolverá a situação. O Senhor pode colocar mais alegria em nossos corações (v.7), para podermos declarar: "Em paz me deito e logo pego no sono, porque, SENHOR, só tu me fazes repousar seguro" (v.8). – DCE

**Mesmo quando não conseguimos dormir, Deus pode nos dar o descanso.**

**15 de janeiro**

# ALIMENTO NA DESPENSA

LEITURA:
**Mateus 6:25-34**

**...não andeis ansiosos pela vossa vida, quanto ao que haveis de comer ou beber; nem pelo vosso corpo... —Mateus 6:25**

A BÍBLIA EM UM ANO:
☐ Gênesis 36–38
☐ Mateus 10:21-42

Minha amiga Márcia, diretora da Escola Cristã de Surdos da Jamaica, recentemente ilustrou uma maneira importante de olhar para as circunstâncias. Em um artigo ao qual chamou "Um começo abençoado", ela ressaltou que pela primeira vez em sete anos a escola havia começado o novo ano com um saldo positivo. E qual era esse saldo positivo? Mil dólares no banco? Não. Suprimentos escolares suficientes para um ano? Não. Era simplesmente isto: o suprimento do alimento suficiente para um mês no armário.

Quando você está encarregado de alimentar 30 crianças famintas com um orçamento quase inexistente, isso é grande coisa! Ela incluiu no artigo o versículo do livro de 1 Crônicas: "Rendei graças ao SENHOR, porque ele é bom; porque a sua misericórdia dura para sempre" (16:34).

Ano após ano, Márcia confia que Deus proverá as necessidades das crianças e da equipe de sua escola. Ela nunca tem de sobra — seja água, alimento ou material escolar. No entanto, ela está sempre grata pelo que Deus manda e é fiel crendo que Ele continuará a suprir.

No início de um novo ano, temos fé na provisão de Deus? Agir de tal forma é acreditar na palavra de nosso Salvador quando Ele disse: "...não andeis ansiosos pela vossa vida [...] não vos inquieteis com o dia de amanhã..." (Mateus 6:25,34).
—JDB

**A preocupação não esvazia o amanhã de sua tristeza; esvazia o hoje de sua força.** —Corrie ten Boom

16 de janeiro

# A PEQUENA TENDA

LEITURA:
**Colossenses 1:1-12; 4:12**

**...porque aprouve a Deus que, nele, residisse toda a plenitude.**
**—Colossenses 1:19**

A BÍBLIA EM UM ANO:
☐ **Gênesis 39–40**
☐ **Mateus 11**

Durante a campanha histórica do evangelista Billy Graham em Los Angeles, em 1949, a grande tenda que comportava mais de seis mil pessoas ficou superlotada todas as noites por oito semanas. Perto, havia uma tenda menor montada para oração e aconselhamento. Cliff Barrows, amigo de longa data e diretor musical das conferências de Graham, dizia com frequência que o trabalho de verdade acontecia na "pequena tenda", onde as pessoas se reuniam de joelhos para orar antes e durante cada culto evangelístico. Pearl Goode, moradora de Los Angeles, era incentivadora dessas e de muitas reuniões subsequentes.

Na carta do apóstolo Paulo aos seguidores de Cristo em Colossos, ele lhes garantiu que ele próprio e seus colegas estavam sempre orando pelos colossenses (1:3,9). Ao encerrar, Paulo mencionou Epafras, um fundador da igreja dos colossenses que "...se esforça sobremaneira, continuamente, por vós nas orações, para que vos conserveis perfeitos e plenamente convictos em toda a vontade de Deus" (4:12).

Algumas pessoas recebem a tarefa de grande exposição pregando o evangelho na "grande tenda". Mas Deus estendeu a todos nós, assim como fez a Epafras e a Pearl Goode, o grande privilégio de ajoelharmo-nos na "pequena tenda" e trazer outros diante do trono de Deus. – DCM

**A oração não é a preparação para o trabalho; é o trabalho em si.** —Oswald Chambers

17 de janeiro

# PERSPECTIVA CELESTIAL

LEITURA:
**2 Coríntios 4:16-18**

**...as [coisas] que se veem são temporais, e as que se não veem são eternas.**
**—2 Coríntios 4:18**

A BÍBLIA EM UM ANO:
☐ Gênesis 41–42
☐ Mateus 12:1-23

Fanny Crosby perdeu a visão ainda criança. No entanto, surpreendentemente ela se tornou uma das mais conhecidas compositoras de hinos cristãos. Durante sua longa vida, ela escreveu mais de nove mil hinos. Entre eles estão os sempre favoritos como "Que segurança! Sou de Jesus" e "A Deus Demos Glória."

Algumas pessoas sentiam pena de Fanny. Um pregador bem-intencionado disse-lhe: "Acho uma grande tristeza que o Mestre não lhe tenha dado visão, tendo derramado tantos outros dons sobre você." Parece difícil acreditar, mas ela respondeu: "Sabia que se no dia do meu nascimento eu pudesse ter feito um pedido, teria pedido para nascer cega? [...] Porque quando chegar ao céu, o primeiro rosto com o qual alegrarei o meu olhar será o do meu Salvador."

Fanny via a vida com uma perspectiva eterna. Os nossos problemas têm uma aparência diferente à luz da eternidade: "Porque a nossa leve e momentânea tribulação produz para nós eterno peso de glória, acima de toda comparação, não atentando nós nas coisas que se veem, mas nas que se não veem; porque as que se veem são temporais, e as que se não veem são eternas" (2 Coríntios 4:17,18).

Todas as nossas tribulações tornam-se opacas quando nos lembramos daquele dia glorioso no qual veremos Jesus!
— HDF

**A maneira como vemos a eternidade afetará o modo como vivemos agora.**

18 de janeiro

# TODO ARRUMADO

LEITURA:
**Judas 1:20-25**

**...àquele que é poderoso para vos guardar de tropeços e para vos apresentar [...] imaculados... —Judas 1:24**

A BÍBLIA EM UM ANO:
☐ **Gênesis 43–45**
☐ **Mateus 12:24-50**

Arrumar bem os nossos filhos para a igreja foi sempre um desafio. Dez minutos após chegar à igreja todo arrumado, nosso pequeno Mateus já parecia uma criança sem pais. Eu o via correndo pelo corredor com metade de sua camiseta para fora da calça, óculos tortos, arrastando os sapatos e migalhas de biscoito decorando suas roupas. À mercê de si mesmo, ele era um desastre.

Pergunto-me se é assim que somos algumas vezes. Após Cristo ter nos revestido com Sua justiça, tendemos a divagar e viver de maneira que não nos faz parecer que pertencemos a Deus. É por isso que a promessa de Judas de que Jesus "...é poderoso para vos guardar de tropeços e para vos apresentar [...] imaculados... " me dá esperança (Judas 1:24).

Como podemos evitar nos parecer com alguém que não tem um Pai celestial? Ao nos tornarmos mais submissos ao Seu Espírito e aos Seus caminhos, Ele nos impedirá de tropeçar. Pense em como nossas vidas se transformariam para melhor se investíssemos tempo em Sua Palavra para sermos limpos com a "...lavagem de água pela palavra" (Efésios 5:26).

Que bênção o fato de Jesus prometer tomar nossa vida trôpega e desalinhada e nos apresentar imaculados ao Pai! Que cada vez mais possamos nos parecer como filhos do Rei ao refletirmos o Seu cuidado amoroso e a Sua atenção. —JMS

**Para refletir a presença do Pai, precisamos confiar no Filho.**

19 de janeiro

# DOIS HOMENS

LEITURA:
**João 11:30-37**

**...agitou-se no espírito e comoveu-se. [...] Jesus chorou.**
**—João 11:33,35**

A BÍBLIA EM UM ANO:
☐ **Gênesis 46–48**
☐ **Mateus 13:1-30**

Em nossa cidade, dois homens foram mortos no mesmo dia. O primeiro, um policial, foi alvejado ao tentar ajudar uma família. O outro era um sem-teto que foi alvejado enquanto bebia com amigos na manhã daquele dia.

Toda a cidade entrou em luto pelo policial. Ele era um jovem bom e se importava com os outros e era amado pela vizinhança a que servia. Alguns sem-teto ficaram de luto pelo amigo que amavam e perderam.

Acredito que o Senhor se entristeceu por ambos.

Quando Jesus viu Maria e seus amigos chorando pela morte de Lázaro, "...agitou-se no espírito e comoveu-se" (João 11:33). Ele amava Lázaro e suas irmãs. Apesar de saber que Ele logo ressuscitaria Lázaro, chorou com eles (v.35). Alguns estudiosos da Bíblia acreditam que parte do choro de Jesus pode estar relacionada com a morte em si e com a dor e tristeza que esta traz ao coração das pessoas.

A perda faz parte da vida. Mas porque Jesus é "...a ressurreição e a vida..." (v.25), aqueles que creem nele um dia experimentarão um fim para a morte e toda a tristeza. Neste ínterim, Ele chora conosco por causa de nossas perdas e nos pede: "...chorai com os que choram" (Romanos 12:15). – AMC

**A compaixão ajuda a curar as dores de outros.**

20 de janeiro

# VERDADEIRA GRANDEZA

LEITURA:
**Marcos 10:35-45**

---

**...quem quiser tornar-se grande entre vós, será esse o que vos sirva. —Marcos 10:43**

---

A BÍBLIA EM UM ANO:
- ☐ Gênesis 49–50
- ☐ Mateus 13:31-58

Algumas pessoas sentem-se como um pequeno seixo, um cascalho perdido na imensidão de um cânion. Mas não importa o quanto nos julgamos insignificantes, podemos ser grandemente usados por Deus.

Em um sermão no começo de 1968, Martin Luther King Jr. citou as palavras de Jesus registradas no evangelho de Marcos 10 sobre a condição de ser servo. Em seguida, ele disse: "Todos podem ser grandes, porque todos podem servir. Você não precisa ter formação superior para servir. Você não precisa concordar o sujeito e o verbo para poder servir. Não precisa saber sobre Platão e Aristóteles para servir [...] Você só precisa de um coração cheio de graça, uma alma gerada pelo amor."

Quando os discípulos de Jesus discutiram sobre quem teria os lugares de honra no céu, Ele lhes disse: "...quem quiser tornar-se grande entre vós, será esse o que vos sirva; e quem quiser ser o primeiro entre vós será servo de todos. Pois o próprio Filho do Homem não veio para ser servido, mas para servir e dar a sua vida em resgate por muitos" (Marcos10:43-45).

Fico pensando em nosso caso. É assim que compreendemos a grandeza? Estamos servindo alegremente, executando tarefas que possam passar despercebidas? O propósito do nosso serviço é agradar o Senhor em vez de ganhar aplausos? Se estivermos dispostos a ser servos, a nossa vida mostrará o Único que é verdadeiramente grande. — VCG

---

**As pequenas coisas feitas em nome de Cristo tornam-se grandes.**

21 de janeiro

# EM HARMONIA

LEITURA:
**1 Pedro 4:7-11**

**Servi uns aos outros, cada um conforme o dom que recebeu, como bons despenseiros da multiforme graça de Deus. —1 Pedro 4:10**

A BÍBLIA EM UM ANO:
☐ Êxodo 1–3
☐ Mateus 14:1-21

Eu gosto demais de tocar o banjo de cinco cordas. Mas há um obstáculo. A quinta corda só harmoniza com um número limitado de cordas simples. Quando os outros músicos querem tocar algo mais complexo, o banjoísta deve adaptar. Ele pode emprestar maravilhosos tons melódicos a uma improvisação apenas fazendo os ajustes corretos.

Assim como os músicos fazem ajustes em seus instrumentos, nós como cristãos também precisamos fazer ajustes em nossos dons espirituais se quisermos harmonizar com outros para servir a Deus. Por exemplo, aqueles que têm o dom de ensino precisam coordenar-se com aqueles que têm o dom de organizar reuniões e com aqueles que garantem a limpeza e organização das salas de reunião. Todos nós temos dons espirituais e precisamos trabalhar juntos caso queiramos que a obra de Deus seja feita.

O apóstolo Pedro disse: "Servi uns aos outros, cada um conforme o dom que recebeu, como bons despenseiros da multiforme graça de Deus" (1 Pedro 4:10). A mordomia exige a cooperação. Pense em seus dons espirituais (Romanos 12; 1 Coríntios 12; Efésios 4; 1 Pedro 4) e reflita sobre como você pode articular seu uso com os dons de outros cristãos. Quando os nossos talentos são utilizados de modo complementar, o resultado é harmonia e glória a Deus. —HDF

**Estar sintonizado com Cristo preserva a harmonia na igreja.**

22 de janeiro

# Tijolos sem Palha

Leitura:
**Êxodo 6:1-13**

**...vos livrarei da sua servidão, e vos resgatarei com braço estendido... —Êxodo 6:6**

A Bíblia em um ano:
☐ Êxodo 4–6
☐ Mateus 14:22-36

Muitos de nós enfrentamos o desafio de trabalhar com recursos limitados. Equipados com menos dinheiro, menos tempo, energia reduzida e poucos ajudantes, nossa carga de trabalho permanece a mesma. Algumas vezes, é até maior. Há um ditado que resume esta situação: "Menos barro para mais tijolos."

Esta frase refere-se às dificuldades dos israelitas como escravos no Egito. O faraó decidiu interromper o fornecimento de palha e, no entanto, exigiu que fabricassem o mesmo número de tijolos todos os dias. Eles exploraram a terra para encontrar recursos, enquanto os capatazes do faraó os açoitavam e os pressionavam para trabalharem ainda mais (Êxodo 5:13). Os israelitas ficaram tão desencorajados que não ouviram quando Deus disse por meio de Moisés, "...vos livrarei da sua servidão, e vos resgatarei com braço estendido..." (6:6).

Apesar de os israelitas recusarem-se a ouvir a mensagem de Deus, o Senhor ainda estava guiando e dirigindo Moisés, preparando-o para falar com o faraó. Deus permaneceu firmemente do lado de Israel — trabalhando nos bastidores. Como os israelitas, podemos ficar tão abatidos a ponto de ignorarmos o encorajamento. Em momentos de escuridão, é consolador lembrar-se de que Deus é o nosso libertador (Salmo 40:17). Ele está sempre agindo para o nosso bem, mesmo que não possamos ver o que Ele está fazendo. —JBS

**Os momentos de dificuldades são momentos para a confiança.**

23 de janeiro

# LINHA DE CARGA

LEITURA:
**1 Pedro 5:5-9**

**Humilhai-vos [...] para que ele [...] vos exalte, lançando sobre ele toda a vossa ansiedade, porque ele tem cuidado de vós.**
**—1 Pedro 5:6,7**

A BÍBLIA EM UM ANO:
☐ Êxodo 7–8
☐ Mateus 15:1-20

No século 19, os navios eram, com frequência, sobrecarregados temerariamente, o que resultava em naufrágio e tripulações perdidas no mar. Para remediar esta prática negligente, em 1875 o político britânico Samuel Plimsoll coordenou o pedido para que a legislação criasse uma linha ao lado do navio para indicar se o navio carregava carga em excesso. Essa linha de carga tornou-se conhecida como a *marca de Plimsoll*, e continua a marcar os cascos de navios até hoje.

Algumas vezes, assim como aqueles navios, as nossas vidas podem parecer sobrecarregadas por medos, lutas e aflições. Podemos até sentir o perigo de um naufrágio. Nestes momentos, no entanto, é reconfortante lembrarmos de que temos um recurso extraordinário. Temos um Pai celestial pronto para nos ajudar e carregar essa carga. O apóstolo Pedro disse: "Humilhai-vos, portanto, sob a poderosa mão de Deus, para que ele, em tempo oportuno, vos exalte, lançando sobre ele toda a vossa ansiedade, porque ele tem cuidado de vós" (1 Pedro 5:6,7). Ele é capaz de lidar com as preocupações que nos oprimem.

Ainda que os testes da vida possam parecer fardos pesados demais para serem carregados, podemos ter certeza total de que nosso Pai celestial nos ama profundamente e conhece nosso limite de carga. Seja o que enfrentarmos, Ele nos ajudará a suportar. – WEC

**Deus pode nos guiar a águas turbulentas para aprofundar a nossa confiança nele.**

24 de janeiro

# ONDE VOCÊ ESTEVE?

LEITURA:
**Romanos 10:11-15**

**...como crerão naquele de quem nada ouviram? E como ouvirão, se não há quem pregue? —Romanos 10:14**

A BÍBLIA EM UM ANO:
☐ Êxodo 9–11
☐ Mateus 15:21-39

O missionário Egerton Ryerson Young serviu a tribo *Salteaux* no Canadá nos anos de 1700. O chefe da tribo agradeceu Young por levar as boas-novas de Cristo a eles, observando que ele estava ouvindo a mensagem de Cristo pela primeira vez em idade já avançada. Como ele sabia que Deus era o Pai celestial de Young, o chefe perguntou: "Isso quer dizer que Ele é *meu* Pai também?" Quando o missionário respondeu "Sim," a multidão que tinha se reunido ao redor irrompeu em satisfação.

No entanto, o chefe não havia terminado. "Bem," ele disse, "não quero ser rude, mas parece... que você levou tempo demais para... dizer isso aos seus irmãos na floresta." Foi uma observação que Young nunca esqueceu.

Muitas vezes fico frustrado pelos altos e baixos de minha vida, pensando nas pessoas que eu poderia alcançar *se somente*... Então Deus me lembra de olhar ao redor, bem onde estou, e descubro muitos que nunca ouviram sobre Jesus. Nesse momento, sou lembrado de que tenho uma história a contar onde quer que eu for, "...o mesmo é o Senhor de todos, rico para com todos os que o invocam. Porque: Todo aquele que invocar o nome do Senhor será salvo" (Romanos 10:12,13).

Lembre-se: não temos apenas uma história qualquer para contar — é a melhor história que já foi contada. —RKK

**Compartilhar as boas-novas é: um pedinte contando a outro pedinte onde encontrar o pão.**

25 de janeiro

# UM DIA COMUM

LEITURA:
**Mateus 24:36-44**

**Portanto, vigiai, porque não sabeis em que dia vem o vosso Senhor. —Mateus 24:42**

A BÍBLIA EM UM ANO:
☐ Êxodo 12–13
☐ Mateus 16

Ao explorar uma exibição no museu chamada "Um dia em Pompeia", fiquei chocado com a repetição da ideia de que 24 de agosto do ano 79 d.C. começou como um dia comum. As pessoas estavam vivendo suas rotinas em suas casas, mercados e no porto desta próspera cidade romana de 20 mil pessoas. Às oito horas da manhã, uma série de pequenas emissões foi vista vinda do Monte Vesúvio próximo dali, seguida por uma violenta erupção à tarde. Em menos de 24 horas, Pompeia e grande parte de seu povo jazia enterrada sob uma grossa camada de cinza vulcânica. Inesperado.

Jesus disse aos Seus seguidores que Ele retornaria num dia em que as pessoas estivessem vivendo sua rotina, compartilhando refeições e casando-se, sem ideia alguma do que estaria prestes a acontecer. "Pois assim como foi nos dias de Noé, também será a vinda do Filho do Homem" (Mateus 24:37).

O propósito do Senhor era incitar os discípulos a estarem vigilantes e preparados: "Por isso, ficai também vós apercebidos; porque, à hora em que não cuidais, o Filho do Homem virá" (v.44).

Que alegria surpreendente será darmos as boas-vindas ao nosso Salvador neste dia comum! — DCM

---

**Talvez hoje!**

26 de janeiro

# A DISCIPLINA DA ESPERA

LEITURA:
**Salmo 40:1-3**

**Esperei confiantemente pelo SENHOR; ele se inclinou para mim e me ouviu quando clamei por socorro. —Salmo 40:1**

A BÍBLIA EM UM ANO:
☐ Êxodo 14–15
☐ Mateus 17

Esperar é difícil. Esperamos nas filas de mercados, no trânsito, no consultório do médico. Brincamos com os dedos, controlamos os bocejos e nos inquietamos interiormente devido à frustração. Em outra situação, esperamos por uma carta que não vem, pelo retorno de um filho pródigo, ou pela transformação de um cônjuge. Esperamos por um filho que possamos segurar em nossos braços. Esperamos pelo desejo de nosso coração.

No Salmo 40, Davi diz: "Esperei confiantemente pelo SENHOR..." No idioma original transparece a ideia de que que Davi "esperou, esperou e esperou" para que Deus respondesse sua oração. Entretanto, ao olhar para trás, para este momento de atraso, ele louva a Deus. Na sequência, Davi diz que Deus pôs em seus lábios "...um novo cântico, um hino de louvor..." (40:3).

"Que capítulo pode ser escrito sobre os atrasos de Deus!" disse F. B. Meyer. "É o mistério de educar espíritos humanos na índole mais refinada que são capazes de ter." Por meio da disciplina da espera, podemos desenvolver as virtudes mais aquietadoras — submissão, humildade, paciência, alegre perseverança, persistência em boas realizações — virtudes que requerem mais tempo para se aprender.

O que fazer quando Deus parece não atender o desejo do nosso coração? Ele é capaz de nos ajudar a amá-lo e confiar nele o suficiente para aceitar o atraso com alegria vendo-o como uma oportunidade de desenvolver estas virtudes — e de louvá-lo. — DHR

**Esperar em Deus nunca é perda de tempo.**

27 de janeiro

# A MARAVILHA DA CRUZ

LEITURA:
**Hebreus 12:1-4**

**...olhando firmemente para o Autor e Consumador da fé, Jesus, o qual [...] suportou a cruz... —Hebreus 12:2**

A BÍBLIA EM UM ANO:
☐ **Êxodo 16–18**
☐ **Mateus 18:1-20**

Durante uma visita a Austrália, tive a oportunidade numa noite particularmente estrelada de ver o Cruzeiro do Sul. Localizado no hemisfério Sul, esta constelação é uma das mais perceptíveis. Marinheiros e navegadores passaram a confiar nela em meados do século 15 para direcionamento e navegação pelos mares. Ainda que relativamente pequena, é visível por quase todo o ano. O Cruzeiro do Sul — no formato de uma cruz — estava tão vívido naquela noite escura que até mesmo eu pude encontrá-lo em meio a tantas estrelas. Foi uma visão realmente magnífica!

As Escrituras nos contam de uma cruz ainda mais magnificente — a cruz de Cristo. Quando olhamos para as estrelas, vemos o trabalho das mãos do Criador; mas quando olhamos para a cruz, vemos o Criador morrendo por Sua criação. O livro de Hebreus 12:2 nos chama a olhar "...firmemente para o Autor e Consumador da fé, Jesus, o qual, em troca da alegria que lhe estava proposta, suportou a cruz, não fazendo caso da ignomínia, e está assentado à destra do trono de Deus".

A maravilha da cruz do Calvário é que enquanto ainda estávamos em nossos pecados, o nosso Salvador morreu por nós (Romanos 5:8). Aqueles que confiam em Cristo estão agora reconciliados com Deus, e Ele os conduz pela vida (2 Coríntios 1:8-10).

O sacrifício de Cristo na cruz é a maior de todas as maravilhas! — WEC

---

**A cruz de Cristo provê a única travessia de confiança para a eternidade.**

**28 de janeiro**

# MELHOR QUE O PLANEJADO

LEITURA:
**Efésios 5:15-21**

---

**...dando sempre graças por tudo... —Efésios 5:20**

---

A BÍBLIA EM UM ANO:
- ☐ **Êxodo 19–20**
- ☐ **Mateus 18:21-35**

As interrupções não são novidade. Raramente um dia corre como o planejado.

A vida é cheia de inconveniências. Os nossos planos são constantemente contrariados por circunstâncias além do nosso controle. A lista é longa e sempre mutante. Doenças, conflitos, engarrafamentos, esquecimentos, mau funcionamento de equipamentos, grosserias, preguiça, falta de paciência, incompetência.

O que não podemos ver, no entanto, é o outro lado da inconveniência. Acreditamos não ter outro propósito além de nos desencorajar, dificultar a vida e frustrar os nossos planos. Entretanto, a inconveniência poderia ser o jeito de Deus nos proteger do perigo despercebido, ou poderia ser uma oportunidade de demonstrar a graça e o perdão de Deus. Pode ser o começo de algo muito melhor do que havíamos planejado. Ou poderia ser um teste para verificar como reagimos à adversidade. Seja o que for, mesmo que não conheçamos os motivos de Deus, podemos estar certos do que Ele quer: tornar-nos mais parecidos com Jesus e expandir o Seu reino na terra.

Dizer que através da história os seguidores de Deus encontraram "inconveniências" é eufemismo. Mas Deus tem um propósito. Sabendo disso, podemos agradecê-lo, confiantes de que Ele nos dá uma oportunidade de remir o tempo (Efésios 5:16,20). —JAL

---

**O que acontece conosco não é tão importante quanto o que Deus faz em nós e por nosso intermédio.**

29 de janeiro

# Grandes Expectativas

Leitura:
**Filipenses 1:12-21**

**...segundo a minha ardente expectativa e esperança de que em nada serei envergonhado... —Filipenses 1:20**

A Bíblia em um ano:
- ☐ Êxodo 21–22
- ☐ Mateus 19

Certa vez perguntei a um terapeuta quais eram os maiores problemas que traziam pessoas a ele. Sem hesitar, ele respondeu: "A raiz de muitos problemas é a expectativa frustrada; se não for lidada corretamente, transforma-se em raiva e amargura."

Em nossos melhores momentos, é fácil esperar que estejamos cercados por pessoas boas que gostem de nós e que nos apoiem. Mas a vida tem um jeito de acabar com essas expectativas. O que fazer então?

Encarcerado e cercado por companheiros cristãos em Roma que não gostavam dele (Filipenses 1:15-16), Paulo permaneceu surpreendentemente otimista. A seu modo de ver, Deus havia lhe dado um novo campo missionário. Enquanto estava sob prisão domiciliar, ele testemunhou aos guardas sobre Cristo, que então levaram o evangelho para a casa de César. E ainda que os seus adversários estivessem pregando o evangelho com motivações incorretas, Cristo estava sendo anunciado, e por essa razão Paulo se regozijava (v.18).

Paulo nunca esperou estar num grande lugar ou que gostassem dele. Sua única expectativa era de que "Cristo fosse engrandecido" por meio dele (v.20). Ele não estava decepcionado.

Se a nossa expectativa for tornar Cristo conhecido àqueles ao nosso redor independentemente de onde ou com quem estivermos, essas expectativas serão correspondidas e até mesmo superadas. Cristo será engrandecido. —JMS

---

**Que a sua única expectativa seja magnificar a Cristo onde e com quem você estiver.**

30 de janeiro

# PRECIOSO PARA DEUS

LEITURA:
**Salmo 116**

**Preciosa é aos olhos do SENHOR a morte dos seus santos. —Salmo116:15**

A BÍBLIA EM UM ANO:
☐ Êxodo 23–24
☐ Mateus 20:1-16

Em resposta à notícia de que um amigo em comum tinha morrido, um sábio irmão que conhecia o Senhor enviou-me as seguintes palavras, "Preciosa é aos olhos do SENHOR a morte dos seus santos" (Salmo 116:15). A vibrante fé em Jesus que nosso amigo tinha era a característica dominante de sua vida, e nós sabíamos que ele estava em casa com Deus no céu. Sua família tinha esta certeza também, mas eu tinha me concentrado apenas na tristeza deles. E é importante considerar os outros durante o seu luto e perda.

Mas o versículo de Salmos voltou os meus pensamentos para como o Senhor via a passagem de nosso amigo. Algo "precioso" é algo de grande valor. Entretanto, há um significado maior aqui. Há algo na morte de um santo que transcende o nosso luto devido à sua ausência.

"Preciosa (importante e não uma questão simples) é à vista do Senhor a morte dos Seus santos (Seus amados)" (Edição Contemporânea Ed. Vida). Outra paráfrase diz: "Para os fiéis, até a morte é bênção e vitória da parte do Senhor" (Bíblia Viva). Deus não é leviano em relação à morte. A maravilha de Sua graça e poder é que, como cristãos, ao perdermos a vida na terra há também grande ganho.

Hoje temos apenas um vislumbre. Um dia compreenderemos na completude de Sua luz. —DCM

**A fé constrói uma ponte sobre o abismo da morte.**

31 de janeiro

# REMORSO DE COMPRADOR

LEITURA:
**Gênesis 3:1-8**

**...me cobriu de vestes de salvação e me envolveu com o manto de justiça... —Isaías 61:10**

A BÍBLIA EM UM ANO:
☐ Êxodo 25–26
☐ Mateus 20:17-34

Você já experimentou o remorso de comprador? Eu já. Um pouco antes de efetuar uma compra, sinto o ímpeto de empolgação que me vem ao adquirir algo novo. Após comprar o item, no entanto, uma onda de remorso algumas vezes vem sobre mim. Eu realmente precisava disto? Deveria ter gasto esse dinheiro?

No livro de Gênesis 3, encontramos o primeiro registro do remorso de um comprador. Tudo começou com a astuta serpente e sua lábia para vendas. Ela persuadiu Eva a duvidar da Palavra de Deus (v.1) e em seguida tirou proveito desse sentimento dela, levantando dúvidas sobre o caráter de Deus (vv.4,5). Ela prometeu que seus olhos seriam "abertos" e que Eva seria "como Deus" (v.5).

Assim Eva comeu. Adão comeu. E o pecado entrou no mundo. Mas o primeiro homem e a primeira mulher receberam mais do que haviam pedido. Os seus olhos foram realmente abertos, mas eles não passaram a ser "como Deus". A primeira atitude deles foi esconder-se de Deus (vv.7,8).

O pecado tem consequências catastróficas, e sempre nos impede de conseguir o melhor de Deus. Mas o Senhor, em Sua misericórdia e graça, vestiu Adão e Eva com roupas feitas de peles de animais (v.21) — anunciando o que Jesus faria por nós morrendo na cruz por nossos pecados. Seu sangue foi derramado para que fôssemos vestidos com a Sua justiça — sem remorso! – PFC

**A cruz, que revela a justiça de Deus, concede essa justiça para a humanidade.**

1.º de fevereiro

# ESPERANÇA NA ESCURIDÃO

LEITURA:
**Gênesis 1:1-5**

**...havia trevas sobre a face do abismo, e o Espírito de Deus pairava por sobre as águas. —Gênesis 1:2**

A BÍBLIA EM UM ANO:
- ☐ Êxodo 27–28
- ☐ Mateus 21:1-22

Quando eu era criança, meu pai guardava as ferramentas no porão de nossa casa. Eu ficava apavorado sempre que ele me pedia para pegar uma delas, pois o interruptor ficava na parte debaixo da escada. Assim, eu precisaria enfrentar o escuro antes de finalmente ver a luz.

Quando falamos em escuridão, a primeira sensação que temos é de medo pela falta de controle da situação. Ao nos encontrarmos em meio às dificuldades, frequentemente pensamos que esse abismo escuro é profundo demais. Porém, o Criador sabe como lidar com a escuridão em nossa vida. O versículo diz: "havia trevas [...] e o Espírito de Deus pairava..." (Gênesis 1:5). Isso nos dá a ideia de que a profundidade do abismo mais escuro — seja dor, sofrimento, angústia, solidão, doença, pecado — não é limite para o Espírito de Deus.

O relato da criação nos ensina que o caos é a matéria-prima que Deus usa para criar. Reflita sobre a beleza que o cerca: o universo, os micro-organismos, os rios, mares e vegetação. Tudo isso foi criado a partir do caos. Nada é impossível ou difícil para o Criador!

Ao enfrentar situações difíceis em sua vida, lembre-se de colocá-las nas mãos de Deus e dê-lhe a liberdade para transformar o caos em algo novo. Não há limites para o que o Senhor pode fazer com a matéria-prima que lhe é submissa. — PPJ

**Deus transforma o caos em beleza.**

2 de fevereiro

# ORIENTAÇÃO NECESSÁRIA

LEITURA:
**Tiago 4:11-17**

**...quando vier, porém, o Espírito da verdade, ele vos guiará a toda a verdade...**
**—João 16:13**

A BÍBLIA EM UM ANO:
☐ **Êxodo 29–30**
☐ **Mateus 21:23-46**

A igreja de São Nicolau em Galway, na Irlanda, tem uma longa história e ainda é muito atuante. É a igreja mais antiga da Irlanda e é um ponto de referência geográfico muito prático. As torres da igreja sobre a cidade e seus campanários são usados por capitães de navios como um guia para navegar com segurança até a baía de Galway. Por séculos, esta igreja mostra o caminho para os marinheiros de modo muito confiável.

Com certeza, todos nós podemos nos identificar com a necessidade de orientação. Na verdade, Jesus referiu-se exatamente a esta necessidade durante o Seu sermão no cenáculo. Ele disse que após a Sua ida o Espírito Santo teria um papel crucial nas vidas dos cristãos. Como parte deste papel, Jesus prometeu: "...quando vier, porém, o Espírito da verdade, ele vos guiará a toda a verdade..." (João 16:13).

Que provisão maravilhosa! Em um mundo de confusão e medo, a orientação é geralmente algo necessário. Podemos facilmente ser mal orientados pela cultura ao nosso redor ou pelo sofrimento em nosso interior (1 João 2:15-17). O Espírito de Deus, no entanto, está aqui para ajudar, direcionar e orientar. Como podemos ser gratos porque o Espírito da verdade veio para nos dar a orientação que com frequência precisamos desesperadamente. Estabeleça o seu caminho de acordo com vida do Espírito Santo e você alcançará um porto seguro. —WEC

**O Espírito é um orientador confiável em todos os mares da vida.**

3 de fevereiro

# DECIDA RESOLVER

LEITURA:
**Romanos 14:1-13**

**...tomai o propósito de não pordes tropeço ou escândalo ao vosso irmão.**
**—Romanos 14:13**

A BÍBLIA EM UM ANO:
☐ Êxodo 31–33
☐ Mateus 22:1-22

Desde 1975 não faço resoluções de Ano Novo. Não preciso de nenhuma resolução nova — ainda estou lidando com as antigas como: escrever pelo menos uma nota curta em meu diário todos os dias; fazer grande esforço para ler minha Bíblia e orar todos os dias; organizar meu tempo; tentar manter meu quarto limpo (isto foi antes de eu ter uma casa inteira para limpar).

Este ano, entretanto, estou acrescentando uma nova resolução que encontrei na carta de Paulo aos Romanos: "Não nos julguemos mais uns aos outros; pelo contrário, tomai o propósito de não pordes tropeço ou escândalo ao vosso irmão" (14:13). Apesar dessa resolução ser antiga (mais de dois mil anos), deveríamos renová-la anualmente. Como os cristãos em Roma há séculos, os cristãos de hoje algumas vezes inventam regras para os outros seguirem e insistem na adesão de certos comportamentos e crenças sobre os quais a Bíblia pouco fala ou talvez nem mencione. Estas "pedras de tropeço" trazem dificuldades para os seguidores de Jesus continuarem no caminho de fé que Ele veio nos mostrar — que essa salvação é pela graça e não obras (Gálatas 2:16). É necessário apenas que confiemos em Sua morte e ressurreição para o perdão.

Podemos celebrar estas boas-novas de Cristo no ano que está começando resolvendo não estabelecer barreiras que fazem as pessoas tropeçarem. —JAL

---

**A fé é a mão que recebe a dádiva de Deus e os pés que caminham com Ele.**

4 de fevereiro

# UM COMANDO IMPORTANTE

LEITURA:
**Marcos 12:28-34**

**Amarás, pois, o Senhor, teu Deus, de todo o teu coração, de toda a tua alma, de todo o teu entendimento e de toda a tua força.**
**—Marcos 12:30**

A BÍBLIA EM UM ANO:
☐ **Êxodo 34–35**
☐ **Mateus 22:23-46**

Quando um advogado pediu a Jesus que identificasse a regra mais importante na vida, Ele respondeu: "Amarás, pois, o Senhor, teu Deus, de todo o teu coração, de toda a tua alma, de todo o teu entendimento e de toda a tua força" (Marcos 12:30). Nessas palavras, Jesus resumiu o que Deus mais deseja para nós.

Pergunto-me como posso aprender a amar a Deus de todo o meu coração, alma e mente. O teólogo Neal Plantinga observa uma mudança sutil neste mandamento da maneira como está registrado no Novo Testamento. O livro de Deuteronômio nos ordena a amar a Deus de todo o nosso coração, nossa alma e força (6:5). Jesus acrescentou a palavra entendimento. Plantinga explica: "Você deve amar a Deus com tudo o que você tem e com tudo que você é."

Isso nos ajuda a mudar a nossa perspectiva. Ao aprendermos a amar a Deus com tudo, começamos a ver as nossas dificuldades como "nossos problemas leves e momentâneos" — assim como o apóstolo Paulo descreveu suas duras provações. Ele tinha em mente um "...eterno peso de glória, acima de toda comparação" (2 Coríntios 4:17).

Na escola avançada de oração, onde ama-se a Deus com toda a alma, as dúvidas e lutas não desaparecem, mas os seus efeitos em nós diminuem. "Nós amamos porque ele nos amou primeiro" (1 João 4:19), e nossas perguntas urgentes recuam conforme aprendemos a confiar em Sua suprema bondade. – PDY

**O presente mais precioso que podemos dar a Deus é o que Ele nunca nos força a dar — nosso amor.**

5 de fevereiro

# O CORAÇÃO TAGARELA

LEITURA:
**1 João 3:16-24**

**...pois, se o nosso coração nos acusar, certamente, Deus é maior do que o nosso coração e conhece todas as coisas.**
**—1 João 3:20**

A BÍBLIA EM UM ANO:
- ☐ Êxodo 36–38
- ☐ Mateus 23:1-22

Recentemente, li sobre um investigador particular nos Estados Unidos que batia numa porta, mostrava seu distintivo para quem a abrisse e dizia: "Acredito que não precisamos dizer a você porque estamos aqui." Muitas vezes a pessoa ficava perplexa e dizia: "Como você descobriu?" E então descrevia um ato criminoso não descoberto, cometido há muito tempo. Ao escrever para uma revista, o jornalista Ron Rosenbaum descreveu a reação como "uma abertura para a força primitiva da consciência, o monólogo interno do coração tagarela."

Todos nós sabemos coisas sobre nós mesmos que ninguém mais sabe — falhas, defeitos, pecados — que apesar de terem sido confessados a Deus e perdoados por Ele podem voltar para nos acusar vez após vez. João, um dos seguidores mui próximos de Jesus, escreveu sobre o amor de Deus por nós e sobre o chamado para seguir Suas ordenanças, dizendo: "E nisto conheceremos que somos da verdade, bem como, perante ele, tranquilizaremos o nosso coração; pois, se o nosso coração nos acusar, certamente, Deus é maior do que o nosso coração e conhece todas as coisas" (1 João 3:19,20).

A nossa confiança em Deus cresce a partir do Seu amor e perdão em Cristo, não do nosso desempenho na vida. "...E nisto conhecemos que ele permanece em nós, pelo Espírito que nos deu" (v.24).

Deus, que sabe tudo sobre nós, é maior do que a nossa autocondenação. — DCM

---

**Aquele que recebe Cristo nunca receberá a condenação de Deus.**

6 de fevereiro

# ANTES E DEPOIS

LEITURA:
**Salmo 55:1-8,16,17**

**Dá ouvidos, ó Deus, à minha oração [...]. Estremece-me no peito o coração, terrores de morte me salteiam.**
**—Salmo 55:1,4**

A BÍBLIA EM UM ANO:
☐ Êxodo 39–40
☐ Mateus 23:23-39

Quais mudanças acontecem em uma vida de fé após severas provações? Pensei nisso enquanto lia a trágica história de um pai jamaicano que acidentalmente atirou em sua filha de 18 anos e matou-a enquanto tentava proteger a sua família de alguns intrusos.

Os jornais disseram que ele foi à igreja (como de costume) no dia seguinte — perturbado, mas ainda buscando a ajuda de Deus. A fé em Deus o havia guiado anteriormente e ele sabia que Deus poderia sustentá-lo agora.

Pensei nisso com relação à minha própria vida — já que também perdemos uma filha adolescente. Para recapitular como eu encarava a vida e a fé antes da morte de Melissa, eu cavo fundo em meus arquivos de computador para ler o último artigo que escrevi antes de a termos perdido, em junho de 2002. De que maneira o que eu disse naquela época poderia corresponder ao que sei agora? Será que a severa provação havia mudado a minha visão da fé em Deus? Em maio daquele ano, eu tinha escrito o seguinte: "Davi não teve medo de ir a Deus com ousadia e dizer-lhe o que estava em seu coração. Não precisamos ter medo de dizer a Deus o que está em nosso coração."

Antes de passar por momentos difíceis, eu ia até Deus e Ele me ouvia. Depois, descobri que Ele ainda ouve, consola e sustenta. Então continuo orando com fé. A nossa fé permanece intacta e é fortalecida porque Ele é o Deus do antes e do depois.
—JDB

**O que sabemos sobre Deus nos encoraja a confiar nele em relação a tudo o que não sabemos.**

7 de fevereiro

# QUEM É AQUELE HERÓI?

LEITURA:
**Juízes 3:7-11**

---

**Assim brilhe também a vossa luz diante dos homens, para que vejam as vossas boas obras e glorifiquem a vosso Pai que está nos céus. —Mateus 5:16**

---

A BÍBLIA EM UM ANO:
☐ **Levítico 1–3**
☐ **Mateus 24:1-28**

Ler o livro de Juízes, com suas batalhas e poderosos guerreiros, pode algumas vezes parecer como a leitura de uma história de super-heróis em quadrinhos. Temos Débora, Baraque, Gideão e Sansão. No entanto, na linha dos juízes (ou libertadores), encontramos também Otniel.

O relato de sua vida é breve e direto (Juízes 3:7-11). Sem drama. Nenhuma exibição de bravura. Mas o que vemos é o que Deus fez por intermédio de Otniel: "...o SENHOR lhes suscitou libertador..." (v.9), "Veio sobre ele o Espírito do SENHOR..." (v.10), e "...o SENHOR lhe entregou nas mãos a Cusã-Risataim, rei da Mesopotâmia..." (v.10).

O relato de Otniel nos ajuda a atentar para o que é mais importante — a atividade de Deus. As histórias interessantes e as pessoas fascinantes podem ocultar isso. Acabamos nos concentrando nisso e não conseguimos ver o que o Senhor está fazendo.

Quando eu era mais jovem, desejava ser mais talentosa para que pudesse levar mais pessoas a Cristo. Mas estava olhando para a coisa errada. Deus frequentemente usa pessoas comuns para Sua obra extraordinária. É a Sua luz brilhando por meio de nossas vidas que glorifica a Deus e atrai outros para Ele (Mateus 5:16).

Quando os outros olham para a nossa vida, é mais importante que vejam Deus, não nós. —PFC

---

**A nossa limitada habilidade realça o poder ilimitado de Deus.**

8 de fevereiro

# SEM INTENÇÃO

LEITURA:
**Levítico 4:1-3; Romanos 3:21-26**

**...Quando alguém pecar por ignorância [...] oferecerá pelo seu pecado um novilho sem defeito ao SENHOR... —Levítico 4:2,3**

A BÍBLIA EM UM ANO:
☐ **Levítico 4–5**
☐ **Mateus 24:29-51**

Certa vez, enquanto eu levava o nosso neto Alex de volta para a sua casa após uma visita, o tráfego parecia especialmente complicado. Os carros sendo manobrados rapidamente me impediram de tomar a pista correta para o pedágio, o que me forçou a ir por uma pista onde apenas carros com o pedágio pago previamente eram permitidos, e não era o meu caso. Alex me disse que a placa do carro seria fotografada e talvez eu recebesse uma multa. Fiquei frustrado porque uma penalidade teria que ser paga ainda que minha infração tivesse sido involuntária.

Para os judeus da antiguidade, uma violação das leis de Deus cometida mesmo na ignorância era levada muito a sério. O Antigo Testamento reconheceu e providenciou algo para os pecados não intencionais por meio de sacrifícios apropriados: "...Quando alguém pecar por ignorância [...] oferecerá pelo seu pecado um novilho sem defeito ao SENHOR..." (Levítico 4:2,3).

Os sacrifícios do Antigo Testamento eram mais do que um lembrete de que os erros acidentais têm consequências. Eles eram oferecidos na esperança de que Deus em Sua graça trouxesse a propiciação até mesmo pelos erros que nós não percebíamos que estávamos fazendo. Ele fez isso por meio da morte de Jesus em nosso lugar. A graça de Deus é muito maior do que jamais poderíamos imaginar! —HDF

**Graça significa receber o que não merecemos.
Misericórdia é não receber o que merecemos.**

9 de fevereiro

# Manter a unidade

Leitura:
**Efésios 4:1-6**

**...esforçando-vos diligentemente por preservar a unidade do Espírito no vínculo da paz. —Efésios 4:3**

A Bíblia em um ano:
- ☐ Levítico 6–7
- ☐ Mateus 25:1-30

Um homem perdido sozinho numa ilha finalmente foi resgatado. Seus resgatadores perguntaram-lhe sobre as três cabanas que viram ali. Ele as mostrou e disse: "Esta aqui é minha casa e aquela é minha igreja." Ele então apontou para a terceira cabana: "Aquela outra era minha antiga igreja." Ainda que possamos rir da simplicidade desta história, ela realça uma preocupação com a unidade entre os cristãos.

A igreja de Éfeso durante a época do apóstolo Paulo consistia de ricos e pobres, judeus e gentios, homens e mulheres, senhores e escravos. E onde existem diferenças, existem também os atritos. Uma preocupação sobre a qual Paulo escreveu era a questão da unidade. Mas observe o que Paulo disse sobre isso na carta aos Efésios 4:3. Ele não lhes disse para serem "ávidos em produzir ou organizar a unidade." Ele lhes disse que se esforçassem "...por preservar a unidade do Espírito no vínculo da paz". A unidade já existe porque os cristãos compartilham de um corpo, um Espírito, uma esperança, um Senhor, uma fé, um batismo e um Deus e Pai de todos (vv.4-6).

De que maneira "mantemos a unidade"? Expressando as nossas opiniões e convicções diferentes com humildade, gentileza e paciência (v.2). O Espírito nos dará o poder para reagirmos com amor em relação àqueles de quem discordamos. — AL

**A unidade entre cristãos vem de nossa união com Cristo.**

10 de fevereiro

# O PODER DA MÚSICA

LEITURA:
**Salmo 59:6-16**

---

**Eu, porém, cantarei a tua força; pela manhã louvarei com alegria a tua misericórdia... —Salmo 59:16**

---

A BÍBLIA EM UM ANO:
☐ **Levítico 8–10**
☐ **Mateus 25:31-46**

No País de Gales, as músicas de corais de homens são profundamente enraizadas na cultura. Antes da Segunda Guerra Mundial, uma companhia de canto galesa tinha uma rivalidade com uma sociedade de canto alemã, mas esse vínculo foi substituído por animosidade durante e depois da guerra. A tensão foi, entretanto, gradualmente superada pela mensagem no troféu compartilhado pelos dois coros: "Fale comigo e você é meu amigo, cante comigo e você e meu irmão."

O poder da música para curar e ajudar é um dom de Deus que consola muitos. Talvez seja por isso que os Salmos falam tão profundamente aos nossos corações. Neles, encontramos versos que se conectam com os nossos corações, nos permitindo falar com Deus das profundezas do nosso espírito. "Eu, porém, cantarei a tua força; pela manhã louvarei com alegria a tua misericórdia; pois tu me tens sido alto refúgio e proteção no dia da minha angústia" (Salmo 59:16). Incrivelmente, Davi escreveu esta canção quando estava sendo caçado por homens que queriam matá-lo! Apesar da situação, Davi lembrou-se do poder e da misericórdia de Deus, e cantar sobre isso o encorajou a continuar.

Que o nosso Deus nos dê hoje uma canção que nos lembre de Sua bondade e grandeza, independentemente do que possamos enfrentar. – WEC

---

**...Eu tocarei música e cantarei ao SENHOR, o Deus de Israel.** —Juízes 5:3 (NTLH)

11 de fevereiro

# ONDE MORAM OS MEDOS

LEITURA:
**1 Reis 17:17-24**

**Em me vindo o temor, hei de confiar em ti.**
**—Salmo 56:3**

A BÍBLIA EM UM ANO:
☐ Levítico 11–12
☐ Mateus 26:1-25

Doze anos de casados, minha esposa e eu estávamos desencorajados pela montanha-russa emocional de criar esperanças que depois seriam frustradas na tentativa de ter filhos. Um amigo tentou "explicar" o modo de pensar de Deus. "Talvez Deus saiba que você seria um pai ruim," ele disse. Ele sabia que minha mãe havia lutado com um temperamento terrível.

Entretanto, no Natal de 1988, descobrimos que estávamos esperando o nosso primeiro bebê! Mas agora eu tinha este medo persistente do fracasso.

Em agosto do ano seguinte, Kathryn começou a fazer parte da nossa família. Enquanto as enfermeiras e os médicos cuidavam de minha esposa, Kathryn chorava na incubadora. Ofereci minha mão para confortá-la e seus pequeninos dedos envolveram o meu. Naquele momento, o Espírito Santo moveu-se impetuosamente em mim, assegurando-me do que eu tinha apenas recentemente duvidado — que eu demonstraria amor a esta pequenina!

A viúva de Sarepta também tinha dúvidas. Seu filho tinha sido atingido por uma doença letal. Em seu desespero ela clamou: "... Vieste a mim para trazeres à memória a minha iniquidade e matares o meu filho?" (1 Reis 17:18). Mas Deus tinha outros planos!

Nós servimos a um Deus que é mais poderoso do que as lutas que herdamos e que é cheio do desejo de perdoar, amar e sanar a ruptura que surge entre nós e Ele. Deus está presente nos lugares onde nossos medos vivem. —RKK

---

**O amor nada contra a corrente dos falsos medos da vida.**

12 de fevereiro

# HIPERVISÃO

LEITURA:
**Romanos 8:28-30**

---

**...quando ele se manifestar, seremos semelhantes a ele... —1 João 3:2**

---

A BÍBLIA EM UM ANO:
☐ **Levítico 13**
☐ **Mateus 26:26-50**

Os escultores designaram um termo para a habilidade do artista de olhar para uma peça bruta de pedra e vê-la na condição final, na forma aperfeiçoada. É chamada "hipervisão."

O escultor Gutzon Borglum (1867–1941 criou muitas obras de arte conhecidas. A mais famosa provavelmente seja o Memorial Nacional no *Monte Rushmore* na Dakota do Sul, EUA. A governanta de Borglum captou o conceito de hipervisão quando olhou para os enormes rostos dos quatro presidentes no Monte Rushmore. "Sr. Borglum," ela disse suspirando: "como você sabia que o Sr. Lincoln estava naquela rocha?"

A hipervisão também é uma boa descrição de nosso Deus que vê todas as coisas. Ele vê tudo o que somos e mais. Ele vê o que seremos quando Ele tiver completado Sua obra e estivermos diante dele, santos e sem mácula: à exata semelhança, a própria imagem de Jesus. O Deus que começou esta grande obra em você irá continuar até completá-la no dia em que Jesus Cristo voltar (Filipenses 1:6).

Deus não será negado! Ele tem tanto anseio por nossa perfeição que nada pode ser ou permanecerá como obstáculo até que Ele tenha consumado a obra que começou há tanto tempo.

Se apenas... se apenas nos colocarmos nas mãos do Escultor-Mestre. —DHR

---

**Deus trabalha em nós para nos transformar no que Ele quer que sejamos.**

13 de fevereiro

# CARÁTER OU REPUTAÇÃO?

LEITURA:
**Apocalipse 3:1-6**

---

**...tens nome de que vives e estás morto. —Apocalipse 3:1**

---

A BÍBLIA EM UM ANO:
☐ **Levítico 14**
☐ **Mateus 26:51-75**

O lendário treinador de basquete John Wooden (1910–2010) acreditava que o caráter é muito mais importante do que a reputação. "A sua reputação é como os outros o percebem," dizia ele com frequência aos seus jogadores, "mas o seu caráter é o que você realmente é. Você é o único que conhece o seu caráter, e pode até enganar aos outros, mas não pode enganar-se a si mesmo."

No livro de Apocalipse, encontramos as palavras do Cristo ressurreto às sete igrejas da Ásia. Para a igreja em Sardes, Jesus disse: "...Conheço as tuas obras, que tens nome de que vives e estás morto" (Apocalipse 3:1). O Senhor conhecia a verdade sobre eles, e sem dúvida lá no fundo eles também conheciam. Jesus lhes disse que acordassem e fortalecessem sua vida espiritual interior que estava prestes a morrer (v.2). Ele os instigou a lembrarem-se da verdade que tinham recebido, obedecê-la e em seguida mudarem de direção e começar a seguir um novo caminho (v.3).

Quando o Senhor nos mostra o que está errado em nossas vidas, Ele sempre provê uma solução para obtermos mudança. Quando nos voltamos contra nossos pecados, Ele nos perdoa e fortalece para recomeçarmos.

Como é libertador trocar uma reputação espiritual pelo caráter verdadeiro repleto de vida que vem por conhecermos Cristo nosso Senhor! — DCM

---

**O verdadeiro teste do nosso caráter é o que fazemos quando ninguém está observando.**

14 de fevereiro

# Amor Verdadeiro

Leitura:
**João 15:9-17**

**Ninguém tem maior amor do que este: de dar alguém a própria vida em favor dos seus amigos. —João 15:13**

A Bíblia em um ano:
☐ Levítico 15–16
☐ Mateus 27:1-26

Durante o ensaio da cerimônia de casamento do meu irmão, meu marido tirou uma foto dos noivos enquanto olhavam um para o outro diante do pastor. Quando olhamos a foto depois, percebemos que o *flash* havia iluminado uma cruz de metal no fundo, que criou uma imagem brilhante sobre o casal.

A fotografia me lembrou de que o casamento é uma imagem do amor de Cristo pela igreja demonstrado na cruz. Quando a Bíblia instrui os maridos a amar suas mulheres (Efésios 5:25), Deus compara esse tipo de afeição fiel e altruísta ao amor de Cristo por Seus seguidores. Pelo fato de Cristo ter sacrificado Sua vida por amor, todos nós devemos amar uns aos outros (1 João 4:10,11). Ele morreu em nosso lugar, para que o nosso pecado não nos mantivesse separados de Deus pela eternidade. Ele viveu Suas palavras ditas aos discípulos: "Ninguém tem maior amor do que este: de dar alguém a própria vida em favor dos seus amigos" (João 15:13).

Muitos de nós sofremos com a dor do abandono, da rejeição e da traição. Apesar de tudo isso, por intermédio de Cristo podemos compreender a natureza sacrificial, compassiva e permanente do amor verdadeiro. Hoje, lembre-se de que você é amado por Deus. Jesus confirmou isso com a Sua própria vida. —JBS

**Nada fala mais claramente do amor de Deus do que a cruz de Jesus.**

15 de fevereiro

# O Criador que cura

Leitura:
**Salmo 139:1-16**

**Graças te dou, visto que por modo assombrosamente maravilhoso me formaste... —Salmo 139:14**

A Bíblia em um ano:
☐ Levítico 17–18
☐ Mateus 27:27-50

Há alguns anos, sofri um sério acidente de esqui e tive um severo estiramento muscular em uma das pernas. Na verdade, meu médico me disse que o estiramento causou sangramento excessivo. O processo de cura foi lento, mas durante aquele tempo de espera me senti maravilhado com o nosso grande Criador (Colossenses 1:16).

Já amassei alguns para-lamas de carro em minha vida e já quebrei mais de um prato. Todos sempre permaneceram quebrados. Com a minha perna foi diferente. Logo que o estiramento muscular ocorreu, os mecanismos de cura interna que Cristo criou em meu corpo começaram a trabalhar. Invisivelmente, lá dentro de minha perna ferida, os remédios de Seu maravilhoso projeto estavam reparando a distensão. Pouco tempo depois, estava andando por todos os lados novamente com uma nova compreensão do que o salmista quis dizer quando afirmou: "...por modo assombrosamente maravilhoso me formaste..." e meu coração se encheu de louvor (Salmo 139:14).

Algumas vezes é preciso algo como um ferimento ou uma doença para nos lembrar do imperioso projeto que carregamos em nossos corpos. Assim, na próxima vez em que você enfrentar uma interrupção indesejada — seja qual for a causa — concentre sua atenção no maravilhoso amor de Jesus e permita que Ele eleve o seu coração em gratidão e adoração em meio à dor!
—JMS

**A adoração ao primoroso Criador começa com um coração grato.**

16 de fevereiro

# Por que causar dor?

LEITURA:
**Hebreus 13:17-19**

**Obedecei aos vossos guias [...], pois velam por vossa alma...**
**—Hebreus 13:17**

A BÍBLIA EM UM ANO:
☐ **Levítico 19–20**
☐ **Mateus 27:51-66**

Os pastores são alvos fáceis de críticas. Todas as semanas estão expostos, explicando com cuidado a Palavra de Deus, nos desafiando a viver segundo os padrões de Cristo. Mas algumas vezes procuramos encontrar algo para criticar. É fácil negligenciar todas as coisas boas que um pastor faz e nos concentrarmos apenas em nossas opiniões pessoais.

Como todos nós, os nossos pastores são imperfeitos. Então não estou dizendo que deveríamos segui-los cegamente e nunca confrontar o erro da maneira correta. Mas algumas palavras do escritor do livro de Hebreus podem nos ajudar a encontrar a maneira certa de pensarmos em nossos líderes que nos apresentam a verdade de Deus sendo líderes exemplares com a atitude de servos. O escritor diz: "Obedecei aos vossos guias e sede submissos para com eles; pois velam por vossa alma, como quem deve prestar contas..." (13:17).

Pense nisso. Diante de Deus, o nosso pastor é responsável por nos guiar espiritualmente. Nós deveríamos querer que esse fardo seja motivo de alegria e não de opressão. Essa passagem indica que causar sofrimento ao pastor "...não aproveita a vós outros" (v.17).

Honramos a Deus e melhoramos a situação para a nossa igreja quando honramos quem Ele designou como nossos líderes. Sejamos agradecidos pela pessoa que Deus nos concedeu como pastor e vamos encorajar e apoiá-los em sua tarefa.
—JDB

**Os pastores que compartilham a Palavra de Deus precisam de uma boa palavra do povo de Deus.**

17 de fevereiro

# SOBRE OUVIR

LEITURA:
**Êxodo 16:1-8**

**Não te precipites com a tua boca, nem o teu coração se apresse a pronunciar palavra alguma diante de Deus...**
**—Eclesiastes 5:2**

A BÍBLIA EM UM ANO:
☐ Levítico 21–22
☐ Mateus 28

"Deus deu a você dois ouvidos e uma boca por uma razão", diz o ditado. A habilidade de ouvir é essencial para a vida. Os conselheiros nos dizem para ouvirmos uns aos outros. Os líderes espirituais nos dizem para ouvirmos a Deus. Mas dificilmente alguém nos dirá: "Ouça a você mesmo." Não estou sugerindo que temos uma voz interior que sempre sabe a coisa certa a dizer. Nem estou dizendo que deveríamos ouvir a nós mesmos em vez de ouvir a Deus e aos outros. Estou sugerindo que precisamos ouvir a nós mesmos para descobrirmos como os outros estão recebendo as nossas palavras.

Os israelitas poderiam ter seguido este conselho quando Moisés os liderava para fora do Egito. Poucos dias após a libertação miraculosa que enfrentaram, eles estavam reclamando (Êxodo 16:2). Apesar de sua necessidade por comida ser legítima, a maneira de a expressarem não era (v.3).

Sempre que o nosso falar é fruto do medo, da raiva, da ignorância ou do orgulho — mesmo que digamos a verdade — aqueles que ouvem, ouvirão mais do que as nossas palavras. Ouvirão emoções. Mas essas pessoas não sabem se essa emoção é fruto do amor e da preocupação ou do desdém e do desrespeito. Assim corremos o risco de sermos malcompreendidos. Se ouvirmos a nós mesmo antes de falar em voz alta, podemos julgar os nossos corações antes que as nossas palavras descuidadas machuquem outros ou entristeçam o nosso Deus. —JAL

**As palavras ditas precipitadamente fazem mais mal do que bem.**

18 de fevereiro

# PRECISA-SE DE AJUDANTES

LEITURA:
**Romanos 16:1-16**

**...mas o Consolador, o Espírito Santo [...] vos ensinará todas as coisas... —João 14:26**

A BÍBLIA EM UM ANO:
☐ Levítico 23–24
☐ Marcos 1:1-22

Para algumas pessoas, o termo ajudante carrega uma conotação pejorativa. Os monitores auxiliam os professores com suas aulas. Os auxiliares ajudam os eletricistas, encanadores e advogados em seus trabalhos. Por não serem tão habilidosos na profissão, podem ser vistos como pessoas de menor valor. Mas todos são necessários para que a tarefa seja cumprida.

O apóstolo Paulo teve muitos ajudantes em sua obra ministerial. Ele os mencionou em sua carta aos Romanos (cap.16). Ele fez uma referência especial a Febe, que "...que tem sido protetora de muitos e de mim inclusive" (v.2). Priscila e Áquila arriscaram suas vidas por Paulo (vv.3,4). E Maria, Paulo disse: "... muito trabalhou por vós" (v.6).

Ajudar é um dom espiritual de acordo com o livro de 1 Coríntios 12:28. Paulo citou este dom dentre os dons do Espírito Santo que são concedidos aos cristãos no corpo de Cristo, a igreja. O dom de "ajuda" é tão necessário quanto os outros dons que foram mencionados.

Até mesmo o Espírito Santo é chamado de "Auxiliador". Jesus disse: "Mas o Auxiliador, o Espírito Santo [...] ensinará a vocês todas as coisas e fará com que lembrem de tudo o que eu disse a vocês" (João 14:26 NTLH).

Seja qual for os dons que o Espírito Santo, o Auxiliador lhe concedeu, permita que Ele o use para a Sua honra. —AMC

**Você é uma parte necessária do todo.**

19 de fevereiro

# A DÉCIMA PRIMEIRA HORA

LEITURA:
**Mateus 24:3-14**

**...uma nação não levantará a espada contra outra nação, nem aprenderão mais a guerra. —Isaías 2:4**

A BÍBLIA EM UM ANO:
☐ Levítico 25
☐ Marcos 1:23-45

A Primeira Guerra Mundial foi classificada por muitos como um dos conflitos mais mortais na história humana. Milhões de pessoas perderam suas vidas na Primeira Guerra Mundial moderna. No dia 11 de novembro de 1918, foi observado um cessar-fogo na décima primeira hora do décimo primeiro dia do mês. Durante aquele momento histórico, milhões ao redor do mundo observaram momentos de silêncio enquanto refletiam sobre o terrível custo da guerra — a perda de vidas e o sofrimento. Esperava-se que a "Grande Guerra", como era chamada, seria verdadeiramente "a guerra que acabaria com todas as guerras."

Apesar dos muitos conflitos militares mortais que a seguiram, a esperança por paz duradoura não desvaneceu. E a Bíblia oferece uma promessa esperançosa e realista de que um dia as guerras finalmente acabarão. Quando Cristo retornar, a profecia de Isaías se tornará verdade: "...uma nação não levantará a espada contra outra nação, nem aprenderão mais a guerra" (Isaías 2:4). Então a décima primeira hora passará e a primeira hora de paz eterna em um novo céu e uma nova terra começará.

Até esse dia chegar, os que seguem a Cristo devem ser pessoas que representam o Príncipe da Paz na maneira como conduzem suas vidas e como fazem diferença em nosso mundo.
— HDF

**A verdadeira paz pode ser alcançada apenas em Cristo.**

**20 de fevereiro**

# Cobrindo Dolinas

**Leitura: Salmo 32:1-5**

---

**Bem-aventurado aquele cuja iniquidade é perdoada, cujo pecado é coberto. —Salmo 32:1**

---

A Bíblia em um ano:
☐ **Levítico 26–27**
☐ **Marcos 2**

No final de maio de 2010, a tempestade tropical *Agatha* atingiu a América Central, produzindo chuvas torrenciais e deslizamentos de terra. Quando seu movimento cessou, uma dolina, ou seja, uma depressão circular em forma de funil com 60 metros abriu-se no centro da Cidade da Guatemala. Essa dolina fez o chão ruir repentinamente, sugando o terreno, postes de luz e um prédio de três andares para as profundezas da terra.

Ainda que as dolinas sejam devastadoras, o buraco mais universal e devastador é aquele que acontece no coração humano. O rei Davi foi um exemplo disto.

A vida de Davi aparentemente era estável, seu interior, no entanto, repousava sobre fundações frágeis. Após seus pecados de adultério e assassinato, Davi acreditou que tinha escondido com êxito os seus atos traiçoeiros (2 Samuel 11–12). Entretanto, a intensa condenação de Deus após o confronto de Natã o fez perceber que negar a presença do pecado em sua vida enfraquecia o alicerce de sua vida espiritual. Para impedir que a dolina de sua vida espiritual piorasse, Davi arrependeu-se de seu pecado diante de Deus (Salmo 32:5). Como resultado, Deus perdoou Davi e lhe concedeu a alegria de ser perdoado.

Nós também experimentaremos a graça de Deus quando lhe confessamos os nossos pecados. O Senhor perdoará por completo e cobrirá as nossas dolinas espirituais. Ele deseja nos perdoar. —MLW

---

**Quando nos arrependemos dos nossos pecados e pedimos o perdão de Deus, Ele os perdoará.**

21 de fevereiro

# FALAI PELAS MONTANHAS

LEITURA:
**Marcos 3:1-15**

---

**Depois, subiu ao monte e chamou os que ele mesmo quis, e vieram para junto dele. —Marcos 3:13**

---

A BÍBLIA EM UM ANO:
☐ **Números 1–3**
☐ **Marcos 3**

Fiquei surpreso ao ver o artigo de um jornal distribuído nacionalmente elogiando um grupo de adolescentes praticantes de *snowboard* que lideram cultos semanais na rampa de esqui do Colorado, EUA. No jornal, a história de Kimberly Nicolleti conquistou uma grande plateia com seu relato sobre adolescentes que amam praticar *snowboard* e contar sobre como Jesus mudou suas vidas. Uma organização da juventude cristã apoia esses adolescentes e os prepara para demonstrar o amor de Deus.

É mais fácil fazer as coisas sozinho do que treinar outras pessoas, no entanto Jesus conviveu intensamente com uma dúzia de discípulos por meio dos quais a Sua obra alcançaria o mundo. Em meio à urgente necessidade de pessoas clamando para serem curadas, Ele subiu numa montanha onde "...designou doze para estarem com ele e para os enviar a pregar" (Marcos 3:14).

Uma daqueles esquiadoras no estado do Colorado disse o seguinte sobre o seu treinamento de discipulado: "Nunca fui capaz de construir relacionamentos com minha família ou amigos; mantinha-os a certa distância. [O discipulado] me mostrou o amor de Deus e me abriu para a possibilidade de ir até as pessoas."

Ao experimentar o amor de Jesus e estar em Sua companhia junto a Seus seguidores, encontramos coragem para agir e falar de maneiras que honrem o nosso Senhor. —DCM

---

**Testemunhar não é apenas um trabalho a ser feito, mas uma vida a ser vivida.**

22 de fevereiro

# BOLT FALA SOBRE BLAKE

LEITURA:
**Hebreus 10:19-25**

**Consideremo-nos também uns aos outros, para nos estimularmos ao amor e às boas obras.**
**—Hebreus 10:24**

A BÍBLIA EM UM ANO:
☐ Números 4–6
☐ Marcos 4:1-20

Usain Bolt e Yohan Blake, da Jamaica, fizeram história ao terminarem em primeiro e em segundo lugar, respectivamente, nas corridas de 100 e de 200 metros nas Olímpiadas de 2012, em Londres. Apesar da rivalidade na pista, Bolt homenageou Blake como parceiro de treinamento: "Ao longo dos anos, Blake fez de mim um atleta melhor. Ele realmente me estimulou, forçando-me a continuar dando tudo o que tinha." Fica claro que ambos impeliam um ao outro à grandiosidade na pista.

Como pessoas que creem em Cristo, temos o privilégio e a responsabilidade de encorajar uns aos outros em nossa fé. O escritor do livro de Hebreus disse: "Consideremo-nos também uns aos outros, para nos estimularmos ao amor e às boas obras" (10:24).

A igreja não é apenas uma instituição ou um simples clube social. É o local onde nós, que fomos levados para perto de Deus e lavados do pecado, podemos ajudar-nos uns aos outros a crescer à semelhança de Cristo. O propósito de nos reunirmos como um corpo, uma igreja, é nos exortarmos e encorajarmos uns aos outros (vv.19-25).

Nenhum cristão pode subsistir sozinho. Para viver como o nosso Senhor Jesus quer que vivamos, precisamos da comunidade de cristãos. Ao encontrar-se com outros cristãos, pense em alguém a quem você possa acompanhar e encorajar com as suas palavras e ações para que essa pessoa seja mais semelhante ao Cristo que amamos e a quem servimos. —CPH

---

**O melhor testemunho para um mundo ferido é a igreja saudável.**

23 de fevereiro

# Amor ilimitado

Leitura:
**Salmo 36**

**A tua benignidade, Senhor, chega até aos céus, até às nuvens, a tua fidelidade.**
**—Salmo 36:5**

A Bíblia em um ano:
☐ Números 7–8
☐ Marcos 4:21-41

Recentemente, um amigo me enviou a história de um hino que eu frequentemente ouvia na igreja quando era menino:

*Se o mar em tinta se tornar,*
*E em papel o céu também,*
*E a pena então sempre a correr,*
*O amor de Deus a descrever,*
*O descrever tão grande amor,*
*Ao mar daria o fim,*
*Mas onde pois, está o livro,*
*Em que escrever tal amor?*

Estas palavras são parte de um antigo poema judeu e foram encontradas escritas na parede do quarto de um paciente de um hospital para doentes mentais.

Frederick M. Lehman sentiu-se tão tocado pelas palavras do poema que desejou expandi-lo. Em 1917, sentado em uma caixa de limões durante seu horário de almoço num dia de trabalho, ele acrescentou as primeiras estrofes e o refrão, completando o hino *O Amor de Deus* (MV 150).

O salmista descreve a segurança consoladora do amor de Deus no Salmo 36: "A tua benignidade, Senhor, chega até aos céus, até às nuvens, a tua fidelidade" (v.5). Independentemente das circunstâncias da vida — seja em um momento de sanidade numa mente geralmente desnorteada pela confusão ou durante um difícil período de provação — o amor de Deus é um farol de esperança, nossa fonte sempre presente e inesgotável de força e confiança. –JMS

**Você é amado com amor eterno.**

24 de fevereiro

# Estratégia da fortaleza

Leitura:
Juízes 7:2-8

**Eis que eu sou o Senhor, o Deus de todos os viventes; acaso, haveria coisa demasiadamente maravilhosa para mim? —Jeremias 32:27**

A Bíblia em um ano:
☐ Números 9–11
☐ Marcos 5:1-20

No romance histórico chinês chamado *Romance dos três reinos*, o autor Luo Guanzhong descreve a "Estratégia da fortaleza vazia", utilizando um argumento contrário ou psicologia reversa para enganar o inimigo. Quando 150 mil tropas do reino Wei alcançaram Xicheng, que tinha menos de 2.500 soldados, eles encontraram os portões da cidade abertos e o famoso estrategista militar Zhuge Liang tocando calmamente uma cítara com duas crianças ao seu lado. O general Wei, perplexo com a situação e crendo ser uma emboscada, ordenou retirada completa.

A Bíblia oferece outro exemplo de uma desconcertante estratégia de batalha. No livro de Juízes 7, Deus fez Gideão usar 300 homens, trombetas, cântaros e tochas em chamas contra os exércitos que "...cobriam o vale como gafanhotos em multidão; e eram os seus camelos em multidão inumerável..." (v.12).

Israel poderia derrotar um inimigo tão formidável? Era humanamente impossível! Eles não tinham a mão de obra nem o equipamento militar. Mas eles tinham algo que funcionou para eles e era tudo o que precisavam. Tinham a promessa de Deus: "...Com estes trezentos homens que lamberam a água eu vos livrarei..." (v.7). O resultado? Vitória!

Você está enfrentando um enorme desafio? O Senhor disse: "Eis que eu sou o Senhor, o Deus de todos os viventes; acaso, haveria coisa demasiadamente maravilhosa para mim?" (Jeremias 32:27). —PFC

**Com Deus, todas as coisas são possíveis.**

25 de fevereiro

# Repouse

LEITURA:
**Êxodo 20:8-11**

**Ele me faz repousar em pastos verdejantes. Leva-me para junto das águas de descanso; refrigera-me a alma... —Salmo 23:2,3**

A BÍBLIA EM UM ANO:
- ☐ **Números 12–14**
- ☐ **Marcos 5:21-43**

Nosso cão, um *golden retriever*, consegue se empolgar tanto que pode chegar a ter uma convulsão. Para evitar que isso aconteça, tentamos acalmá-lo. Nós o acariciamos, falamos com ele em tom suave e lhe pedimos que se deite. Mas quando ele ouve o "deita", evita o contato visual conosco e começa a reclamar. Finalmente, com um suspiro dramático de resignação, ele cede e se estatela no chão.

Algumas vezes, nós também precisamos ser lembrados de nos deitarmos. No Salmo 23, aprendemos que o nosso Bom Pastor nos faz "...repousar em pastos verdejantes..." e nos leva "...para junto das águas de descanso...". Ele sabe que precisamos da calma e do descanso que ambos oferecem, mesmo quando nós não percebemos isso.

Nossos corpos são formados para terem descanso regular. O próprio Deus descansou no sétimo dia após Sua obra de criação (Gênesis 2:2,3; Êxodo 20:9-11). Jesus sabia que havia um momento para ensinar às multidões e um momento para descansar. Ele instruiu Seus discípulos: "...Vinde repousar um pouco, à parte..." (Marcos 6:31). Quando descansamos, restabelecemos o foco e somos revigorados. Se preenchermos todas as horas com atividades — mesmo coisas que valham a pena — Deus geralmente chama nossa atenção nos fazendo "deitar".

O repouso é um presente — um bom presente do nosso Criador, que sabe exatamente do que precisamos. Louvado seja Ele por algumas vezes nos fazer "...repousar em pastos verdejantes..." —CHK

**Se não separarmos um tempo para o descanso, isso nos abaterá!** —Havner

26 de fevereiro

# O PODER DO AMOR

LEITURA:
**1 João 4:7-10**

**Nisto consiste o amor: [...] em que ele nos amou e enviou o seu Filho como propiciação pelos nossos pecados. —1 João 4:10**

A BÍBLIA EM UM ANO:
☐ Números 15–16
☐ Marcos 6:1-29

Os livros sobre liderança geralmente aparecem nas listas dos mais vendidos. A maioria deles fala sobre como tornar-se um líder influente e eficaz. Mas o livro de Henri Nouwen *O perfil do líder cristão do século 21* é escrito sob uma perspectiva diferente. O ex--professor universitário que investiu muitos anos servindo em uma comunidade de adultos mentalmente incapazes diz: "A questão não é: Quantas pessoas levam você a sério? Quanto você vai realizar? Você consegue mostrar resultados? Mas sim: Você ama o Senhor Jesus? [...]. Em nosso mundo de solidão e desespero, há uma necessidade enorme de homens e mulheres que tenham intimidade com Deus, que tem um coração que perdoa, que se importa, que quer se aproximar e curar."

João escreveu: "Nisto se manifestou o amor de Deus em nós: em haver Deus enviado o seu Filho unigênito ao mundo, para vivermos por meio dele. Nisto consiste o amor: não em que nós tenhamos amado a Deus, mas em que ele nos amou e enviou o seu Filho como propiciação pelos nossos pecados" (1 João 4:9,10).

"O líder cristão do futuro," Nouwen escreve: "é aquele que realmente tem intimidade com Deus que se tornou encarnado… em Jesus." Nele, descobrimos e experimentamos o amor incondicional e ilimitado de Deus. —DCM

**O amor de Deus em nós, nos dá um coração voltado para os outros.**

27 de fevereiro

# CONSIDERE OS LÍRIOS

LEITURA:
**Salmo 19:1-6**

---

**Os céus proclamam a glória de Deus, e o firmamento anuncia as obras das suas mãos.**
**—Salmo 19:1**

---

A BÍBLIA EM UM ANO:
☐ **Números 17–19**
☐ **Marcos 6:30-56**

Aprecio a natureza e gosto de louvar o seu Criador, mas algumas vezes sinto-me, indevidamente, culpada por admirá-la demais. E lembro que Jesus usava a natureza para ensinar. Para encorajar as pessoas a não se preocuparem, Ele usou simples flores silvestres como exemplo. "...Considerai como crescem os lírios do campo..." Ele disse isso, e em seguida lembrou o povo de que ainda que as flores não trabalhem, Deus as veste em esplendor. E a conclusão de Jesus? Se Deus veste algo temporário com tal glória, Ele certamente fará muito mais por nós (Mateus 6:28-34).

Outras partes das Escrituras indicam que a criação é uma das formas que Deus usa para nos falar de si mesmo:

"Os céus proclamam a glória de Deus, e o firmamento anuncia as obras das suas mãos." Davi escreveu. "Um dia discursa a outro dia, e uma noite revela conhecimento a outra noite" (Salmo 19:1,2).

"Os céus anunciam a sua justiça, porque é o próprio Deus que julga", Asafe disse (50:6).

E Paulo escreveu: "Porque os atributos invisíveis de Deus, assim o seu eterno poder, como também a sua própria divindade, claramente se reconhecem, desde o princípio do mundo, sendo percebidos por meio das coisas que foram criadas. Tais homens são, por isso, indesculpáveis" (Romanos 1:20).

Deus nos ama tanto e deseja que o conheçamos que colocou provas de si mesmo para onde quer que olhemos. Que o Senhor nos dê olhos para vermos a Sua beleza em Sua criação. —JAL

---

**Podemos reconhecer muitas lições valiosas na criação de Deus.**

**28 de fevereiro**

# GRANDE FONTE

LEITURA:
**João 4:7-14**

**...aquele, porém, que beber da água que eu lhe der nunca mais terá sede; pelo contrário, a água que eu lhe der será nele uma fonte a jorrar para a vida eterna. —João 4:14**

A BÍBLIA EM UM ANO:
☐ **Números 20**
☐ **Marcos 7:1-7**

No estado de Michigan, nos EUA, temos uma extraordinária maravilha natural — uma piscina natural de cerca de 12 metros de profundidade e quase 92 metros de largura que os nativos americanos chamavam de "Kitch-iti-kipi," ou traduzindo: "a grande água fria." Hoje esta piscina é conhecida como *Big Spring* (A Grande Fonte). Ela é suprida por fontes subterrâneas que impulsionam mais de 37 litros de água por minuto através das rochas abaixo da superfície e sobre ela. Além disso, os invernos frios mantêm a temperatura constante de 7,2 ºC, o que significa que mesmo nos invernos brutalmente frios, esta piscina nunca congela. Os turistas podem deleitar-se vendo as águas desta grande fonte em qualquer estação do ano.

Quando Jesus encontrou uma mulher no poço de Jacó, Ele conversou com ela sobre outra fonte de água que sempre a saciaria. Mas Ele não falou de uma fonte, nascente, rio ou lago. Ele disse: "…aquele, porém, que beber da água que eu lhe der nunca mais terá sede; pelo contrário, a água que eu lhe der será nele uma fonte a jorrar para a vida eterna" (João 4:14).

Muito maior do que qualquer fonte natural é o refrigério que nos foi oferecido no próprio Cristo. Podemos ser saciados porque somente Jesus, a Água da Vida, pode saciar a nossa sede. Louvado seja Deus, pois Jesus é a fonte que nunca seca. — WEC

**O único que verdadeiramente sacia a sede é Jesus — a Água da Vida.**

29 de fevereiro

# À IMAGEM DE DEUS

LEITURA:
**Colossenses 3:8-17**

**E todos nós [...] somos transformados, de glória em glória, na sua própria imagem, como pelo Senhor, o Espírito. — 2 Coríntios 3:18**

A BÍBLIA NUM ANO:
☐ Números 21–22
☐ Marcos 7:8-13

Quando jovem, o teólogo Alister McGrath gostava de fazer experiências com produtos químicos, no laboratório de sua escola. Deixava cair uma moeda sem brilho num vasilhame com ácido nítrico diluído. Muitas vezes, usava uma moeda britânica antiga que tinha a imagem da rainha Vitória, a qual não podia ser vista nitidamente por causa da sujeira acumulada. Mas o ácido eliminava a sujeira e a imagem reaparecia com brilho glorioso.

Sabemos com toda certeza, que fomos criados à imagem de Deus (Gênesis 1:26), mas esta imagem foi deformada pelo nosso pecado. No entanto, ainda a trazemos em nós.

Quando convidamos Jesus para entrar em nossa vida como Salvador, Ele começa a trabalhar e restaurar a imagem original. O Senhor nos transforma para sermos como Ele (2 Coríntios 3:18). Este processo é descrito como o despir-se de certos comportamentos e vestir-se de outros. Por exemplo, somos chamados a nos despojar da: "...ira, indignação, maldade, maledicência, linguagem obscena..." (Colossenses 3:8) e a nos revestir do amor (v.14).

A menos que nossas almas sem brilho sejam purificadas pelo perdão de Jesus, a imagem de Deus ficará obscurecida em nossa vida. Mas se confiarmos no sacrifício de Cristo na cruz, seremos perdoados e então a restauração se iniciará. – VCG

**Quando nos aproximamos de Cristo, nos tornamos mais semelhantes a Ele.**

1.º de março

# O Senhor é o Pastor

Leitura:
**Salmo 23**

**O Senhor é o meu pastor; nada me faltará. —Salmo 23:1**

A Bíblia em um ano:
☐ **Números 23–25**
☐ **Marcos 7: 14-37**

A música sempre exerceu um papel importantíssimo para o povo de Deus; ela é capaz de traduzir a densa teologia em suave sonoridade. O hino que expressa a exposição da Palavra pode levar mais rapidamente o pecador à conversão do que um extenso sermão.

Os Salmos fazem parte dos livros poéticos da Bíblia. Seu nome, no original hebraico, significa "louvores a Deus", por isso podemos esperar mais ritmo nele, do que rimas propriamente.

Um dos capítulos mais conhecidos é o 23. Nele, o autor revela a sua experiência pastoril, quando cuidava dos rebanhos da família, e, ao mesmo tempo, podia ver-se a si mesmo sendo cuidado pelo Senhor. Como vemos: 1) No suprimento do alimento (pastos verdejantes, Palavra de Deus); 2) No refrigério da alma (águas de descanso, Espírito Santo, João 7:38,39); 3) Na proteção contra perigos e inimigos (sombra da morte, adversários); 4) Na concessão da vida eterna (Casa do Senhor para todo o sempre).

Você tem todo esse cuidado do Senhor a seu dispor, mas pode escolher desprezá-lo e viver confiando nas circunstâncias. No entanto, esse não é o melhor caminho. A Palavra de Deus é repleta de estímulos para que deixemos nossos cuidados nas mãos do Senhor. Essa é a única alternativa para quem busca a paz. —JMF

**Enquanto Deus for seu Guia,
não há como se perder no caminho.**

2 de março

# O AMOR DE JESUS

LEITURA:
**João 19:17-24**

**...carregando a sua própria cruz, saiu para o lugar chamado Calvário [...] onde o crucificaram... —João 19:17,18**

A BÍBLIA EM UM ANO:
☐ Números 26–27
☐ Marcos 8:1-21

Foi algo incomum, mas ouvi a mesma música três vezes no mesmo dia. No início da tarde, participei de uma cantoria de hinos em um lar de idosos. Como parte de sua oração ao final do nosso tempo de comunhão, uma das moradoras disse: "Cantem comigo '*Jesus Me Ama*'". À noite, participei de um encontro com jovens, que cantaram essa música marcando o ritmo com as mãos e os pés. Mais tarde naquela noite, recebi uma mensagem de texto no meu celular, contendo uma gravação de áudio da minha sobrinha-neta de dois anos e meio com uma vozinha doce, cantando: "Eu sou fraco, mas Ele é forte". Pessoas com mais de 90 anos, adolescentes e uma criança — todos cantaram aquela música naquele dia.

Após ouvir a canção singela três vezes, comecei a pensar que o Senhor poderia estar me dizendo alguma coisa. Na verdade, Ele deu a todos nós essa mensagem há muito tempo: "Eu amo você". Lemos no livro de João 19 que Ele permitiu que as pessoas colocassem uma coroa de espinhos em Sua cabeça, zombassem dele, batessem nele, o despissem e o crucificassem (vv.1-6). Ele tinha o poder para detê-los, mas disse muito pouco sobre isso (v.11). Ele fez tudo por amor, para pagar por nossos pecados e nos resgatar do castigo.

Quanto Deus nos ama? Jesus abriu os braços e foi pregado na cruz. Ele morreu por nós, depois ressuscitou. Esse é um fato precioso para jovens e idosos. —AMC

---

**A verdadeira medida do amor de Deus é Ele amar sem medida!** —Bernard de Clairvaux

3 de março

# GRATIFICAÇÃO INSTANTÂNEA

LEITURA:
**Salmo 27:4-14**

**Espera pelo SENHOR, tem bom ânimo, e fortifique-se o teu coração; espera, pois, pelo SENHOR. —Salmo 27:14**

A BÍBLIA EM UM ANO:
☐ **Números 28–30**
☐ **Marcos 8:22-38**

Ao ser apresentada em 1972, a câmera Polaroid SX-70 revolucionou a fotografia. Um artigo escrito por Owen Edward na revista *Smithsonian* descrevia a câmera como "um milagre da física, ótica e eletrônica". Quando uma foto era tirada, "um quadrado branco saía pela frente da câmera e se revelava diante de nossos olhos". As pessoas se encantavam com os resultados rápidos e imediatos.

Oswald Chambers enxergou uma forte conexão entre nosso desejo por imediatismo e luxúria: "Luxúria significa, simplesmente 'preciso ter isso agora'; ela pode ser um apetite carnal ou uma possessão espiritual... Não posso esperar pelo tempo de Deus. Deus é indiferente demais; é assim que a luxúria opera."

No Salmo 27, Davi escreveu sobre sua espera em Deus num tempo de grande tribulação, em que nenhuma solução era visível. Em vez de entregar-se ao desespero, ele manteve sua confiança de que veria "...a bondade do SENHOR na terra dos viventes" (v.13).

Vivemos em um mundo que adora o imediato. Quando parece não haver sinal de satisfação dos nossos mais profundos anseios, o salmista nos incita a nos apegarmos ao Deus eterno. "Espera pelo SENHOR, tem bom ânimo, e fortifique-se o teu coração; espera, pois, pelo SENHOR" (v.14). –DCM

---

**A resposta para o nosso desejo do imediato é concentrar-se no eterno.**

4 de março

# Fim do preconceito

Leitura:
**Tiago 2:1-10**

**Meus irmãos, não tenhais a fé em nosso Senhor Jesus Cristo, Senhor da glória, em acepção de pessoas. —Tiago 2:1**

A Bíblia em um ano:
- ☐ Números 31–33
- ☐ Marcos 9:1-29

Um levantamento feito por uma renomada revista em 2010 continha algumas estatísticas surpreendentes: 57% dos gerentes de recrutamento e seleção acreditam que um candidato não atraente (mas qualificado) teria mais dificuldade para ser contratado; 84% deles disseram que seus chefes hesitariam em contratar um candidato qualificado, porém, mais velho; 64% disseram acreditar que as empresas deveriam ter a permissão de contratar pessoas com base na aparência. Todos são exemplos claros de preconceito inaceitável.

Preconceito não é coisa nova. Foi algo que se infiltrou na igreja primitiva e que Tiago confrontou. Com ousadia profética e coração de pastor, ele escreveu: "Meus irmãos, não tenhais a fé em nosso Senhor Jesus Cristo, Senhor da glória, em acepção de pessoas" (Tiago 2:1). Tiago deu um exemplo desse tipo de preconceito — favorecer os ricos e ignorar os pobres (vv.2-4). Isso era inconsistente em relação a ter fé em Jesus sem parcialidade (v.1), traía a graça de Deus (vv.5-7), violava a lei do amor (v.8) e era pecaminoso (v.9). O antídoto à parcialidade é seguir o exemplo de Jesus: amar ao próximo como a si mesmo.

Nós lutamos contra o pecado do preconceito quando deixamos o amor de Deus por nós se expressar plenamente na maneira como amamos e tratamos uns aos outros. — MLW

**Elevar o olhar para Jesus nos impede de menosprezar os outros.**

5 de março

# PAPAI E EU

LEITURA:
**Mateus 9:35–10:1**

**Tomou, pois, o SENHOR Deus ao homem e o colocou no jardim do Éden para o cultivar e o guardar.**
**—Gênesis 2:15**

A BÍBLIA EM UM ANO:
☐ Números 34–36
☐ Marcos 9:30-50

Certa vez, um amigo passou um dia instalando grandes caminhos de pedra em seu quintal. Quando sua filha de 5 anos implorou para ajudar, ele sugeriu que ela apenas cantasse para incentivá-lo no trabalho. Ela disse não. Ela queria ajudar. Com cuidado, quando não oferecia risco a ela, o pai a deixava colocar as mãos sobre as pedras enquanto ele as movia.

Ele poderia ter assentado as pedras em menos tempo sem ela. Porém, ao fim do dia, ele tinha não só novos caminhos, mas também uma filha explodindo de orgulho. "Eu e o papai fizemos caminhos com pedras", ela anunciou no jantar daquela noite.

Desde o início, Deus contou com pessoas para levar adiante a Sua obra. Após equipar Adão para cultivar a terra e supervisionar os animais, Deus deixou o trabalho do jardim nas mãos dele (Gênesis 2:15-20).

O padrão tem sido mantido. Quando Deus quis um lugar de moradia na terra, um tabernáculo e um templo. Eles não os fez descer do céu; milhares de artistas e artesãos trabalharam para dar forma às obras (Êxodo 35–38; 1 Reis 6). Quando Jesus proclamou o novo reino de Deus na terra, Ele convidou os seres humanos para ajudarem. Ele disse aos Seus discípulos: "Rogai, pois, ao Senhor da seara que mande trabalhadores para a sua seara" (Mateus 9:38).

Assim como um pai faz com seus filhos, Deus nos acolhe como parceiros do Seu reino. — PDY

---

**Deus usa servos humildes**
**para realizar a Sua grande obra.**

6 de março

# FALSO SUSTO!

LEITURA:
**Isaías 30:1-5,18,19**

**...[Deus] se compadecerá de ti, à voz do teu clamor, e, ouvindo-a, te responderá.**
**—Isaías 30:19**

A BÍBLIA EM UM ANO:
☐ Deuteronômio 1–2
☐ Marcos 10:1-31

Um das primeiras brincadeiras que muitos pais fazem com seus filhos envolve um falso susto. Papai esconde o rosto com as mãos e, de repente, se revela enquanto diz "Bu!". A criança dá risada da tolice.

Ficar assustado é uma brincadeira divertida até o dia em que a criança sente um medo verdadeiro. Então, não há motivo para riso. Frequentemente, o primeiro susto real envolve a separação de um dos pais. A criança se afasta inocentemente e observa ao redor com curiosidade. Assim que percebe estar perdida, ela entra em pânico e emite um grito de alarme. O pai ou a mãe vem correndo imediatamente, para tranquilizar a criança de que ela não está sozinha.

Quando crescemos, nossos falsos sustos se tornam sofisticados — livros, filmes, brinquedos de parques de diversão — todos assustadores. Ficar apavorado é tão revigorante que podemos começar a assumir riscos maiores para ter emoções mais fortes.

Mas, quando um medo real se apresenta, podemos perceber que nós, como os antigos israelitas (Isaías 30), nos afastamos daquele que nos ama e cuida. Reconhecendo estar em perigo, entramos em pânico. Nosso pedido de ajuda não requer palavras sofisticadas ou uma defesa bem fundamentada, mas apenas um grito desesperado.

Como um pai amoroso, Deus responde rapidamente, pois deseja que vivamos sob a proteção de Seu amor, onde nunca precisamos ficar preocupados. —JAL

**Confiar na fidelidade de Deus ajuda a dissipar o nosso medo.**

7 de março

# Bem traduzido

Leitura:
**Romanos 8:19-27**

**...segundo a vontade de Deus é que [o Espírito] intercede pelos santos. —Romanos 8:27**

A Bíblia em um ano:
☐ Deuteronômio 3–4
☐ Marcos 10:32-52

Ao longo dos anos, tive a oportunidade de ensinar a Bíblia a muitas pessoas ao redor do mundo. Sei somente falar o inglês, e frequentemente trabalho com intérpretes que conseguem entender as palavras de meu coração e traduzi-las para o idioma do povo. A comunicação eficiente depende diretamente da habilidade destes tradutores. Seja Inawaty, na Indonésia; Annie, na Malásia; ou João, no Brasil, os tradutores garantem que o significado das minhas palavras seja claramente expressado.

Este trabalho de tradução se parece com uma faceta da obra do Espírito Santo na vida do povo de Deus. Em nossos momentos de oração, nem sempre sabemos como devemos orar (Romanos 8:26), e o versículo 27 nos encoraja, dizendo: "E aquele que sonda os corações sabe qual é a mente do Espírito, porque segundo a vontade de Deus é que ele intercede pelos santos." Quando buscamos nosso Pai celestial em oração, o Espírito Santo vem em nosso auxílio, traduzindo nossas orações de acordo com os bons propósitos de Deus para as nossas vidas.

Que provisão! Deus não apenas deseja que compartilhemos nossos corações com Ele, mas até nos fornece o maior dos intérpretes para nos ajudar enquanto oramos. Podemos estar certos de que as nossas orações serão sempre bem traduzidas. —WEC

**A participação do Espírito assegura que minhas orações se alinham com os propósitos de Deus.**

8 de março

# PODER QUE TRANSFORMA

LEITURA:
**Deuteronômio 6:4-9**

---

**Estas palavras que, hoje, te ordeno estarão no teu coração.**
**—Deuteronômio 6:6**

---

A BÍBLIA EM UM ANO:
☐ **Deuteronômio 5–7**
☐ **Marcos 11:1-18**

Muitas pessoas amam jogos que testam seu conhecimento. Recentemente, um colega e eu estávamos testando um jogo de conhecimento bíblico. Por estarmos sentados em uma área comum do escritório, os que estavam por perto eram capazes de ouvir a nossa conversa. Logo, perguntas variando da arca de Noé até a mulher no poço estavam sendo respondidas pelos que podiam nos ouvir. Ouvimos com satisfação os diversos funcionários oferecendo respostas para perguntas sobre a Bíblia.

Conhecimento bíblico é importante, mas Deus deseja que nos saturemos com a Sua Palavra e a internalizemos, para crescermos em nosso relacionamento com Ele. O Espírito Santo usa a Palavra para nos tornar mais semelhantes a Cristo (Efésios 4:20-24). Considere os benefícios de guardar as palavras da Bíblia: alegria e gozo (Jeremias 15:16); sucesso espiritual (Josué 1:8); uma arma na guerra espiritual (Mateus 4:1-11); correção (2 Timóteo 3:15,16); luz para o nosso caminho (Salmo 119:105); sabedoria para solucionar problemas (Provérbios 1:1,2); e fé estimulante (Romanos 10:17).

Aprender sobre a Bíblia apenas para ampliar o nosso conhecimento pode levar a soberba espiritual (1 Coríntios 8:1). Mas permitir que o Espírito Santo nos transforme pela Palavra nos ajuda a passar por desafios na vida e a responder em amor a Deus e aos outros. —HDF

---

**Muitos livros podem informar,**
**mas somente a Bíblia pode transformar.**

9 de março

# VESTIDO PARA ENGANAR

LEITURA:
**2 Pedro 2:1-3,12-19**

**Acautelai-vos dos falsos profetas, que se vos apresentam disfarçados em ovelhas, mas por dentro são lobos roubadores.**
**—Mateus 7:15**

A BÍBLIA EM UM ANO:
☐ **Deuteronômio 8–10**
☐ **Marcos 11:19-33**

Caminhando pelas montanhas, Coty Creighton viu um bode que não se parecia com o resto do rebanho. Uma observação mais apurada revelou que o incomum animal era, na verdade, um homem vestido de bode. Quando as autoridades contataram o homem, ele descreveu seu traje como um macacão de pintor coberto com lã e disse estar testando seu disfarce para uma caçada.

O engano do caçador me faz recordar as palavras de Jesus: "Acautelai-vos dos falsos profetas, que se vos apresentam disfarçados em ovelhas, mas por dentro são lobos roubadores" (Mateus 7:15). Falsos mestres não toleram o fruto o Espírito de Deus (Gálatas 5:22,23). Em vez disso, "...seguindo a carne, [...] menosprezam qualquer governo" (2 Pedro 2:10). Eles são ousados, egoístas e dados à ganância (vv.10,14). Governados por seus próprios desejos, eles exploram as pessoas usando "palavras fictícias" (v.3). A Bíblia diz que esses líderes espirituais desobedientes estão fadados à destruição e levarão muitas pessoas inocentes e sem discernimento com eles (vv.1,2).

Em vez de perseguir ganhos pessoais, Jesus, o Bom Pastor, entregou Sua vida por Suas ovelhas. Deus não quer que ninguém seja enganado por falsos ensinamentos. Cristo quer que estejamos alertas em relação àqueles que enganam e que em vez disso o sigamos — o verdadeiro Pastor das nossas almas.
—JBS

**Há muitos substitutos, mas só Cristo é único.**

10 de março

# TORNE PESSOAL

LEITURA:
**2 Crônicas 24:1-2, 15-22**

**...andai no Espírito e jamais satisfareis à concupiscência da carne. —Gálatas 5:16**

A BÍBLIA EM UM ANO:
- ☐ Deuteronômio 11–13
- ☐ Marcos 12:1-27

Durante meu tempo de professor e treinador esportivo em uma escola cristã de Ensino Médio, eu gostava muito de interagir com adolescentes, tentando guiá-los em uma vida cristã com propósitos — caracterizada por amor a Deus e pelos outros. Meu objetivo era prepará-los para viverem para Deus a vida toda. Isso só aconteceria se eles tornassem a fé algo vital, mediante o auxílio do Espírito Santo. Aqueles que não seguiram a Cristo se enfraqueceriam após deixarem a esfera de influência de professores e pais cristãos.

Isto é demonstrado na história do rei Joás, de Judá, e do tio dele, Joiada. Este, um sábio conselheiro, influenciou o sobrinho a ter uma vida que honrava a Deus (2 Crônicas 24:11,14).

O problema era que Joás não praticou uma vida honrosa. Após a morte de Joiada, o rei Joás "[deixou] a Casa do SENHOR" (v.18) e começou a adorar segundo os costumes pagãos. Ele se transformou e se tornou tão mau, que mandou assassinar o filho de Joiada (vv.20-22).

Ter alguém que nos guie à fé e à semelhança de Cristo pode ser bom e útil em nossas vidas. Melhor ainda será conhecermos o Senhor e aprendermos a depender do Espírito Santo como nosso guia (Gálatas 5:16). Tornar a nossa fé pessoal é exatamente isto. —JDB

**A fé dos outros encoraja; uma fé própria transforma.**

**11 de março**

# A CANETA SILENCIOSA

LEITURA:
**Tiago 3:1-12**

**Ora, é em paz que se semeia o fruto da justiça, para os que promovem a paz. —Tiago 3:18**

A BÍBLIA EM UM ANO:
☐ **Deuteronômio 14–16**
☐ **Marcos 12:28-44**

Harry Truman, ex-presidente dos EUA, tinha uma regra: qualquer carta escrita na hora da raiva tinha de permanecer sobre sua escrivaninha durante 24 horas antes de ser enviada. Se, após aquele período de "resfriamento", ele ainda tivesse os mesmos sentimentos, enviaria a carta. No fim de sua vida, as cartas não enviadas de Truman enchiam uma grande gaveta da escrivaninha.

Nestes tempos de comunicação imediata, 24 minutos de sábia contenção nos poupariam de constrangimento! Em sua epístola, Tiago abordou um tema universal da história humana ao escrever sobre os prejuízos causados por uma língua descontrolada. "A língua, porém, nenhum dos homens é capaz de domar...", escreveu ele. "...É mal incontido, carregado de veneno mortífero" (3:8).

Quando fofocamos ou falamos com raiva, encontramo-nos além dos limites da vontade de Deus. Nossas línguas, nossas canetas e até mesmo nossos teclados do computador devem se silenciar mais frequentemente. Devemos sentir gratidão em nossos corações pela restrição proporcionada por Deus. Com excessiva frequência, ao falarmos, lembramos a todos de nossa fragilidade como seres humanos.

Quando quisermos surpreender os outros com a diferença que Cristo faz, pode ser que não seja necessário fazer nada além de conter nossa língua. Os outros com certeza perceberão quando honramos a Deus com o que dizemos — ou não dizemos. — RKK

**O que guarda a boca e a língua guarda a sua alma das angústias.** —Provérbios 21:23

12 de março

# A REGRA DE OURO

LEITURA:
**Mateus 7:7-12**

**Tudo quanto, pois, quereis que os homens vos façam, assim fazei-o vós também a eles... —Mateus 7:12**

A BÍBLIA EM UM ANO:
☐ Deuteronômio 17–19
☐ Marcos 13:1-20

O conceito da Regra de Ouro — tratar os outros como você gostaria de ser tratado — aparece em muitas religiões. Então, o que torna a versão de Jesus tão excepcional?

Sua singularidade está em uma única palavra: "pois", que indica a generosidade de nosso Pai celestial. Eis o que Jesus disse: "Ora, se vós, que sois maus, sabeis dar boas dádivas aos vossos filhos, quanto mais vosso Pai, que está nos céus, dará boas coisas aos que lhe pedirem? Tudo quanto, *pois*, quereis que os homens vos façam, assim fazei-o vós também a eles..." (Mateus 7:11,12).

Todos nós ficamos aquém daquilo que sabemos ser verdadeiro: Não amamos aos outros da maneira como Deus nos ama. Jesus expressou essa admirável ética com perfeito amor ao viver e morrer por todos os nossos pecados.

Nós temos um Pai amoroso e doador, que deixou de lado Seu próprio interesse para revelar a plena medida do Seu amor por meio de Seu Filho Jesus. A generosidade de Deus é a dinâmica pela qual tratamos os outros como gostaríamos de ser tratados. Nós amamos e damos aos outros porque Ele nos amou primeiro (1 João 4:19).

Nosso Pai celestial nos pede para cumprirmos os Seus mandamentos, mas também nos dá Seu poder e amor para podermos fazê-lo. Só precisamos lhe pedir. —DHR

**Nós guardamos a Regra de Ouro na memória; agora, vamos praticá-la.** —E. Markham

13 de março

# SEM ENERGIA

LEITURA:
**Isaías 40:27-31; 41:10**

---

**Faz forte ao cansado e multiplica as forças ao que não tem nenhum vigor. —Isaías 40:29**

---

A BÍBLIA EM UM ANO:
☐ **Deuteronômio 20–22**
☐ **Marcos 13:21-37**

No fim de outubro de 2012, uma grande tempestade decorrente de um furacão atingiu a populosa região nordeste dos EUA, deixando um rastro de enormes inundações e destruição. Enquanto isso acontecia, mais de oito milhões de consumidores ficaram sem eletricidade. Em decorrência da falta de energia elétrica, faltaram alimentos, combustíveis e água. Também houve o caos dos congestionamentos. Os ventos uivantes e as águas deixaram muitos bairros destruídos, inundados e cobertos por montanhas de areia. Na mídia, a cobertura do evento relatava: "Milhões Sem Energia."

Como uma tempestade natural, uma tragédia pessoal pode, com frequência, nos dar a sensação de estarmos sem energia e no escuro. Nesses momentos, a Palavra de Deus nos assegura da Sua ajuda: "Faz forte ao cansado e multiplica as forças ao que não tem nenhum vigor" (Isaías 40:29).

Em nossos momentos mais sombrios, quando estamos frágeis, podemos depositar nossa esperança no Senhor e encontrar nossa força nele. Ele nos promete que, a cada novo dia, "...os que esperam no SENHOR renovam as suas forças, sobem com asas como águias, correm e não se cansam, caminham e não se fatigam" (v.31).

Deus é a nossa fonte de energia espiritual em todas as tempestades da vida. – DCM

---

**A tempestade é necessária para comprovar o verdadeiro abrigo.**

14 de março

# Propenso a desviar-se

Leitura:
**Salmo 119:9-16**

**De todo o coração te busquei; não me deixes fugir aos teus mandamentos. —Salmo 119:10**

A Bíblia em um ano:
- ☐ Deuteronômio 23–25
- ☐ Marcos 14:1-26

Um de meus hinos clássicos favoritos é "Fonte és Tu de toda Bênção" (HCC 17), escrito em 1757 por Robert Robinson, de 22 anos. Na letra do hino há um verso que sempre desperta minha atenção e me força a fazer uma autoavaliação. Ele diz: "O meu ser é vacilante: toma-o, prende-o com amor". Às vezes, sinto-me assim. Com frequência, eu me encontro distraído e vagando, em vez de ter meu coração e mente concentrados no Salvador que me ama e se deu por mim. Robert Robinson e eu não estamos sozinhos nessa situação.

Nesses tempos de vagueação, o âmago de nosso coração não quer se desviar de Deus — mas, como Paulo, frequentemente fazemos o que não queremos fazer (Romanos 7:19) e necessitamos desesperadamente voltar ao Pastor do nosso coração, que pode nos conduzir de volta a Ele. Davi escreveu sobre sua luta em seu grande hino nas Escrituras, o Salmo 119, dizendo: "De todo o coração te busquei; não me deixes fugir aos teus mandamentos" (v.10).

Às vezes, mesmo quando nossos corações desejam buscar a Deus, as distrações da vida podem nos afastar dele e de Sua Palavra. Podemos ser gratos por nosso Pai celestial, que é paciente e compassivo, cuja graça é sempre suficiente — mesmo quando nossa tendência é vagar! — WEC

**Nossa propensão à dispersão é tão grande quanto o desejo de Deus em nos alcançar.**

15 de março

# TÍTULOS PROFISSIONAIS

LEITURA:
**Efésios 4:11-16**

**...para a edificação do corpo de Cristo, até que todos cheguemos à unidade da fé... —Efésios 4:12,13**

A BÍBLIA EM UM ANO:
☐ Deuteronômio 26–27
☐ Marcos 14:27-53

Quando a rádio britânica BBC pediu exemplos de títulos profissionais que soam importantes, obscuros e até bizarros, uma ouvinte enviou o dela: Técnica em Cerâmica Subaquática. Ela era lavadora de pratos em um restaurante. Às vezes, os nomes são usados para fazer um cargo soar mais importante.

Ao elencar alguns dos dons de Deus para a igreja, no livro de Efésios 4:11, o apóstolo Paulo não pretendia que eles fossem compreendidos como títulos imponentes. Todas as partes do corpo são necessárias para o corpo funcionar adequadamente. Nenhuma parte é melhor do que a outra.

O que tinha importância primária era o propósito desses dons. Eles visavam o "...aperfeiçoamento dos santos para o desempenho do seu serviço, para a edificação do corpo de Cristo, até que todos cheguemos [...] à medida da estatura da plenitude de Cristo" (vv.12,13).

Pouco importa o nosso título. O que importa é fortalecermos a fé um dos outros. Quando medimos nossa eficácia pelo padrão que nos é dado pela Bíblia, não importará quando formos transferidos para outro papel ou deixarmos de ter um título específico. Por amor a Deus, nós servimos para edificar outros cristãos e deixamos Deus conceder Sua aprovação no céu como Ele achar adequado (Mateus 25:21). —CPH

**Os dons que Deus nos deu não são para nós, mas para os outros.**

16 de março

# ALIMENTO PARA O CORAÇÃO

LEITURA:
**Jeremias 15:15-21**

**Achadas as tuas palavras, logo as comi...**
**—Jeremias 15:16**

A BÍBLIA EM UM ANO:
☐ Deuteronômio 28–29
☐ Marcos 14:54-72

Eu amo comida! Amo ver os alimentos apresentados de maneira bonita e amo provar o sabor deles. Se fosse por mim, eu comeria com mais frequência do que deveria — embora isso não fosse ajudar a minha cintura! Então, é bom minha mulher, Martie, me lembrar, amavelmente, de ingerir alimentos saudáveis na quantidade correta.

Ler o interessante pensamento de Jeremias — de que, ao encontrar as palavras de Deus (ainda que palavras de julgamento de Deus), ele as comeu (Jeremias 15:16) — me faz imaginar se eu ingeriria a Palavra de Deus com tanta avidez, devoção e frequência.

Claramente, Jeremias não comeu verdadeiramente a Palavra de Deus. Essa foi a sua maneira de dizer que ele a leu e a saboreou no mais íntimo de seu ser. E é exatamente para lá que a Palavra de Deus deve ir. A Palavra é alimento para o coração! Quando a ingerimos, o Espírito Santo proporciona o poder para nos ajudar a crescer e ficar mais semelhantes a Jesus. Sua Palavra transforma a maneira como pensamos acerca de Deus, dinheiro, inimigos, carreiras e família. Em outras palavras, ela realmente nos faz bem.

Então, "nutra-se" com a Palavra de Deus para o contentamento do seu coração! Sem dúvida, você se encontrará concordando com o profeta Jeremias quando ele disse: "...as tuas palavras me foram gozo e alegria para o coração..." (15:16).
—JMS

**Quanto mais você se banquetear com a Palavra de Deus, mais saudável se tornará.**

17 de março

# Perspectiva das nuvens

Leitura:
**Jó 3:3-5; 42:5-6**

**Eu te conhecia só de ouvir, mas agora os meus olhos te veem.
—Jó 42:5**

A Bíblia em um ano:
☐ Deuteronômio 30–31
☐ Marcos 15:1-25

Em 1927, o filme mudo *Wings* (Asas), sobre dois aviadores dos EUA na Primeira Guerra Mundial, venceu o primeiro Oscar de Melhor Filme. Durante as filmagens, a produção parou durante vários dias. Frustrados, os produtores perguntaram ao diretor por quê. Ele respondeu: "Tudo o que temos é céu azul. O conflito no ar não será tão visível sem nuvens. Nuvens trazem perspectiva." Ele estava certo. Somente assistindo ao combate aéreo com nuvens como pano de fundo o espectador era capaz de ver o que realmente estava acontecendo.

Com frequência, desejamos céus azuis em vez de nuvens de tormenta. Mas céus nublados podem revelar a fidelidade de Deus. Obtemos perspectiva sobre como Deus foi fiel em nossas provações quando nos lembramos das nuvens.

No início de seu terrível sofrimento, Jó lamentou: "Pereça o dia em que nasci [...] habitem sobre ele nuvens..." (Jó 3:3,5). Sua experiência de desespero continuou durante muito tempo até Deus falar. Então, Jó exclamou: "Eu te conhecia só de ouvir, mas agora os meus olhos te veem" (42:5). Jó havia encontrado o soberano Criador e isso mudou sua perspectiva sobre os propósitos de Deus.

Nuvens de problemas enchem seus céus hoje? Mais cedo do que você pensa, Deus poderá usar estas nuvens para ajudá-lo a obter uma nova perspectiva da Sua fidelidade. — HDF

---

**Frequentemente, as nuvens de sofrimento revelam o resplandecer da Sua face.** —Jasper

18 de março

# DOCE FRAGRÂNCIA

LEITURA:
**2 Coríntios 2:12-17**

**Porque nós somos para com Deus o bom perfume de Cristo, tanto nos que são salvos como nos que se perdem.**
**—2 Coríntios 2:15**

A BÍBLIA EM UM ANO:
☐ **Deuteronômio 32–34**
☐ **Marcos 15:26-47**

Algumas fragrâncias são inesquecíveis. Recentemente, meu marido mencionou que seu creme de barbear estava acabando. "Vou comprar um", ofereci. "Pode trazer um deste?" — perguntou ele, mostrando-me a embalagem. "Eu amo este perfume — é o tipo que meu pai sempre usava". Sorri, voltando momentaneamente à minha infância ao sentir o cheiro do mesmo xampu que minha mãe usava para lavar meu cabelo. Para Tom e para mim, as fragrâncias desencadearam uma reação emocional e agradáveis memórias de pessoas que amávamos e já não estavam mais entre nós.

Oliver Wendell Holmes disse: "Memórias, imaginação, antigos sentimentos e associações são mais facilmente atingidos por meio do olfato do que por qualquer outro canal."

E se as nossas vidas fossem uma fragrância que atraísse as pessoas para Deus? O livro de 2 Coríntios 2:15 diz que "...nós somos para com Deus o bom perfume de Cristo, tanto nos que são salvos como nos que se perdem". Nossa fragrância é agradável a Deus, mas ela também atrai outras pessoas para Ele ou as repele. Nós, que compreendemos o sacrifício de Jesus, temos a oportunidade de sermos a "fragrância de Cristo" — uma recordação dele — para os outros.

O doce cheiro da semelhança de Cristo pode ser uma irresistível atração em direção ao Salvador. – CHK

---

**Quando andamos com Deus, deixamos uma doce fragrância que pode inspirar outros a segui-lo.**

19 de março

# O CÉU SE REGOZIJA!

LEITURA:
**Lucas 15:1-10**

**...há júbilo diante dos anjos de Deus por um pecador que se arrepende.**
**—Lucas 15:10**

A BÍBLIA EM UM ANO:
☐ Josué 1–3
☐ Marcos 16

Joana foi criada em um lar cristão. Mas, quando entrou para a faculdade, começou a questionar suas crenças e se afastou de Deus. Após formar-se, ela viajou por vários países, sempre buscando a felicidade, mas nunca se sentindo satisfeita. Ao passar por algumas dificuldades, ela reconheceu que Deus a estava buscando e que ela necessitava dele.

Distante de seu país, Joana telefonou para seus pais e disse: "Entreguei minha vida a Cristo e Ele está me transformando! Lamento pela preocupação que causei a vocês." Seus pais ficaram tão empolgados que chamaram os irmãos e cunhadas dela para virem à sua casa imediatamente. Eles queriam contar pessoalmente à família a empolgante novidade. "Sua irmã recebeu Cristo!", anunciaram eles, regozijando-se com lágrimas.

A mulher da passagem do livro de Lucas 15 que encontrou sua moeda perdida chamou suas amigas e vizinhas para se alegrarem com ela (v.9). Jesus contou essa história, e outras sobre uma ovelha perdida e um filho perdido, ao povo religioso de Seu tempo, para mostrar como Ele veio à terra para buscar os pecadores perdidos. Quando aceitamos o dom da salvação, dado por Deus, há regozijo na terra e no céu. Jesus disse: "...há júbilo diante dos anjos de Deus por um pecador que se arrepende" (v.10). Como é maravilhoso o fato de Jesus ter descido até nós. O céu se regozija quando nós respondemos! — AMC

**Os anjos se regozijam quando nos arrependemos.**

20 de março

# AMOR DESLOCADO

LEITURA:
**Salmo 115**

**Prata e ouro são os ídolos deles, obra das mãos de homens.
—Salmo 115:4**

A BÍBLIA EM UM ANO:
☐ Josué 4–6
☐ Lucas 1:1-20

Martin Lindstrom, autor e palestrante, é da opinião de que os telefones celulares se tornaram semelhantes a um melhor amigo para muitos usuários. O experimento de Lindstrom usando ressonância magnética o ajudou a descobrir o por quê. Quando os indivíduos viam ou ouviam seu telefone tocar, seus cérebros excitavam neurônios da área associada a sentimentos de amor e compaixão. Lindstrom disse: "É como se eles estivessem na presença de uma namorada, de um namorado ou de um membro da família."

Muitas coisas competem por nossa afeição, tempo e atenção, e parecemos sempre necessitar avaliar onde estamos focando nossas vidas. Josué disse ao povo de Israel que eles deviam afeição e adoração somente a Deus (Josué 24:14). Isto era significativo porque contrastava com a reverência a ídolos adorados pelas nações à sua volta. Estes ídolos eram apenas obra de mãos humanas, feitos de metal (Salmo 115:4). Eles eram totalmente impotentes em comparação com o Senhor. Portanto, o povo de Deus foi exortado a encontrar sua segurança no Senhor e não em outros deuses (Juízes 10:13-16). Jesus reiterou isso em Sua discussão sobre os mandamentos: "...Amarás o Senhor, teu Deus, de todo o teu coração, de toda a tua alma e de todo o teu entendimento" (Mateus 22:37).

Somente o Senhor é nosso amparo e escudo (Salmo 115:9). Que possamos reservar a nossa adoração a Ele. —MLW

**Deus é o mais digno das nossas afeições.**

21 de março

# AINDA TRABALHANDO

LEITURA:
**Mateus 25:14-21**

---

**...Muito bem, servo bom e fiel... —Mateus 25:23**

---

A BÍBLIA EM UM ANO:
- ☐ Josué 7–9
- ☐ Lucas 1:21-38

Vivian e Donaldo têm cerca de 95 anos e estão casados há mais de 70 anos. Recentemente, Vivian sofreu um revés ao fraturar o quadril. Isso foi ainda mais difícil porque, há vários anos, Donaldo e Vivian têm se entristecido por perceberem que já não têm forças suficientes para se manterem ativos na obra de sua igreja.

Mas, eles ainda se dedicam bastante à obra do Senhor, atuando como intercessores. Embora nem sempre possam estar fisicamente presentes e visíveis nas atividades de sua igreja, eles são fiéis em servir a Deus "nos bastidores".

A parábola dos talentos, no livro de Mateus 25, nos lembra de que precisamos usar com sabedoria os "talentos" que Deus nos deu. Todos nós temos diferentes níveis de habilidades e capacidades dadas por Ele — não devemos enterrar, sem uso, o que o Senhor nos deu.

Deus não nos usará somente em nossos anos de vitalidade, mas também em nossa idade avançada. O casal continua a servir orando. E, como eles, nós honramos ao nosso Salvador usando as nossas habilidades — "...cada um segundo a sua própria capacidade..." (v.15) para servir àquele que é digno. —JDB

---

**Deus pode usá-lo em qualquer idade — se você se dispuser.**

22 de março

# EM BREVE!

LEITURA:
**Apocalipse 22:7-21**

**...Certamente, venho sem demora... —Apocalipse 22:20**

A BÍBLIA EM UM ANO:
☐ **Josué 10–12**
☐ **Lucas 1:39-56**

Frequentemente, as palavras "EM BREVE!" precedem os eventos futuros no entretenimento, nos esportes, ou no lançamento da mais nova tecnologia. O objetivo é criar expectativa e entusiasmo pelo que irá acontecer, ainda que isso só ocorra meses depois.

Ao ler o livro de Apocalipse, fiquei impressionado com o senso de iminência, do tipo "em breve", que permeia o livro inteiro. Em vez de dizer "Algum dia, no futuro muito distante, Jesus Cristo retornará à terra", o texto é repleto de frases como "...coisas que em breve devem acontecer..." (1:1) e "...o tempo está próximo" (v.3). No capítulo final, o Senhor diz três vezes: "...venho sem demora..." (Apocalipse 22:7,12,20). Outras versões traduzem essa frase como "venho em breve", "cedo venho" e "venho logo!"

Como pode ser isso, se mais de dois mil anos se passaram desde que essas palavras foram escritas? "Rapidamente" não parece adequado à nossa experiência de tempo.

Em vez de se concentrar em uma data para o Seu retorno, o Senhor nos incita a fixarmos nossos corações em Sua promessa que será cumprida. Somos chamados a viver para Ele no tempo presente "...aguardando a bendita esperança e a manifestação da glória do nosso grande Deus e Salvador Cristo Jesus" (Tito 2:13). —DCM

**Viva como se Cristo fosse voltar hoje.**

23 de março

# PROMOVENDO UNIDADE

LEITURA:
**Provérbios 6:16-19**

**...o SENHOR abomina [...] o que semeia contendas entre irmãos.**
**—Provérbios 6:16,19**

A BÍBLIA EM UM ANO:
☐ **Josué 13–15**
☐ **Lucas 1:57-80**

A linguagem do livro de Provérbios 6:16-19 é forte. Ao citar sete coisas que o Senhor odeia, semear "contendas entre irmãos" completa a lista. O motivo para citar este pecado é que ele deteriora a unidade que Cristo deseja para os Seus seguidores (João 17:21,22).

Aqueles que semeiam discórdia podem, inicialmente, não estar buscando criar divisões. Em vez disso, eles podem estar preocupados com suas necessidades pessoais ou com os interesses de um grupo a que pertencem (Tiago 4:1-10). Observe como os pastores de Ló discutiram com os de Abraão (Gênesis 13:1-18); os discípulos de Cristo discutiram sobre superioridade (Lucas 9:46); e divisões na igreja de Corinto colocaram as facções partidárias acima da unidade do Espírito (1 Coríntios 3:1-7).

Então, qual é a melhor maneira de promover a unidade? Ela começa com a transformação do coração. Quando agimos à maneira de Cristo, desenvolvemos uma atitude de humildade e nos focamos no serviço aos outros (Filipenses 2:5-11). Somente no Senhor somos capazes de "...[ter] em vista o que é propriamente [nosso], senão também cada qual o que é dos outros" (v.4). Em pouco tempo, as necessidades e as esperanças dos outros se tornam, para nós, mais importantes do que as nossas próprias.

Com crescentes laços de amor entre nós, vemos a discórdia ser substituída por alegria e unidade (Salmo 133:1). —HDF

**Somos capazes de realizar mais juntos do que individualmente.**

24 de março

# TESTEMUNHA GENTIL

LEITURA:
**Atos 1:1-11**

**...sereis minhas testemunhas tanto em Jerusalém como em toda a Judeia e Samaria e até aos confins da terra. —Atos 1:8**

A BÍBLIA EM UM ANO:
☐ Josué 16–18
☐ Lucas 2:1-24

Anos atrás, fui hospitalizado após cair de uma ponte de 11,5 metros de altura, correndo risco de morrer. Durante minha internação, a esposa do homem do leito ao lado parou para falar comigo. "Meu marido acaba de me contar o que aconteceu com você", disse ela. "Nós cremos que Deus poupou sua vida porque quer usar você. Temos orado por você."

Fiquei pasmo. Eu cresci indo à igreja, mas nunca imaginei que Deus quisesse envolver-se em minha vida. As palavras dela me mostraram um Salvador do qual eu já tinha ouvido falar, mas não conhecia — e marcaram o início da minha vinda a Cristo. Guardo com carinho aquelas palavras de uma testemunha gentil que se importou em dizer algo a um estranho acerca do Deus cujo amor é real. Suas palavras transmitiram cuidado e interesse, e proporcionaram propósito e promessa.

Jesus desafiou Seus discípulos — e todos nós — a contar aos outros sobre o amor de Deus: "...recebereis poder, ao descer sobre vós o Espírito Santo, e sereis minhas testemunhas tanto em Jerusalém como em toda a Judeia e Samaria e até aos confins da terra" (Atos 1:8).

Por meio do Espírito Santo, nossas palavras e nosso testemunho podem ter o poder de fazer uma diferença eterna nas vidas dos outros. – WEC

**Uma palavra carinhosa pode realizar mais do que poderíamos imaginar.**

25 de março

# QUEM ESTÁ NO CENTRO?

LEITURA:
**Salmo 33:6-19**

**O conselho do SENHOR dura para sempre; os desígnios do seu coração, por todas as gerações.**
**—Salmo 33:11**

A BÍBLIA EM UM ANO:
☐ Josué 19–21
☐ Lucas 2:25-52

Recentemente, tive o que, para mim, foi um "momento Copérnico": Não estou no centro do universo. O mundo não gira em torno de mim. Ele não se move no meu ritmo, nos meus termos, nem de acordo com as minhas preferências.

Embora possamos desejar que fosse diferente, a vida não se resume a nós. Tudo gira em torno do Senhor. No Salmo 33, lemos que toda a natureza gira em torno dele e do Seu controle (vv.6-9). Ele determinou os limites do mar e estabeleceu os oceanos em vastos reservatórios. Tudo na natureza opera em concordância com as leis que Ele determinou.

As nações também giram em torno do Senhor (vv.10-12). Nenhum plano ou esquema pode se levantar contra o de Deus. No fim, é o plano do Senhor que se manterá para sempre. Suas intenções nunca podem ser abaladas.

Finalmente, a vida de todos os seres gira em torno do Senhor (vv.13-19). Deus vê toda a raça humana. Ele fez os nossos corações e compreende tudo o que fazemos. Ele tem o poder de intervir em nossas vidas e nos livrar de situações que saem de controle.

Nossa vida é criada para ser centrada em Deus, não em nós mesmos. Como podemos ser gratos por servirmos a um Deus poderoso assim, que tem todos os aspectos de nossas vidas sob o Seu controle. —PFC

**Quando morremos para o egocentrismo, vivemos para o Deus acima de nós.**

26 de março

# A PARTIR DO CAOS

LEITURA:
**Êxodo 8:1-15**

**Não difamem a ninguém [sejam] cordatos, dando provas de toda cortesia, para com todos os homens. —Tito 3:2**

A BÍBLIA EM UM ANO:
☐ Josué 22–24
☐ Lucas 3

Tudo o que observo me faz acreditar que isso é verdade: a ordem não é natural. Quando penso em meu escritório, fico assombrada com a rapidez com que ele se transforma num caos e com o tempo necessário para eu restaurar a ordem. Ordem exige intervenção; ela não ocorre naturalmente.

Eu não deveria ficar surpresa. O papel de Deus em gerar ordem a partir do caos é um tema bíblico notório. Ele fez isso ao criar a nação de Israel (Êxodo 7–14). Quando Deus disse que era tempo de tirar o povo hebreu do Egito, Faraó contestou. A economia da nação dependia dos operários hebreus; por isso, Faraó não queria perdê-los. Para fazer Faraó mudar de ideia, Deus enviou dez pragas. Os magos de Faraó foram capazes de reproduzir as duas primeiras pragas. Mas não foram capazes de revertê-las — nenhuma delas. Eles eram capazes de causar o caos, mas não de restaurar a ordem. Somente Deus é capaz de fazer isso.

Com esforço, nós podemos levar ordem aos lugares onde vivemos, mas nenhum de nós consegue criar ordem a partir do caos emocional e espiritual de nossas vidas. Somente Deus é capaz de fazer isso. Ele restaura a ordem às situações caóticas quando vivemos como Ele planejou — não difamando, sendo pacíficos e gentis, e demonstrando humildade com todos (Tito 3:2). —JAL

**Quando colocamos nossos problemas nas mãos de Deus, Ele coloca Sua paz em nossos corações.**

27 de março

# A LIGAÇÃO COM A VIDA

LEITURA:
**Tito 3:1-11**

**...segundo sua misericórdia, ele nos salvou mediante o lavar regenerador e renovador do Espírito Santo. —Tito 3:5**

A BÍBLIA EM UM ANO:
☐ Juízes 1–3
☐ Lucas 4:1-30

Aos 16 anos, Morris Frank (1908–80) perdeu a visão nos dois olhos. Vários anos depois, ele viajou à Suíça, onde encontrou Buddy, o cão que ajudaria a inspirar o envolvimento dele com a escola de cães guias *Seeing Eye* (Olho que vê).

Com Buddy indicando o caminho, Frank aprendeu a locomover-se em calçadas movimentadas e cruzamentos. Ao descrever a liberdade que seu guia lhe proporcionava, Frank disse: "Era glorioso: apenas [Buddy] e uma guia de couro ligando-me à vida." Buddy deu a Morris Frank um novo tipo de acesso ao mundo à sua volta.

O Espírito Santo de Deus nos dá acesso a abundante vida espiritual em Cristo. Quando aceitamos Cristo como Senhor, Deus nos lava de nossos pecados e nos renova "...mediante [o] Espírito Santo, que ele derramou sobre nós ricamente, por meio de Jesus Cristo, nosso Salvador" (Tito 3:5,6). Quando conhecemos a Cristo, o Espírito Santo nos ajuda a experimentar o amor de Deus (Romanos 5:5), compreender a Palavra de Deus (João 14:26), orar (Romanos 8:26) e sermos ricos de esperança (Romanos 15:13).

Hoje, ao pensar sobre seu relacionamento com Deus, lembre-se de que o Espírito é o seu guia para a vida em Cristo (Romanos 8:14). —JBS

**O Espírito Santo nos guia ao conhecimento e ao crescimento espiritual.**

28 de março

# ESPERANDO...

LEITURA:
**Salmo 130**

---

**Regozijai-vos na esperança, sede pacientes na tribulação, na oração, perseverantes. —Romanos 12:12**

---

A BÍBLIA EM UM ANO:
- ☐ Juízes 4–6
- ☐ Lucas 4:31-44

Dia após dia, durante anos, Henrique compartilhou com o Senhor sua preocupação com seu genro João, que havia se afastado de Deus. Mas, então, Henrique morreu. Poucos meses depois, João voltou para Deus. Quando sua sogra disse-lhe que Henrique tinha orado por ele todos os dias, João respondeu: "Esperei demais". Mas, com alegria, ela compartilhou: "O Senhor continua respondendo às orações que Henrique fez durante sua vida terrena."

Essa história é um incentivo para nós, que oramos e esperamos. Ele continuou perseverante em oração e esperou pacientemente (Romanos 12:12).

O autor do Salmo 130 vivenciou a espera em oração. Ele disse: "Aguardo o SENHOR, a minha alma o aguarda..." (v.5). Ele encontrou esperança em Deus porque sabia que "...no SENHOR há misericórdia; nele, copiosa redenção" (v.7).

O escritor Samuel Enyia escreveu sobre o tempo de Deus: "Deus não depende do nosso tempo. Nosso tempo é cronológico e linear, mas Deus [...] é eterno. Ele atuará na plenitude do Seu tempo. Nossa oração [...] poderá não necessariamente fazer Deus entrar em ação, mas [...] nos coloca diante dele em comunhão".

Que privilégio podermos ter comunhão com Deus em oração e esperarmos pela resposta na plenitude do Seu tempo. — AMC

---

**Deus pode demorar para atender o nosso pedido, mas nunca decepcionará nossa confiança.**

29 de março

# UM MUNDO MELHOR

LEITURA:
**1 Pedro 2:9-12**

---

**Mantendo exemplar o vosso procedimento no meio dos gentios, para que [...] glorifiquem a Deus... —1 Pedro 2:12**

---

A BÍBLIA EM UM ANO:
☐ **Juízes 7–8**
☐ **Lucas 5:1-16**

Em uma de minhas histórias favoritas de *Minduim*, com Charlie Brown, a sempre confiante Lucy declara: "Como o mundo poderia estar piorando se estou nele? Desde que nasci, o mundo melhorou notavelmente!"

É claro que Lucy demonstra uma opinião irrealista e elevada acerca de si mesma, mas tem um argumento interessante. E se nós tentássemos tornar o mundo um lugar melhor demonstrando o amor de Cristo onde quer que Deus nos tenha colocado?

Quando Pedro escreveu para os cristãos perseguidos, ele os aconselhou: "[mantenham] exemplar o vosso procedimento" (1 Pedro 2:12) fazendo boas ações que, em última análise, darão glória a Deus. Em outras palavras, podemos fazer de nosso mundo um lugar melhor por meio dos nossos atos. Pense na diferença que atos cristãos de amor, misericórdia, perdão, justiça e paz fariam em nosso mundo. Sempre pensei que, se puséssemos em prática esse versículo, as pessoas poderiam dizer: "Nosso escritório é um lugar melhor porque fulano trabalha aqui". Ou: "Nosso bairro é um bairro melhor". Ou: "Nossa escola é uma escola melhor".

Não somos capazes de mudar o mundo todo sozinhos, mas, pela graça de Deus, podemos deixar que a diferença que Cristo fez em nós faça diferença no mundo que nos cerca. —JMS

---

**Todos podem fazer algo para tornar o mundo melhor — podemos deixar Cristo brilhar por meio de nós.**

30 de março

# BEM--AVENTURADOS OS MANSOS

LEITURA:
**Mateus 5:1-10**

**Bem-aventurados os mansos, porque herdarão a terra.**
**—Mateus 5:5**

A BÍBLIA EM UM ANO:
☐ **Juízes 9–10**
☐ **Lucas 5:17-39**

Um problema com a palavra manso é que lembra fraqueza; muitos têm ligado essas duas palavras há muitos anos. Nos dicionários há uma definição secundária de manso como "gênio afável, sossegado, pacato". Isso faz algumas pessoas questionarem por que Jesus diria: "Bem-aventurados os mansos, porque herdarão a terra" (Mateus 5:5).

O erudito em grego W. E. Vine diz que, na Bíblia, a mansidão é uma atitude em relação a Deus "na qual aceitamos seu trato conosco como algo bom e, portanto, não discordamos ou resistimos". Vemos isso em Jesus, que se deleitou em cumprir a vontade de Seu Pai.

Vine prossegue, dizendo: "a mansidão manifestada pelo Senhor e ordenada àquele que crê é o fruto do poder... O Senhor era 'manso' porque tinha os recursos infinitos de Deus sob Seu controle". Ele poderia ter chamado anjos do céu para evitar Sua crucificação.

Jesus disse aos Seus seguidores cansados e sobrecarregados: "Tomai sobre vós o meu jugo e aprendei de mim, porque sou manso e humilde de coração; e achareis descanso para a vossa alma" (Mateus 11:29). Ele foi o modelo perfeito de mansidão.

Quando estamos cansados e atribulados, Jesus nos convida a descobrir a paz de confiar mansamente nele. – DCM

**Deus tem duas moradas — uma no céu e a outra em um coração manso e grato.** —Walton

31 de março

# BEBER ÁGUA MINERAL

LEITURA:
**Romanos 5:12-21**

**...por um só ato de justiça, veio a graça sobre todos os homens... —Romanos 5:18**

A BÍBLIA EM UM ANO:
- ☐ Juízes 11–12
- ☐ Lucas 6:1-26

Temos o hábito de beber água mineral há muitos anos. Embora a maioria das pessoas tenha um suprimento seguro de água gratuita e facilmente disponível em torneiras e bebedouros, elas ainda compram água mineral. Escolher pagar por algo de que posso desfrutar gratuitamente não faz sentido para mim, mas algumas pessoas acreditam que um produto pago é superior a qualquer coisa que elas recebam de graça.

Às vezes, isso se transporta para as nossas vidas espirituais. Algumas pessoas têm dificuldade para aceitar que a salvação é um presente. Elas querem fazer alguma coisa para conquistá-la. O problema é que ninguém é capaz de pagar por ela. O preço da salvação é a perfeição (Mateus 19:21); Jesus é a única pessoa que poderia pagar o preço (Romanos 5:18). A quem quer que tenha sede, Ele promete: "...darei de graça da fonte da água da vida" (Apocalipse 21:6).

Algumas pessoas tentam comprar a água viva da salvação com boas ações e doações para caridade. Embora essas sejam formas de serviço espiritual valorizadas por Deus, elas não são o que Deus exige para o perdão de nosso pecado. Jesus já pagou o preço morrendo em nosso lugar e Ele se oferece para saciar nossa sede espiritual quando bebemos gratuitamente da fonte de Deus que nunca secará. —JAL

**Jesus é a única fonte capaz de satisfazer a alma sedenta.**

1.º de abril

# ONDE VOCÊ ESTÁ?

LEITURA:
**Gênesis 3:1-10**

**E chamou o SENHOR Deus ao homem […]: Onde estás? —Gênesis 3:9**

A BÍBLIA EM UM ANO:
☐ Juízes 13–15
☐ Lucas 6:27-49

Os dois rapazes adolescentes ouviram o som do carro dos seus pais e entraram em pânico. Como eles explicariam aquela bagunça em casa? As instruções dos pais tinham sido claras naquela manhã antes de eles saírem da cidade: sem festas, sem amigos desordeiros. Mas os amigos indisciplinados chegaram e os rapazes permitiram que eles permanecessem, apesar da advertência do pai. Agora a casa estava uma confusão... e os jovens estavam embriagados e desgrenhados. Eles ficaram com medo e se esconderam.

Foi assim que Adão e Eva se sentiram depois que decidiram desobedecer a Deus e, em seguida, ouviram o som do Senhor se aproximando. Com medo, eles se esconderam. No entanto, Deus chamou: "Onde estás?" (Gênesis. 3:9). Adão respondeu: "…Ouvi a tua voz no jardim, e, porque estava nu, tive medo, e me escondi" (v. 10). O pecado nos faz sentir nus e nos amedronta e tornamo-nos ainda mais vulneráveis à tentação.

Deus ainda está nos chamando: "Onde estás?" Muitos fogem, tentando se esconder do Senhor ou abafar o som de Sua voz. Porém, não podemos nos esconder de Deus; Ele sabe exatamente onde estamos. Em vez de nos escondermos com medo, podemos responder desta forma: "Deus, tenha misericórdia de mim, um pecador!" (Lucas 18:13). – LD

**O único lugar para esconder o pecado é debaixo do sangue de Jesus.**

2 de abril

# VOCÊ TEM UM AMIGO

LEITURA:
**Salmo 23**

---

**[Jesus disse] "...tenho-vos chamado amigos..." —João 15:15**

---

A BÍBLIA EM UM ANO:
- ☐ **Juízes 16–18**
- ☐ **Lucas 7:1-30**

Uma das consequências irônicas do extenso crescimento da mídia social é que frequentemente acabamos ficando pessoalmente mais isolados. Um artigo *on-line* alerta: "Aqueles que se opõem a uma vida guiada primária ou exclusivamente *on-line* alegam que os amigos virtuais não são substitutos adequados para os amigos do mundo real e que [...] as pessoas que substituem os amigos reais pelos amigos virtuais tornam-se ainda mais solitárias e depressivas do que eram."

Deixando a tecnologia de lado, todos nós lutamos com temporadas de solidão, nos perguntando se alguém sabe, compreende ou se importa com os fardos que carregamos ou com as lutas que enfrentamos. Mas os seguidores de Cristo têm uma certeza que traz consolo aos nossos corações cansados. A presença confortante do Salvador é prometida em palavras que não podem ser negadas, pois o salmista Davi escreveu: "Ainda que eu ande pelo vale da sombra da morte, não temerei mal nenhum, porque tu estás comigo; o teu bordão e o teu cajado me consolam" (Salmo 23:4).

Quer estejamos isolados por nossas próprias escolhas, pelas tendências culturais que nos cercam ou pelas dolorosas perdas da vida, todos os que conhecem Cristo podem descansar na presença do Pastor de nossos corações. Em Jesus amigo temos!

— WEC

---

**Aqueles que conhecem Jesus como amigo pessoal nunca estão sozinhos.**

3 de abril

# O QUE HÁ EM UM NOME?

LEITURA:
**João 1:35-42**

**...tu és Pedro, e sobre esta pedra edificarei a minha igreja...**
**—Mateus 16:18**

A BÍBLIA EM UM ANO:
☐ **Juízes 19–21**
☐ **Lucas 7:31-50**

Meu amigo escreveu uma carta ao filho recém-nascido para que ele a lesse quando fosse mais velho: "Meu querido garoto, papai e mamãe desejam que você encontre a Luz e permaneça focado nela. O seu nome chinês é Xin Xuan. *Xin* significa fidelidade, contentamento e integridade; *Xuan* representa afeto e luz." Ele e sua esposa escolheram um nome que alicerçasse as suas esperanças para o bebê.

Quando Jesus renomeou Simão como Pedro/Cefas (João 1:42), Ele não foi aleatório. Pedro significa "a rocha", e foi necessário tempo até Pedro viver de acordo com seu novo nome. O relato de sua vida demonstra que ele era um pescador de modos impulsivos — um tipo de homem tão inconsistente quanto areia movediça. Pedro discordou de Jesus (Mateus 16:22,23), atingiu um homem com uma espada (João 18:10,11) e até mesmo negou que conhecia Jesus (João 18:15-27). Lemos em Atos, que Deus trabalhou em Pedro e por meio dele para estabelecer Sua igreja. Pedro verdadeiramente se tornou uma rocha.

Se você, como Pedro, segue Jesus, tem também uma nova identidade. O livro de Atos 11:26 afirma: "...pela primeira vez, chamados cristãos." O nome "cristãos" significa "aqueles de Cristo." Você agora é um entre os que são de Cristo. Este título o eleva e o chama a tornar-se o que você ainda não é. Deus é fiel e completará a Sua boa obra em você (Filipenses 1:6).
—PFC

**Honramos o nome de Deus quando o chamamos de nosso Pai e vivemos como Seus filhos.**

4 de abril

# CONFIRA O ÓLEO

LEITURA:
Salmo 5

**De manhã, SENHOR, ouves a minha voz; de manhã te apresento a minha oração e fico esperando.
—Salmo 5:3**

A BÍBLIA EM UM ANO:
☐ Rute 1–4
☐ Lucas 8:1-25

Quando ajudei nossas filhas a aprenderem a dirigir, incluí uma pequena instrução sobre manutenção mecânica básica. Visitamos um posto de gasolina onde elas aprenderam a conferir o óleo todas as vezes que abastecem o carro. Hoje, anos depois, elas frequentemente me lembram de meu lema de seis palavras, "Óleo é barato, motores são caros." Acrescentar menos de um litro de óleo não é nada comparado a substituir um motor.

A manutenção também é importante em nossas vidas espirituais. Separar um tempo todos os dias para ler a Bíblia, orar e ouvir a Deus é um elemento-chave para evitar um colapso. No Salmo 5, Davi escreveu: "De manhã, SENHOR, ouves a minha voz; de manhã te apresento a minha oração e fico esperando" (v.3). Nos versículos seguintes, ele derramou seu coração em louvor, ação de graças e pedidos a Deus.

Muitas pessoas acreditam ser essencial começar todos os dias com o Senhor. Antes de checar *emails*, inteirar-se das notícias ou tomar o café da manhã, elas buscam alguns momentos de quietude para ler uma porção da Palavra de Deus, louvá-lo por Sua grandiosidade, agradecê-lo por Seu amor e buscar o Seu direcionamento. Outros investem tempo lendo e orando em diferentes momentos do dia.

Não é mágica — é manutenção, pois pedimos diariamente ao Senhor que encha os nossos corações com Sua presença na estrada da vida. — DCM

**As raízes da estabilidade resultam de estarmos firmados na Palavra de Deus e na oração.**

5 de abril

# SEM CONTAR

LEITURA:
**Mateus 20:1-16**

**...os últimos serão primeiros, e os primeiros serão últimos... —Mateus 20:16**

A BÍBLIA EM UM ANO:
- ☐ 1 Samuel 1–3
- ☐ Lucas 8:26-56

A peça *Amadeus* nos conta de um compositor do século 18 que buscava entender a mente de Deus. O religioso Antonio Salieri tinha o fervoroso desejo, mas não a aptidão, de criar música que fosse imortal. O fato de que Deus havia desperdiçado o maior talento musical conhecido no malicioso Wolfgang Amadeus Mozart o deixava enfurecido.

A peça coloca a mesma questão do livro de Jó, apenas invertida. O autor do livro de Jó se pergunta por que Deus puniria o homem mais justo na face da terra; o autor de *Amadeus* pondera por que Deus recompensaria alguém tão indigno.

A parábola de Jesus sobre os trabalhadores e seus salários injustos estabelece imediata comparação com este escândalo. Algumas pessoas que simplesmente cruzam os braços ociosamente são contratadas pelo senhor da terra "...por volta da hora undécima..." (Mateus 20:6,7). Os outros trabalhadores, que haviam servido o senhor por todo o dia, ficam chocados quando todos recebem salários idênticos. Que empregador em sã consciência pagaria a mesma quantia para uma hora de trabalho e para 12 horas!?

A história de Jesus não faz sentido do ponto de vista econômico, e era esse o Seu intento. Ele estava nos apresentando uma parábola sobre a graça, que não pode ser calculada como se calcula o salário pelos dias de trabalho. Deus concede dons, não salários. —PDY

**No contexto da graça, a palavra "merecer" não se aplica.**

6 de abril

# ESCOLHA A VIDA

LEITURA:
**Deuteronômio 30:11-20**

**...escolhe, pois, a vida, para que vivas, tu e a tua descendência, amando o SENHOR, teu Deus...**
**—Deuteronômio 30:19,20**

A BÍBLIA EM UM ANO:
☐ 1 Samuel 4–6
☐ Lucas 9:1-17

Qual é a vontade de Deus para minha vida? Essa pergunta me assombrou enquanto eu crescia. E se eu não conseguisse descobri-la? E se não a reconhecesse? A vontade de Deus parecia uma agulha num palheiro. Escondida. Confundida entre as demais escolhas. Vencidas pelas escolhas falsas.

Mas minha visão da vontade de Deus estava errada porque minha visão de Deus também era incorreta. Deus não tem prazer em nos ver perdidos, perambulando, procurando. Ele quer que conheçamos a Sua vontade. Ele a expõe de modo claro e simples; não há sequer a opção de múltipla escolha. Ele a apresenta em duas escolhas: "vida e bem" ou "morte e mal" (Deuteronômio 30:15). Caso a melhor escolha não seja óbvia, Ele ainda nos diz qual escolher: "...escolhe, pois, a vida..." (v.19). Escolher a vida é escolher o próprio Deus e obedecer à Sua Palavra.

Quando Moisés dirigiu-se aos israelitas pela última vez, ele lhes pediu que fizessem a escolha certa ao guardar "...todas as palavras que, hoje, testifico [Deus] entre vós [...]. Porque esta palavra [...] é a vossa vida..." (32:46,47). A vontade de Deus para nós é vida. Sua Palavra é vida. E Jesus é a Palavra. Deus pode não nos fornecer uma receita para cada decisão, mas Ele nos deu um exemplo perfeito para seguirmos — Jesus. A escolha certa pode não ser fácil, mas quando a Palavra for o nosso guia e a adoração o nosso objetivo, Deus nos concederá a sabedoria para fazermos escolhas seguras para a vida. —JAL

**A prova da orientação de Deus pode ser vista mais claramente ao olharmos para trás e não adiante.**

7 de abril

# BAGUNÇA DE MORANGO

LEITURA:
**Filipenses 4:1-5**

---

**...pensem concordemente, no Senhor.**
**—Filipenses 4:2**

---

A BÍBLIA EM UM ANO:
☐ **1 Samuel 7–9**
☐ **Lucas 9:18-36**

Meu marido e eu havíamos nos mudado há pouco tempo quando um homem deixou uma grande caixa de morangos na nossa calçada. Ele deixou um bilhete dizendo que gostaria que compartilhássemos com nossos vizinhos. Suas intenções eram boas, mas algumas crianças descobriram as frutas antes dos adultos e fizeram uma guerra de morangos em frente à nossa casa branca. Quando voltamos à casa, vimos crianças que conhecíamos assistindo-nos de trás da cerca. Elas haviam "retornado à cena do crime" para ver como reagiríamos à bagunça. Poderíamos simplesmente ter limpado, mas para restaurar nosso relacionamento, sentimos que era importante conversar com as crianças e solicitar sua ajuda para limpar a casa manchada de morangos.

A vida pode ficar confusa com os conflitos de relacionamento. Este foi o caso na igreja dos filipenses. Duas servas fiéis, Evódia e Síntique, discordaram severamente. O apóstolo Paulo escreveu à igreja para encorajá-los a resolver seus problemas (Filipenses 4:2). Ele também quis que outra pessoa estivesse ao lado de ambas com um espírito de bondade. Ele escreveu, "A ti, fiel companheiro de jugo, também peço que as auxilies, pois juntas se esforçaram comigo no evangelho..." (v.3).

Ao perceber que todos nós causamos confusões nesta vida, podemos confiar que o Senhor nos ajudará a lidar com os outros de forma gentil. — AMC

---

**O verdadeiro amor confronta e restaura.**

8 de abril

# INDO ALÉM DE NÓS MESMOS

LEITURA:
**2 Coríntios 3:7-18**

**E todos nós [...] contemplando, como por espelho, a glória do Senhor, somos transformados... —2 Coríntios 3:18**

A BÍBLIA EM UM ANO:
- ☐ 1 Samuel 10–12
- ☐ Lucas 9:37-62

Tenho um daqueles amigos que parece ser melhor do que eu praticamente em tudo. Ele é mais inteligente, pensa mais analiticamente e sabe onde encontrar os melhores livros pra ler. Ele até joga golfe melhor do que eu. Investir meu tempo com ele me desafia a tornar-me uma pessoa melhor, mais atenta. Seu padrão de excelência me estimula a lutar por algo mais elevado.

Isso demonstra um princípio espiritual: é importante que invistamos tempo na Palavra de Deus para nos conectarmos à pessoa de Cristo. Ler sobre o impacto do amor incondicional de Jesus por nós me compele a amar sem exigências. A Sua misericórdia e a Sua livre distribuição da graça àquele que menos merece deixa-me envergonhado de minha tendência a reter o perdão e buscar vingança.

Percebo que estou me tornando uma pessoa mais grata quando noto que, apesar de minha ruína vergonhosa, o Senhor revestiu-me da beleza de Sua perfeita justiça. Seus incríveis caminhos e sabedoria incomparáveis me motivam e me transformam. É difícil me contentar com minha vida como ela é quando, em Sua presença, sou atraído à ideia de tornar-me mais como Ele.

O apóstolo Paulo nos chama à alegria de contemplarmos Cristo. Ao fazê-lo, somos "...transformados, de glória em glória, na sua própria imagem..." (2 Coríntios 3:18). Peçamos a Deus que nos ajude a chegarmos em Sua presença. —JMS

**Fique perto de Deus
e você nunca mais será o mesmo.**

9 de abril

# Amado para amar

Leitura: **Deuteronômio 10:12-22**

**Amai, pois, o estrangeiro, porque fostes estrangeiros na terra do Egito. —Deuteronômio 10:19**

A Bíblia em um ano:
- ☐ 1 Samuel 13–14
- ☐ Lucas 10:1-24

A vida de Dietrich Bonhoeffer estava em risco todos os dias em que permaneceu na Alemanha de Hitler, mas ele ficou mesmo assim. Imagino que ele compartilhava da visão do apóstolo Paulo de que estar no céu era o desejo de seu coração, mas ficar onde precisavam dele era o propósito de Deus para o momento (Filipenses 1:21). Ele ficou; como pastor, ofereceu cultos clandestinos de adoração e resistiu ao cruel regime de Hitler.

Apesar do perigo diário, Bonhoeffer escreveu *Vida em Comunhão* — um livro sobre a hospitalidade como ministério. Ele colocou este princípio em prática ao viver e trabalhar num monastério e quando esteve preso. Bonhoeffer ensinava que toda refeição, tarefa e conversa eram uma oportunidade para mostrar Cristo aos outros, mesmo sob grande estresse ou pressão.

Lemos no livro de Deuteronômio que, assim como Deus ministrou aos israelitas que estavam deixando o Egito, Ele os instruiu a imitá-lo amando e recebendo os estrangeiros e viúvas (10:18,19; Êxodo 22:21,22). Nós também somos amados por Deus e capacitados por Seu Espírito para servi-lo. Fazemos isso servindo a outros diariamente de inúmeros modos, por meio de palavras e atitudes gentis.

Alguém em nossa jornada diária parece estar sozinho ou perdido? Podemos confiar que o Senhor nos capacitará a levar esperança e compaixão até estas pessoas conforme vivemos e trabalhamos juntos para Ele. —RKK

---

**Quanto mais entendermos o amor de Deus por nós, mais demonstraremos amor os outros.**

10 de abril

# LADO ESQUERDO

LEITURA:
**Gálatas 5:1-14**

**Porque toda a lei se cumpre em um só preceito, a saber: Amarás o teu próximo como a ti mesmo.**
**—Gálatas 5:14**

A BÍBLIA EM UM ANO:
☐ 1 Samuel 15–16
☐ Lucas 10:25-42

Por ter sido criado nos Estados Unidos, sempre achei interessante que em alguns países os motoristas dirigem do lado esquerdo da estrada e não do direito. Então, quando estava na Inglaterra, ouvi um guia turístico de Londres explicar uma razão plausível para esta lei: "Em 1880, os pedestres e as carruagens utilizavam as mesmas estradas. Quando uma carruagem estava no lado direito da estrada, o chicote do cocheiro algumas vezes atingia um passante. Para acabar com este risco, uma lei foi aprovada exigindo que todas as carruagens circulassem no lado esquerdo da estrada para que os pedestres ficassem seguros."

Assim como as regras da estrada são feitas para nosso benefício e proteção, os comandos de Deus também o são. Porque Ele nos ama, Ele nos deu Seus comandos para o nosso benefício. Paulo escreve: "Porque vós, irmãos, fostes chamados à liberdade; porém não useis da liberdade para dar ocasião à carne; sede, antes, servos uns dos outros, pelo amor. Porque toda a lei se cumpre em um só preceito, a saber: Amarás o teu próximo como a ti mesmo" (Gálatas 5:13,14).

Conforme absorvemos a Palavra de Deus em nossos corações, tenhamos em mente o fato de que o Deus da graça nos deu diretrizes para nos ajudar a crescer em nosso amor por Ele e em nossa preocupação com os outros. —HDF

**A Bíblia tem tesouros de sabedoria que devem ser minerados.**

11 de abril

# "DEUS É PODEROSO!"

LEITURA:
**Salmo 29**

---

**Tributai ao SENHOR a glória devida ao seu nome... —Salmo 29:2**

---

A BÍBLIA EM UM ANO:
☐ 1 Samuel 17–18
☐ Lucas 11:1-28

Certo dia, minha neta Kátia de três anos surpreendeu seus pais com certa habilidade "ou astúcia" teológica. Ela lhes disse: "Você dois tinham irmãs que morreram. Então Deus as levou para o céu para estarem com Ele. Deus é poderoso!"

O imenso poder de Deus é um mistério, entretanto é simples o suficiente para que uma criança entenda. Em seu jeito infantil de pensar, ela sabia que para Deus fazer algo tão miraculoso, significaria que Ele é poderoso. Sem entender os detalhes, Kátia sabia que Deus fez algo maravilhoso ao levar suas duas tias para o céu.

Com que frequência deixamos de nos envolver em nosso mundo mais sofisticado para nos maravilharmos com essa ideia de que Deus é poderoso? Provavelmente, não o suficiente. Não podemos saber como Deus trouxe os mundos à existência com Sua voz (Jó 38–39; Salmo 33:9; Hebreus 11:3), nem podemos saber como Ele mantém o controle destes mundos (Neemias 9:6). Não podemos saber como Ele planejou e cumpriu a encarnação de Jesus, nem podemos entender como Ele pode fazer o sacrifício de Cristo ser suficiente para a nossa salvação. Mas sabemos que estas coisas são verdade.

O poder de Deus é imensurável em seu prodígio, porém é claro o suficiente para que o entendamos. E, no entanto, é mais uma razão para louvá-lo. —JDB

---

**Tudo o que Deus faz está marcado com simplicidade e poder.** —Tertuliano

12 de abril

# Novos começos

Leitura:
**Isaías 43:14-21**

**Eis que faço coisa nova, que está saindo à luz; porventura, não o percebeis?...
—Isaías 43:19**

A Bíblia em um ano:
☐ 1 Samuel 19–21
☐ Lucas 11:29-54

Novos começos são possíveis. Pergunte a um jovem que passou a fazer parte de uma gangue ainda no Ensino Fundamental. Ele fugiu quando tinha apenas 12 anos e por três anos esteve perdido nas drogas, participando da gangue. Embora tenha deixado a gangue e retornado à sua casa, foi difícil para ele, pois já tinha sido expulso da escola por vender drogas. Entretanto, quando matriculou-se em uma nova escola para cursar o Ensino Médio, uma professora o inspirou e encorajou a escrever sobre as suas experiências em vez de repeti-las. Ele se comprometeu com esse desafio e agora está experimentando um novo começo.

Deus, por meio do profeta Isaías, também encorajou exilados judeus a pensarem num novo começo. Deus disse: "Não vos lembreis das coisas passadas, nem considereis as antigas" (Isaías 43:18). Ele lhes disse para deixarem de viver lembrando-se da punição que sofreram e até mesmo da demonstração do poder divino quando houve o primeiro êxodo do Egito. Ele queria que a atenção do povo estivesse focada em Deus, que lhes daria um novo começo, levando-os da Babilônia para casa, em um novo êxodo (v.19).

Com Deus, os novos começos são possíveis em nossos corações. Ele pode nos ajudar a abrir mão do passado e começarmos a nos apegar nele. Um relacionamento com o Senhor proporciona nova esperança aos que confiam nele. —MLW

---

**Deus dá novos começos
quando nos aproximamos ainda mais dele.**

13 de abril

# Determinação

Leitura:
**Rute 1:6,11-18;**
**Lucas 9:51-53**

**...o teu povo é o meu povo, o teu Deus é o meu Deus. —Rute 1:16**

A Bíblia em um ano:
☐ 1 Samuel 22–24
☐ Lucas 12:1-31

Durante uma reportagem sobre a condição dos refugiados deslocados de um país destruído pela guerra, fiquei chocado com as palavras de uma menina de 10 anos. Apesar de haver pouca possibilidade de retorno à terra natal, ela demonstrou um espírito resiliente: "Quando voltarmos, vou visitar meus vizinhos; vou brincar com meus amigos," disse com determinação pacífica. "Meu pai diz que não temos nossa casa, e eu lhe disse que vamos consertá-la."

Há lugar para a tenacidade na vida, especialmente quando ela está enraizada em nossa fé em Deus e no amor pelos outros. O livro de Rute começa com três mulheres unidas por uma tragédia. Após o marido de Noemi e seus dois filhos morrerem, ela decidiu retornar à sua casa em Belém e incentivou suas noras viúvas a permanecerem em seu país, a terra de Moabe. Orfa permaneceu, mas Rute jurou ir com Noemi, dizendo: "...o teu povo é o meu povo, o teu Deus é o meu Deus" (Rute 1:16). Quando Noemi viu que Rute "...estava resolvida a ir com ela..." (v.18), as duas começaram sua jornada juntas.

Às vezes, a teimosia é algo que está enraizado no orgulho, mas o comprometimento nasce do amor. Quando Jesus foi à cruz, "...manifestou, no semblante, a intrépida resolução de ir para Jerusalém" (Lucas 9:51). Por Sua determinação de morrer por nós, encontramos a força que nos orienta a viver por Ele. – DCM

**O amor exige o comprometimento.**

14 de abril

# Identidade Confundida

**Leitura:**
**Mateus 16:13-20**

**Mas vós, continuou ele, quem dizeis que eu sou?**
**—Mateus 16:15**

**A Bíblia em um ano:**
☐ **1 Samuel 25–26**
☐ **Lucas 12:32-59**

Meu irmão mais novo nasceu quando eu estava no último ano do Ensino Médio. Esta diferença de idade criou uma situação interessante quando ele chegou à juventude. Em sua primeira visita ao campus da universidade, nossa mãe e eu o acompanhamos. Quando chegamos, as pessoas pensaram que eu era o pai de meu irmão e que a nossa mãe era a avó dele. Finalmente, acabamos desistindo de corrigi-los. Independentemente do que disséssemos ou fizéssemos, o nosso verdadeiro grau de parentesco era suplantado por este caso cômico de troca de identidade.

Jesus questionou os fariseus sobre a Sua identidade: "Que pensais vós do Cristo? De quem é filho?..." Eles responderam, "...de Davi" (Mateus 22:42). A identidade de Messias era decisiva, e a resposta deles estava correta, mas incompleta. As Escrituras haviam afirmado que o Messias viria e reinaria no trono de Seu pai Davi. Mas Jesus os lembrou de que apesar de Davi ser Seu ascendente, Jesus Cristo seria mais — Davi referiu-se a Ele como "Senhor".

Diante de uma questão semelhante, Pedro respondeu corretamente, "...Tu és o Cristo, o Filho do Deus vivo" (Mateus 16:16). Ainda hoje, a questão da identidade de Jesus surge com mais importância que o restante dos questionamentos — e é eternamente importante que não cometamos erros ao entender quem Ele é. Nosso Criador, Defensor, Redentor e Amigo. – WEC

**Nenhum erro é mais perigoso do que enganar-se com relação à identidade de Jesus.**

15 de abril

# Colher de açúcar

Leitura:
**Salmo 19:7-14**

**...os juízos do Senhor são verdadeiros e todos igualmente, justos [...] são mais doces do que o mel e o destilar dos favos. —Salmo 19:9,10**

A Bíblia em um ano:
☐ 1 Samuel 27–29
☐ Lucas 13:1-22

Onde está Mary Poppins quando você precisa dela? Sei que isso soa como se estivesse ansiando pelos velhos tempos em que filmes fantasiosos e alegres retratavam personagens como esta babá fictícia. Mas o que realmente almejo são pessoas com uma visão do futuro que seja *realisticamente* otimista. Anelo por pessoas alegres e criativas que possam nos mostrar o lado positivo do que consideramos negativo, que possam nos lembrar de que "uma colherada de açúcar ajuda a engolir o remédio."

Davi escreveu uma canção que expressava uma verdade semelhante. Em suas palavras, "...os juízos do Senhor..." são "...mais doces do que o mel..." (Salmo 19:9,10). Raramente ouvimos dizer que a verdade é doce. Com maior frequência ouvimos que ela é amarga ou difícil de engolir. Mas a verdade é muito mais que um remédio para se tratar o que está errado. É a dieta que evitará a doença. Não é vacina ou injeção. É uma refeição gourmet que deveria ser apresentada como uma delícia culinária, instigando os famintos: "...Provai e vede que o Senhor é bom..." (34:8).

Cantamos "Jesus é o nome mais doce que conheço", mas alguns de nós o apresentam como se Ele tivesse se tornado amargo. A verdade pura e imaculada de orgulho tem o gosto mais doce e refrescante de todos para aqueles que têm fome de alimento espiritual. E temos o privilégio de oferecer esta verdade a um mundo faminto. – JAL

**...a fidelidade do Senhor subsiste para sempre...**
—Salmo 117:2

16 de abril

# Entrando para a Família

Leitura:
**Gálatas 3:26–4:7**

**Pois todos vós sois filhos de Deus mediante a fé em Cristo Jesus. —Gálatas 3:26**

A Bíblia em um ano:
☐ 1 Samuel 30–31
☐ Lucas 13:23-35

Maurice Griffin foi adotado aos 32 anos de idade. Ele havia vivido com Lisa e Charles Godbold por 20 anos, tendo-os como seus tutores. Apesar de Maurice ser agora um homem vivendo por conta própria, a completude do processo de adoção era o que ele e a família sempre quiseram. Estando reunidos com a adoção oficial, Maurice comentou: "Este é provavelmente o momento mais feliz da minha vida [...] Estou feliz por estar em casa."

Aqueles de nós que ingressamos na família de Deus podemos nos referir àquele momento como o momento mais feliz em nossas vidas. Quando confiamos nossa salvação a Cristo, nos tornamos filhos de Deus e Ele se torna o nosso Pai celestial. A Bíblia nos garante: "Pois todos vós sois filhos de Deus mediante a fé em Cristo Jesus" (Gálatas 3:26).

Como filhos adotados de Deus, nós temos irmãos espirituais — nossos irmãos e irmãs em Cristo — e todos nós compartilhamos de uma herança eterna (Colossenses 1:12). Além disso, o Espírito de Jesus habita em nossos corações e nos capacita a orar usando o nome *Abba*, Pai (Gálatas 4:6) — como uma criança chamando, "Papai".

Ser filho de Deus é experimentar a proximidade e a segurança de um Pai que nos ama, aceita e quer nos conhecer. A nossa adoção em Sua família é uma maravilhosa volta ao lar. —JBS

---

**Os braços de Deus estão sempre abertos para receber qualquer um de volta em casa.**

17 de abril

# TODO O TIPO DE AJUDA

LEITURA:
**Gênesis 41:46-57**

**Depois, disse Faraó a José: Visto que Deus te fez saber tudo isto, ninguém há tão ajuizado e sábio como tu. —Gênesis 41:39**

A BÍBLIA EM UM ANO:
- ☐ 2 Samuel 1–2
- ☐ Lucas 14:1-24

No auge dos acontecimentos envolvendo o tiroteio numa escola nos EUA, muitas pessoas sentiram-se fortemente compelidas a ajudar. Algumas doaram sangue aos feridos, outras providenciaram refeições e café gratuitos em seus restaurantes para os que trabalhavam no local da tragédia. Outras escreveram cartas de consolo ou simplesmente os abraçaram. Algumas enviaram doações financeiras e ursos de pelúcia para as crianças; outras ofereceram aconselhamento. As pessoas encontraram maneiras de servir de acordo com suas personalidades, habilidades e recursos.

A história bíblica sobre José nos conta como ele usou suas habilidades para exercer um papel importante ao ajudar pessoas a sobreviver num período de sete anos de fome (Gênesis 41:53,54). No caso dele, José pôde se preparar com antecedência, pois ele sabia que um tempo difícil estava chegando. Após José avisar o Faraó, o rei do Egito, que os anos escassos estavam se aproximando, o Faraó o encarregou da preparação para esse período. José usou de sabedoria e discernimento de Deus para preparar seu país (41:39). E então, quando a fome estava "...sobre toda a terra, abriu José todos os celeiros..." (v.56) e pôde inclusive ajudar sua própria família (45:16-18).

Estas histórias mostram o sentimento de Deus pelo mundo. Ele nos preparou e nos fez quem somos para darmos atenção a outros da maneira que Ele nos guiar. – AMC

**A compaixão oferece o que for necessário para a cura.**

18 de abril

# ESTOU VIVO

LEITURA:
**Efésios 2:1-10**

**Ele vos deu vida, estando vós mortos nos vossos delitos e pecados. —Efésios 2:1**

A BÍBLIA EM UM ANO:
☐ 2 Samuel 3–5
☐ Lucas 14:25-35

Laura Brooks, 52 anos de idade e mãe de dois filhos, não sabia, mas era uma entre 14 mil pessoas em 2011 cujo nome entrou no banco de dados do governo declarando-a morta. Ela se perguntou o que havia de errado quando deixou de receber seus cheques de benefício social e seus pagamentos de empréstimos e cheques de aluguel voltaram como sendo sem fundo. Ela foi ao banco para resolver a questão, mas o funcionário lhe disse que suas contas haviam sido fechadas porque ela estava morta! Obviamente eles estavam equivocados.

O apóstolo Paulo não estava equivocado quando disse que os cristãos de Éfeso estavam, de certa forma, mortos — mortos espiritualmente. Estavam mortos no sentido de estar separados de Deus, escravizados pelo pecado (Efésios 2:5), e condenados sob a ira de Deus. Que estado de desesperança!

No entanto Deus, em Sua bondade, tomou uma atitude para reverter esta condição para eles e para nós. O Deus vivo "...que vivifica os mortos..." (Romanos 4:17) derramou Sua rica misericórdia e Seu grande amor enviando Seu Filho Jesus a esta terra. Por meio da morte e da ressurreição de Cristo, fomos vivificados (Efésios 2:4,5).

Quando cremos na morte e na ressurreição de Jesus Cristo, passamos da morte para a vida. Agora vivemos para regozijarmo-nos em Sua bondade! — MLW

**Aceitar a morte de Jesus me concede vida.**

19 de abril

# O HOLOFOTE

LEITURA:
**Romanos 5:1-11**

**...também nos gloriamos em Deus por nosso Senhor Jesus Cristo... —Romanos 5:11**

A BÍBLIA EM UM ANO:
☐ 2 Samuel 6–8
☐ Lucas 15:1-10

Jamais esquecerei o Domingo de Páscoa de 1993, quando Bernhard Langer venceu o *Masters de Golfe*. Ao sair do 18º buraco para receber a jaqueta verde — um dos mais cobiçados prêmios de golfe — um repórter disse: "Este deve ser o dia mais importante de sua vida!" Sem titubear, Langer respondeu: "É maravilhoso ganhar o maior torneio do mundo, mas para mim significa mais ainda o fato de ganhá-lo no Domingo de Páscoa — para celebrar a ressurreição do meu Senhor e Salvador."

Langer teve uma oportunidade de gloriar-se a si mesmo, mas em vez disso voltou os holofotes para Jesus Cristo. É exatamente o que Paulo estava falando quando disse, "...mas também nos gloriamos em Deus por nosso Senhor Jesus Cristo, por intermédio de quem recebemos, agora, a reconciliação" (Romanos 5:11).

É fácil procurar maneiras de chamar atenção para nossas realizações, fazendo listas mentais com aquilo que temos de "interessante". Até mesmo Paulo admitiu que tinha muito do que se vangloriar — mas considerava tudo "perda" por causa da sublimidade do conhecimento de Cristo (Filipenses 3:8). Faríamos bem se seguíssemos o exemplo do apóstolo Paulo.

Então, se você realmente quer algo para se vangloriar, vanglorie-se de Jesus e do que Ele fez por você. Procure oportunidades para mirar os holofotes no Senhor. —JMS

**Você não pode vangloriar-se em Jesus enquanto estiver preocupado consigo mesmo.**

20 de abril

# PÁSCOA TODOS OS DIAS

LEITURA:
**Hebreus 10:11-18**

---

**Ele não está aqui; ressuscitou, como tinha dito...**
**—Mateus 28:6**

---

A BÍBLIA EM UM ANO:
☐ 2 Samuel 9–11
☐ Lucas 15:11-32

Uma amiga minha, que é professora de pré-escola, ouviu por acaso uma conversa animada entre seus alunos. A pequena Maria lançou a pergunta: "Quem ama a Deus?" Todos eles responderam, "Eu amo! Eu amo! Eu amo!" Guilherme disse, "Eu amo Jesus." Kelly protestou, "Mas Ele morreu." Guilherme retrucou, "Sim, mas todos os anos Ele ressuscita dos mortos no Domingo de Páscoa!"

Obviamente, a compreensão do pequeno garoto sobre o significado da Páscoa ainda está se desenvolvendo. Nós sabemos que Jesus morreu uma única vez (Romanos 6:10; Hebreus 10:12) e, é claro, ressuscitou dos mortos uma única vez. Três dias após se submeter à punição por nossos pecados na cruz, Jesus, sem pecados, dominou a morte ao ressuscitar dos mortos e quebrar o poder do pecado. Foi este sacrifício final de sangue que abriu o único caminho para que tivéssemos um relacionamento com Deus agora e um lar com Ele para sempre.

"...Cristo morreu por nossos pecados [...] foi sepultado e ressuscitou ao terceiro dia..." (1 Coríntios 15:3,4). Ele prometeu preparar um lugar para nós (João 14:1-4), e Ele um dia retornará. Um dia estaremos com nosso Salvador ressurreto.

É por isso que todos os anos na época da Páscoa — na verdade, todos os dias do ano — temos motivo para celebrar a ressurreição de nosso Salvador. "Bendirei o SENHOR em todo o tempo, o seu louvor estará sempre nos meus lábios" (Salmo 34:1). —CHK

---

**A ressurreição de Cristo é motivo de comemoração.**

21 de abril

# VITÓRIA SOBRE A MORTE!

LEITURA:
**João 5:24-30**

**...porque vem a hora em que todos os que se acham nos túmulos ouvirão a sua voz e sairão. —João 5:28**

A BÍBLIA EM UM ANO:
☐ 2 Samuel 12–13
☐ Lucas 16

Uma antiga pintura que vi recentemente causou um impacto profundo em mim. Seu título, *Anastasis*, significa "ressurreição" e retrata o triunfo da vitória de Cristo sobre a morte de modo formidável. O Senhor Jesus, tendo saído recentemente da sepultura, está tirando Adão e Eva de seus caixões e levando-os para a vida eterna. O que é incrível sobre esta obra de arte é o modo como exibe que a morte espiritual e física, o resultado da queda, foram revertidas dramaticamente pelo Cristo ressurreto.

Antes de Sua morte na cruz, o Senhor Jesus predisse que num dia futuro Ele chamará os cristãos para uma nova existência glorificada: "...vem a hora em que todos os que se acham nos túmulos ouvirão a sua voz e sairão" (João 5:28).

Por causa da vitória de Cristo sobre a morte, a sepultura não é o fim. Nós sentiremos, naturalmente, tristeza e luto quando aqueles que amamos morrerem e formos separados deles nesta vida. Mas o cristão não entra em luto como alguém que não tem esperança (1 Tessalonicenses 4:13). O testemunho da ressurreição de Jesus é que todos os cristãos um dia serão retirados de suas sepulturas e vestidos com corpos ressurretos e glorificados (1 Coríntios 15:42-44). E "...assim, estaremos para sempre com o Senhor" (1 Tessalonicenses 4:17).
— HDF

**Porque Cristo está vivo, nós também viveremos.**

22 de abril

# ATOS DE BONDADE

LEITURA:
**Atos 4:1-13**

**...em nome de Jesus Cristo, [...] a quem Deus ressuscitou dentre os mortos,[...] é que este está curado perante vós.**
**—Atos 4:10**

A BÍBLIA EM UM ANO:
☐ 2 Samuel 14–15
☐ Lucas 17:1-19

Eu estava viajando com alguns homens quando identificamos uma família desamparada na beira da estrada. Meus amigos imediatamente pararam o carro para ajudar. Eles fizeram o motor do carro da família funcionar, conversaram com o pai e a mãe e lhes deram dinheiro para a gasolina. Quando a mãe lhes agradeceu várias e várias vezes, eles responderam: "ficamos felizes em ajudar e o fazemos em nome de Jesus." Conforme íamos embora, pensei em como foi natural para eles ajudar estas pessoas em sua necessidade e reconhecer o Senhor como fonte de sua generosidade.

Pedro e João exibiram alegremente a mesma generosidade quando curaram o coxo que mendigava à entrada do templo em Jerusalém (Atos 3:1-10). Isto os levou à prisão e ao encontro com as autoridades, que lhes perguntaram: "...Com que poder ou em nome de quem fizestes isto?" Pedro respondeu: "...visto que hoje somos interrogados a propósito do benefício feito a um homem enfermo e do modo por que foi curado, tomai conhecimento, vós todos e todo o povo de Israel, de que, em nome de Jesus Cristo, o Nazareno, a quem vós crucificastes, e a quem Deus ressuscitou dentre os mortos, sim, em seu nome é que este está curado perante vós" (Atos 4:7-10).

A bondade é um fruto do Espírito (Gálatas 5:22) e um contexto poderoso para falar genuinamente aos outros sobre o Senhor. —DCM

**Um ato de bondade pode ensinar mais sobre o amor de Deus do que muitos sermões.**

23 de abril

# Brade aleluia!

Leitura:
**1 Coríntios15:50-58**

**Onde está, ó morte, a tua vitória?...**
**—1 Coríntios 15:55**

A Bíblia em um ano:
☐ 2 Samuel 16–18
☐ Lucas 17:20-37

Há alguns dias, vi meu velho amigo Beto pedalando vigorosamente uma bicicleta na academia de nossa vizinhança enquanto olhava para baixo encarando o monitor de pressão sanguínea em seu dedo.

"O que você está fazendo?", perguntei.

"Olhando para ver se estou vivo", ele resmungou.

"O que você faria se visse que está morto?", repliquei.

"Gritaria aleluia", ele respondeu com um sorriso radiante.

Com o passar dos anos, tive a oportunidade de ver a grande força interior do Beto: sua resistência diante da decadência física e do desconforto, sua fé e esperança conforme ele se aproxima do fim de sua jornada na vida. Realmente ele não só encontrou esperança, mas a morte perdeu o poder de oprimi-lo.

Quem consegue encontrar paz e esperança — até mesmo alegria — na morte? Apenas aqueles que estão unidos pela fé ao Deus da eternidade e que sabem que têm a vida eterna (1 Coríntios 15:52,54). Para aqueles que têm esta certeza, como meu amigo Beto, a morte perdeu o seu terror. Eles podem falar com grande alegria sobre ver Cristo face a face!

Por que ter medo da morte? Por que não se alegrar? Como o poeta John Donne (1572–1631) escreveu, "Após curto sono, acorda eterno o que jaz." —DHR

---

**Para o cristão, morrer é a última sombra da noite terrena antes da alvorada celestial.**

**24 de abril**

# NUNCA DECEPCIONE

LEITURA:
**Lamentações 3:13-26**

**As misericórdias do SENHOR [...] não têm fim; renovam-se cada manhã...**
**—Lamentações 3:22,23**

A BÍBLIA EM UM ANO:
☐ 2 Samuel 19–20
☐ Lucas 18:1-23

Quando eu era criança, um de meus passatempos favoritos era brincar na gangorra do parque vizinho. Uma criança se sentava em cada extremidade da tábua e movimentavam-se para cima e para baixo. Às vezes, a criança que estava em baixo permanecia parada deixando seu coleguinha no ar gritando para descer. Mas o truque mais cruel de todos era sair da gangorra correndo quando seu amigo estivesse lá em cima — ele cairia no chão com um impacto doloroso.

Algumas vezes podemos sentir que Jesus faz isso conosco. Confiamos que Ele estará conosco nos altos e baixos da vida. No entanto, quando a vida passa por uma reviravolta e nos deixa com galos e contusões, pode parecer que Ele se afastou deixando nossas vidas desmoronarem dolorosamente.

Mas o livro de Lamentações 3 nos lembra de que "As misericórdias do SENHOR são a causa de não sermos consumidos, porque as suas misericórdias não têm fim" (v.22) e de que Deus é fiel até o fim mesmo quando tudo parece estar desmoronando. Isto significa que em meio à nossa dor, mesmo que tenhamos sido abandonados, não estamos sozinhos. E ainda que não sintamos Sua presença, Ele está ali como nosso companheiro confiável que nunca se afastará ou nos decepcionará! —JMS

**Quando todos falham,**
**Jesus é nosso amigo mais confiável.**

25 de abril

# PEIXE MEDROSO

LEITURA:
**João 1:6-14**

**E o Verbo se fez carne e habitou entre nós, [...] e vimos a sua glória... —João 1:14**

A BÍBLIA EM UM ANO:
☐ 2 Samuel 21–22
☐ Lucas 18:24-43

Descobri que gerenciar um aquário de água salgada não é uma tarefa fácil. Eu precisava operar um laboratório químico portátil para monitorar os níveis de nitrato e o teor de amônia. Eu bombeava vitaminas, antibióticos, medicamentos à base de sulfa e enzimas, além de filtrar água através de fibras de vidro e carvão.

É de se pensar que meus peixes ficariam gratos. Nem tanto. Quando minha sombra se aproximava do aquário para alimentá-los, eles mergulhavam para esconder-se na concha mais próxima. Eu era grande demais para eles; minhas ações incompreensíveis. Eles não sabiam que minhas atitudes eram misericordiosas. Mudar essa percepção exigiria uma forma de encarnação. Eu teria que me tornar um peixe e "falar" a eles em uma linguagem que eles compreendessem; o que era impossível para mim.

De acordo com as Escrituras, Deus, o Criador do universo, fez algo que parece impossível. Ele veio à terra em forma humana como um bebê. "...o mundo foi feito por intermédio dele..." disse João, "...mas o mundo não o conheceu" (João 1:10). Então Deus, que criou a matéria, se tornou homem, como o autor de um peça tornando-se personagem em Sua própria peça. Deus escreveu uma história, utilizando personagens verdadeiros, nas páginas da verdadeira história. "E o Verbo se fez carne e habitou entre nós ..." (v.14). —PDY

**Deus ingressou na história humana, por meio de Jesus, para nos oferecer o dom da vida eterna.**

**26 de abril**

# DESCENDO AS ESCADAS

**LEITURA:**
**2 Crônicas 12:1-8**

**...se o meu povo [...] se humilhar, e orar [...] e se converter [...], eu ouvirei dos céus, perdoarei os seus pecados... —2 Crônicas 7:14**

A BÍBLIA EM UM ANO:
☐ 2 Samuel 23–24
☐ Lucas 19:1-27

O vídeo começa com um cachorrinho no topo da escada com medo de descer. Apesar de muito encorajamento das pessoas torcendo ao pé da escada, o pequeno animal não consegue entender. Teca quer tanto poder se unir às pessoas, mas o medo a mantém ali no topo andando. Então surge um cachorro maior para ajudar. Tobi sobe as escadas correndo e depois desce mostrando a Teca como é fácil subir e descer. Teca ainda não se convence. Tobi tenta novamente. Desta vez mais lentamente. E então assiste à nova tentativa de Teca. Mas Teca ainda está muito assustada. Mais uma vez Tobi vai ao topo e demonstra a técnica. Finalmente Teca ousa permitir que suas patas traseiras sigam as dianteiras. Tobi permanece ao seu lado. Ela consegue. Todos comemoram!

Que bela imagem de discipulado. Investimos muito de nosso tempo tentando ensinar outros a subir, mas o mais importante, e o mais difícil, é aprender como "descer." Por toda a Escritura, lemos que Deus deseja que sejamos humildes. Porque o povo de Judá se humilhou, o Senhor disse, "...não os destruirei..." (2 Crônicas 12:7).

Em inúmeras ocasiões, Deus demonstrou humildade ao escolher descer (Êxodo 3:7,8; 19:10-12; Miqueias 1:3). Finalmente Deus enviou Jesus, que passou Sua vida ensinando a técnica que devemos seguir (Filipenses 2:5-11). —JAL

**Não há quem aprenda coisa alguma antes de aprender a humildade.**

27 de abril

# APRENDENDO A AMAR

LEITURA:
**1 Coríntios 13:4-13**

---

**O amor é paciente, é benigno...**
**—1 Coríntios 13:4**

---

A BÍBLIA EM UM ANO:
☐ **1 Reis 1–2**
☐ **Lucas 19:28-48**

Quando Hans Egede foi à Groenlândia como missionário em 1721, ele não conhecia a língua *inuíte*. Seu temperamento era frequentemente arrogante e ele lutava para ser gentil com as pessoas.

Em 1733, uma epidemia de varíola varreu a Groenlândia, liquidando quase dois terços do povo *inuíte* — além da esposa de Egede. Este sofrimento compartilhado dissolveu a dura conduta de Egede e ele passou a trabalhar incansavelmente para cuidar do povo física e espiritualmente. Pelo fato de sua vida agora representar melhor as histórias que ele contava ao povo sobre o amor de Deus, os *inuítes* puderam finalmente começar a compreender o desejo de Deus de amá-los também. Mesmo no sofrimento, seus corações voltaram-se para Deus.

Talvez você seja como os *inuítes* nesta história e seja incapaz de ver Deus nas pessoas ao seu redor. Ou talvez você seja como Hans Egede, que lutou para expressar o amor de um modo que ensinasse às pessoas algo sobre Deus. Sabendo que somos pessoas fracas e necessitadas, Deus nos mostrou como é o amor. Ele enviou Seu Filho, Jesus Cristo, para morrer por nossos pecados (João 3:16). Tudo porque Deus nos ama tanto!

Jesus é o exemplo perfeito do amor que é descrito no livro de 1 Coríntios 13. Ao olharmos para Ele, descobrimos que somos amados e assim aprendemos como amar. —RKK

---

**Que eu nunca seja a barreira que impede outros de verem o Senhor.**

28 de abril

# PERGUNTAS

LEITURA:
**1 Pedro 3:8-17**

**...santificai a Cristo [...] estando sempre preparados para responder a todo aquele que vos pedir razão da esperança que há em vós.
—1 Pedro 3:15**

A BÍBLIA EM UM ANO:
☐ 1 Reis 3–5
☐ Lucas 20:1-26

Enquanto viajava de trem alguns anos após a Guerra da Secessão, o general Lew Wallace, do Exército da União, encontrou um colega oficial, Coronel Robert Ingersoll. O coronel foi um dos principais agnósticos do século 19 e Wallace era um homem de fé. Conforme a conversa se direcionou para o assunto de suas diferenças espirituais, Wallace percebeu que não era capaz de responder às perguntas e dúvidas levantadas por Ingersoll. Constrangido por sua falta de entendimento com relação à sua própria fé, Wallace começou a pesquisar as Escrituras procurando respostas. O resultado foi sua declaração confiante na pessoa do Salvador em seu clássico romance histórico *Ben-Hur: uma narrativa de Cristo*.

As perguntas inquisitórias dos céticos não precisam ser uma ameaça à nossa fé. Antes, podem nos motivar a buscar o entendimento mais profundo e nos equipar para responder sábia e amavelmente àqueles que possam questionar nossa fé. O apóstolo Pedro nos encorajou a buscar a sabedoria de Deus nas Escrituras quando escreveu: "...estando sempre preparados para responder a todo aquele que vos pedir razão da esperança que há em vós [...] com mansidão e temor..." (1 Pedro 3:15,16).

Não temos que ter respostas para todas as perguntas, mas precisamos de coragem, confiança e convicção para compartilhar nosso amor por Cristo e a esperança que está em nós. — WEC

---

**Cristo é a sublime resposta
para as grandes questões da vida.**

29 de abril

# CRISTO NA TEMPESTADE

LEITURA:
**Marcos 4:33-41**

**...Por que sois assim tímidos?! Como é que não tendes fé? —Marcos 4:40**

A BÍBLIA EM UM ANO:
- ☐ 1 Reis 6–7
- ☐ Lucas 20:27-47

Rembrandt, aos 27 anos, pintou a paisagem marítima de Cristo na tempestade no mar da Galileia, fundamentado na história relatada no livro de Marcos 4. Com seu contraste de luz e sombra característico, a pintura de Rembrandt exibe um pequeno barco prestes a ser destruído numa furiosa tempestade. Enquanto os discípulos lutam contra o vento e as ondas, Jesus está sereno. O aspecto mais notável, no entanto, é a presença de um 13º discípulo no barco, que os especialistas em arte dizem assemelhar-se ao próprio Rembrandt.

O evangelho de Marcos descreve a mais intensa lição dos discípulos sobre quem Jesus é e sobre o que Ele pode fazer. Enquanto todos tentavam freneticamente salvar um barco afundando, Jesus dormia. Será que Ele não se importava com o fato de que todos estavam prestes a morrer? (v.38). Após Jesus ter acalmado a tempestade (v.39), Ele fez a pergunta pungente: "...Por que sois assim tímidos?! Como é que não tendes fé?" (v.40). E eles, ainda mais assustados, exclamaram uns aos outros: "...Quem é este que até o vento e o mar lhe obedecem?" (v.41).

Poderíamos nos colocar nesta história e descobrir, assim como os discípulos de Jesus o fizeram, que a cada pessoa que confia em Jesus Ele revela a Sua presença, compaixão e controle em qualquer tempestade da vida. – DCM

**Deus é o nosso abrigo durante as tempestades da vida.**

30 de abril

# TARDE DEMAIS

LEITURA:
**Hebreus 4:1-11**

**Temamos, portanto, que, sendo-nos deixada a promessa de entrar no descanso de Deus, suceda parecer que algum de vós tenha falhado. —Hebreus 4:1**

A BÍBLIA EM UM ANO:
☐ 1 Reis 8–9
☐ Lucas 21:1-19

Isso acontece em quase todos os semestres. Eu digo aos calouros da minha turma de redação que eles precisam estar em dia com as inúmeras tarefas de escrita para serem aprovados na disciplina. Mas quase todos os semestres alguns não acreditam em mim. Estes são os que me enviam *emails* frenéticos após o último dia de aula e me informam das razões pelas quais não acompanharam o ritmo das tarefas. Odeio fazer isso, mas preciso dizer-lhes: "Sinto muito, é tarde demais. Você foi reprovado."

Isso é ruim quando você percebe que é um calouro e acabou de desperdiçar alguns milhares de reais em mensalidades. Mas há uma determinação muito mais séria e permanente que vem no fim da vida caso as pessoas não tenham resolvido com Deus as suas questões relacionadas aos seus pecados. Nesses casos, se alguém morre sem fé em Jesus Cristo como Salvador, enfrentará a eternidade sem Ele.

Que momento terrível seria estar diante do Salvador em pessoa e ouvi-lo dizer: "…nunca vos conheci. Apartai-vos de mim…" (Mateus 7:23). O autor do livro de Hebreus nos alerta para garantirmos que não tenhamos "falhado" (4:1) em entrar no descanso eterno oferecido por Deus. A boa notícia é que não é tarde demais. Hoje Jesus nos oferece a dádiva da salvação e o perdão por meio dele. — JDB

**O calvário revela a seriedade de nosso pecado e a imensidão do amor de Deus.**

1.º de maio

# O QUE O MOTIVA?

LEITURA BÍBLICA:
**João 12:37-43**

**Quem ama a sua vida perde-a; mas aquele que odeia a sua vida neste mundo preservá-la-á para a vida eterna. —João 12:25**

A BÍBLIA EM UM ANO:
☐ **1 Reis 10–11**
☐ **Lucas 21:20-38**

Muitos dizem que o ser humano é movido por suas crenças e sonhos. Outros, pelos instintos e feridas de alma. Na verdade, o que nos move em sentido mais profundo, é o amor que dedicamos a alguém ou a algo.

Nesta passagem, o apóstolo João estabelece um contraste revelador sobre a motivação de muitos que cercavam Jesus. É quase um contraste entre vida e morte, entre perda e ganho ainda maior.

Várias eram as recentes provas da divindade de Jesus: a ressurreição de Lázaro, Sua unção por Maria, Sua entrada triunfal em Jerusalém e a voz do Pai declarando dos céus que Cristo já era glorificado e ainda seria glorificado. Contudo, mesmo que muitos tivessem crido nele, algumas autoridades inclusive, resolveram rejeitá-lo. João explica o porquê: "…amaram mais a glória dos homens do que a glória de Deus" (v.43).

Tinham todos os motivos para crer, mas não aceitaram crer. Isso pode acontecer conosco. Apesar de tudo que Jesus tem feito por e em nós, podemos agir com cinismo diante dele, temendo perder família, amigos e posição, mais do que tememos perder a presença do Senhor. Assim, demonstramos amar mais a glória humana do que o Mestre.

O que mais amo e que serve como minha fonte de motivação: Deus ou as coisas do homem? Lembremo-nos de que em Cristo toda perda pode se transformar em grande lucro. Afinal, nele nenhuma perda é definitiva. – DCG

**Ame os homens a ponto de lavar os seus pés, mas não ame a glória humana.**

2 de maio

# ÁRVORE DE DESCANSO

LEITURA:
**Esdras 9:5-9**

**...sobrevive um remanescente segundo a eleição da graça.**
**—Romanos 11:5**

A BÍBLIA EM UM ANO:
☐ **1 Reis 12–13**
☐ **Lucas 22:1-20**

A árvore solitária no campo à frente de meu escritório permanecia um mistério. Grandes quantidades de árvores haviam sido cortadas para que o fazendeiro pudesse plantar milho. Mas uma árvore permanecia em pé com seus longos galhos espalhados. O mistério foi revelado quando descobri que a árvore foi poupada por um propósito. Havia muito tempo, os fazendeiros deixavam, por tradição, uma árvore plantada para que eles e seus animais tivessem um lugar fresco para descansar quando o calor do sol do verão estivesse muito forte.

Em certos momentos, percebemos que mais ninguém além de nós sobreviveu a algo, e não sabemos o porquê. Soldados voltando do combate e pacientes que sobreviveram a uma doença letal lutam para saber porque sobreviveram, enquanto outros não.

O Antigo Testamento fala dos sobreviventes a quem Deus poupou quando a nação foi enviada ao exílio. Os sobreviventes preservaram a lei de Deus e mais tarde reconstruiu o templo (Esdras 9:9). O apóstolo Paulo referia-se a si mesmo como parte do remanescente de Deus (Romanos 11:1,5). Ele foi poupado para tornar-se o mensageiro de Deus aos gentios (v.13).

Se permanecemos em pé onde outros já caíram, é para que ergamos nossas mãos aos céus em louvor e abramos nossos braços fazendo sombra para o cansado. O Senhor nos capacita para sermos uma árvore de descanso para outros. —JAL

---

**A esperança pode ser acesa com uma fagulha de encorajamento.**

3 de maio

# ELE MUDOU MINHA VIDA

LEITURA:
**Salmo 107:1-16**

**Digam-no os remidos do SENHOR, os que ele resgatou da mão do inimigo. —Salmo 107:2**

A BÍBLIA EM UM ANO:
- ☐ 1 Reis 14–15
- ☐ Lucas 22:21-46

Após a morte em 2011 do pioneiro em computação, Steve Jobs, mais de um milhão de pessoas de todo o mundo postou tributos *on-line* a ele. O tema comum era como Jobs havia mudado suas vidas. Eles diziam que viviam de modo diferente devido às suas inovações criativas e queriam expressar sua admiração e tristeza. A tela de um *tablet* tinha a seguinte mensagem em letras grandes: iTriste.

A gratidão alimenta o nosso sentimento, que é exatamente o que o Salmo 107 descreve: "Digam-no os remidos do SENHOR, os que ele resgatou da mão do inimigo" (v.2). O tema deste Salmo são pessoas em grandes lutas que foram libertas pelo Senhor. Algumas não tinham teto e passavam necessidades (vv.4,5); algumas haviam se rebelado contra a Palavra de Deus (vv.10,11); outras estavam exaustas de tanto tentar e não conseguir resultados quando clamaram a Deus (vv.26,27). Todas foram resgatadas pelo Senhor. "Rendam graças ao SENHOR por sua bondade e por suas maravilhas para com os filhos dos homens!" (vv.8,15,21,31).

Quando consideramos a grandiosidade do amor de Deus, Sua misericórdia em enviar Jesus Cristo para morrer por nós e ressuscitar e que Ele nos libertou, não podemos deixar de louvá-lo e desejar falar a outros sobre como Ele transformou nossas vidas! —DCM

**Nossa gratidão a Deus pela salvação nos incentiva em nosso testemunho a outros.**

4 de maio

# LÁGRIMAS DE GRATIDÃO

LEITURA:
**1 Coríntios 11:23-32**

---

**...anunciais a morte do Senhor, até que ele venha. —1 Coríntios 11:26**

---

A BÍBLIA EM UM ANO:
☐ 1 Reis 16–18
☐ Lucas 22:47-71

No culto de ceia ao qual minha esposa e eu fomos, a congregação foi convidada para ir à frente para receber o pão e o cálice de um dos pastores ou diáconos. Eles falaram a cada um sobre o sacrifício de Jesus por nós. Foi uma experiência comovente durante o que frequentemente pode se tornar apenas rotina. Após voltarmos aos nossos lugares, assisti a outros que lenta e silenciosamente retornavam a seus assentos. Foi surpreendente ver quantos deles tinham lágrimas em seus olhos. No meu caso, e no de outros com quem conversei depois, eram lágrimas de gratidão.

O motivo das lágrimas de gratidão se encontra na própria razão da mesa da ceia. Paulo, após instruir a igreja em Corinto sobre o significado de uma ceia memorial, pontuou seus comentários com as seguintes palavras poderosas: "Porque, todas as vezes que comerdes este pão e beberdes o cálice, anunciais a morte do Senhor, até que ele venha" (1 Coríntios 11:26). Com os elementos da ceia apontando diretamente para a cruz e para o sacrifício de Cristo em nosso favor, aquele culto se tratava de muito mais do que de um ritual — tratava-se de Cristo. Seu amor. Seu sacrifício. Sua cruz. Por nós.

Como palavras são inadequadas para transmitir o extraordinário valor de Cristo! Às vezes, lágrimas de gratidão comunicam o que palavras não podem expressar por completo. — WEC

---

**O amor de Cristo demonstrado por nós na cruz é maior do que palavras jamais poderiam expressar.**

5 de maio

# QUEM LEVA O CRÉDITO?

LEITURA:
**Jeremias 9:23-26**

**...mas o que se gloriar, glorie-se nisto: em me conhecer e saber que eu sou o SENHOR... —Jeremias 9:24**

A BÍBLIA EM UM ANO:
- ☐ 1 Reis 19-20
- ☐ Lucas 23:1-25

Chris Langan tem um QI mais alto que o de Albert Einstein. Moustafa Ismail tem um bíceps de 78 centímetros e consegue erguer 270 quilos. Estima-se que Bill Gates tem um patrimônio de bilhões. Aqueles que têm habilidade ou posses extraordinárias podem ficar tentados a vangloriar-se mais do que deveriam. Mas não precisamos ser altamente inteligentes, fortes ou ricos para desejarmos ficar com os créditos por nossos feitos. Qualquer tipo de realização traz consigo a seguinte questão: Quem ficará com os créditos?

Durante uma época de julgamento, Deus falou com os israelitas por meio do profeta Jeremias. Ele disse: "...Não se glorie o sábio na sua sabedoria, nem o forte, na sua força, nem o rico, nas suas riquezas" (Jeremias 9:23). Antes, "...o que se gloriar, glorie-se nisto: em me conhecer e saber que eu sou o SENHOR..." (v.24). Deus queria que Seu povo apreciasse Sua pessoa e Sua excelência acima de qualquer coisa.

Se permitimos que o louvor infle a nossa autoimagem, estamos nos esquecendo de que "Toda boa dádiva e todo dom perfeito são lá do alto..." (Tiago 1:17). É melhor dar glória a Deus — não apenas porque Ele protege nossos corações do orgulho, mas também porque Ele legitimamente a merece. Ele é Deus, Aquele que "...faz coisas grandes [...] e maravilhas que não se podem contar" (Jó 5:9). —JBS

**Fomos criados para dar a glória a Deus.**

6 de maio

# O CORAÇÃO IMPORTA

LEITURA:
**Provérbios 4:20-27**

---

**Sobre tudo o que se deve guardar, guarda o teu coração, porque dele procedem as fontes da vida.**
**—Provérbios 4:23**

---

A BÍBLIA EM UM ANO:
☐ **1 Reis 21–22**
☐ **Lucas 23:26-56**

A taxa de batimento cardíaco de nosso coração é de 70-75 batimentos por minuto. Ainda que pesando apenas 310 gramas em média, um coração saudável bombeia 7.570 litros de sangue por 95 quilômetros de vasos sanguíneos todos os dias. Diariamente o coração cria energia suficiente para mover um caminhão por 32 quilômetros. No curso de uma vida, isso equivaleria a ir até a lua e voltar. Um coração saudável pode fazer coisas incríveis. Se nosso coração não funciona bem, todo o nosso corpo para.

O mesmo poderia ser dito de nosso "coração espiritual". Nas Escrituras, a palavra coração representa o centro de nossas emoções, de nosso pensamento e raciocínio. É o "centro de comando" de nossa vida.

Então quando lemos "Sobre tudo o que se deve guardar, guarda o teu coração..." (Provérbios 4:23), vemos o sentido que a afirmação tem. Mas é um conselho difícil de seguir. A vida sempre fará exigências com relação ao nosso tempo e à nossa energia, que clamam por atenção imediata. Por outro lado, investir tempo para ler a Palavra de Deus e para fazer o que ela diz pode não ser um apelo tão forte. Podemos não notar as consequências de negligenciar essa prática, mas com o tempo, pode ocorrer um ataque cardíaco espiritual.

Sou grata por Deus ter nos dado Sua Palavra. Precisamos de Sua ajuda para não negligenciá-la, mas para usá-la para alinhar nossos corações com o coração de Deus todos os dias.

— PFC

---

**Para manter-se espiritualmente em forma, consulte o Grande Médico.**

7 de maio

# Pessoas que gosto

Leitura:
**1 Coríntios 6:9-11**

**Tais fostes alguns de vós [...] mas fostes santificados, mas fostes justificados em o nome do Senhor Jesus Cristo... —1 Coríntios 6:11**

A Bíblia em um ano:
- ☐ 2 Reis 1–3
- ☐ Lucas 24:1-35

Anos atrás em um culto de adoração, o pastor Ray Sedan subiu ao púlpito e leu o texto do dia: "...Não vos enganeis: nem impuros, nem idólatras, nem adúlteros, nem efeminados, nem sodomitas, nem ladrões, nem avarentos, nem bêbados, nem maldizentes, nem roubadores herdarão o reino de Deus. Tais fostes alguns de vós..." (1 Coríntios 6:9-11).

Ele então ergueu a cabeça após ler e com um sorriso de surpresa em seu rosto, disse: "Só por curiosidade: quantos de vocês têm um ou mais destes pecados em seu passado? Se esse for seu caso, levante-se."

Havia um jovem que nunca estivera na igreja. Ele havia sido salvo recentemente numa conferência de Billy Graham e veio com temor e tremor à igreja naquele domingo, sem saber o que encontraria. Mais tarde ele me disse que quando ouviu a pergunta do pastor, olhou ao redor para ver se alguém se levantaria. No começo ninguém se levantou, mas pouco depois a maioria da congregação estava em pé. Ele disse a si mesmo: "É de pessoas assim que eu gosto!"

Podemos nos reconhecer na lista de Paulo no livro de 1 Coríntios. Mas quando confessamos nosso pecado e aceitamos o dom de vida eterna pago com a morte de Jesus, nos tornamos novas criaturas, salvos pela graça (Romanos 6:23; 2 Coríntios 5:17). —DHR

**De mãos vazias, agarro-me à cruz de Cristo.**

8 de maio

# FALANDO DE JESUS

LEITURA:
**2 Coríntios 4:1-6**

**Porque decidi nada saber entre vós, senão a Jesus Cristo e este crucificado. —1 Coríntios 2:2**

A BÍBLIA EM UM ANO:
☐ **2 Reis 4–6**
☐ **Lucas 24:36-53**

O antigo jogador da liga de beisebol, Tony Graffanino, relata um contínuo esforço de um ministério em um país europeu. Todos os anos sua organização oferece um acampamento de beisebol com uma semana de duração. Durante esta semana também é oferecido um estudo bíblico diário. Nos últimos anos, o líder tentou encontrar caminhos racionais de convencer os acampantes de que Deus existe para que eles passassem a ter fé nele. Após cerca de 13 anos, haviam visto apenas três pessoas decididas a seguir Jesus.

Eles então mudaram sua abordagem, Graffanino diz. Em vez de "tentar apresentar fatos, ou ganhar uma discussão", eles simplesmente falavam sobre "a maravilhosa vida e os ensinos de Jesus." Como resultado, mais acampantes passaram a ouvir e mais deles escolheram seguir Jesus.

O apóstolo Paulo disse que quando falamos a outros sobre o evangelho de Jesus Cristo, deveríamos lutar "...pela manifestação da verdade [...] Porque não nos pregamos a nós mesmos..." ele disse, "...mas a Cristo Jesus como Senhor..." (2 Coríntios 4:2,5). Esse era o padrão de Paulo para o evangelismo: "Porque decidi nada saber entre vós, senão a Jesus Cristo e este crucificado" (1 Coríntios 2:2).

Deveríamos ser instruídos na Bíblia e nas razões de nossa crença e algumas vezes precisamos explicar o porquê. Mas a história mais instigante e efetiva que podemos contar é aquela que coloca Cristo no centro. —JDB

**O Cristo ressurreto é a razão de nossos testemunhos.**

9 de maio

# PROMESSAS MANTIDAS

LEITURA:
**Gênesis 15:5-21**

**E sucedeu que, posto o sol [...] e eis um fogareiro fumegante e uma tocha de fogo que passou entre aqueles pedaços.**
**—Gênesis 15:17**

A BÍBLIA EM UM ANO:
☐ 2 Reis 7–9
☐ João 1:1-28

No antigo Oriente Próximo, um tratado entre um superior (lorde ou rei) e um subordinado (seus vassalos) era chamado de tratado suserano. A cerimônia de ratificação exigia que os animais fossem sacrificados e cortados ao meio. As partes dos animais eram distribuídas em duas fileiras no chão, formando um corredor. Ao caminhar entre as partes dos animais, o suserano declarava que manteria a aliança e teria fim semelhante àquele dos animais mortos, caso não mantivesse sua palavra.

Quando Abraão perguntou a Deus como poderia ter certeza de que Suas promessas se cumpririam, Deus usou o simbolismo tão significativo culturalmente do tratado suserano para afirmar Suas promessas (Gênesis 15). Quando a tocha de fogo passou pelos pedaços dos sacrifícios, Abraão entendeu que Deus estava declarando que era Seu trabalho manter a aliança.

A aliança de Deus com Abraão e Sua garantia de que essa aliança se cumpriria estende-se aos seguidores de Cristo. É por isso que Paulo repetidamente refere-se aos cristãos como filhos de Abraão em seus escritos do Novo Testamento (Romanos 4:11-18; Gálatas 3:29). Uma vez que aceitamos Jesus Cristo como Salvador, Deus se torna o protetor em nossa aliança de fé (João 10:28,29).

Pelo fato de Deus ser aquele que guarda nossa salvação, podemos deixar nossas vidas nas mãos dele com confiança renovada. —RKK

**Nossa salvação está segura porque Deus a mantém.**

**10 de maio**

# SAÍDA

LEITURA:
**1 Coríntios 10:1-13**

---

**Não vos sobreveio tentação que não fosse humana; mas Deus é fiel e não permitirá que sejais tentados além das vossas forças…**
**—1 Coríntios 10:13**

---

A BÍBLIA EM UM ANO:
☐ **2 Reis 10–12**
☐ **João 1:29-51**

Quando estive em Londres, recentemente, decidi pegar o metrô até o lugar onde queria chegar. Paguei então a tarifa e desci às profundezas de Londres para apanhar o trem. Mas sair da estação pode ser uma experiência assustadora para quem não está familiarizado com o sistema. Se você não encontrar a saída, pode facilmente ficar perdido nos túneis.

Estar sozinho em um metrô com poucas pessoas é um sentimento inquietante, então acredite em mim: você não vai gostar de se perder. É desnecessário afirmar que fiquei contente quando encontrei a placa que dizia, "SAÍDA" e segui caminho até encontrar segurança.

Paulo nos lembra de que, quando estamos vulneráveis a cair no pecado, o Senhor afirma: "…Deus é fiel e não permitirá que sejais tentados além das vossas forças; pelo contrário, juntamente com a tentação, vos proverá livramento…" (1 Coríntios 10:13). É fácil presumir que Deus não está conosco quando somos tentados a pecar. Mas este versículo nos garante que Ele está presente e não simplesmente parado à toa. Pelo contrário, Ele está provendo de modo ativo uma saída para que possamos suportar.

Então, na próxima vez em que você se sentir tentado, lembre-se de que você não está desamparado. Há uma "saída" providenciada divinamente! Procure a placa e siga-a até encontrar segurança. —JMS

---

**Deus está trabalhando ativamente para manter você longe do perigo de perder-se no pecado.**

11 de maio

# LINHA DE CHEGADA

LEITURA:
**2 Timóteo 4:1-8**

---

**Combati o bom combate, completei a carreira, guardei a fé.**
**—2 Timóteo 4:7**

---

A BÍBLIA EM UM ANO:
☐ 2 Reis 13–14
☐ João 2

Quando Jônatas descobriu que a saúde de sua mãe estava deteriorando-se muito rapidamente, ele imediatamente tomou um avião para estar com ela. Sentou-se ao lado dela segurando-lhe a mão, cantando hinos, consolando-a e expressando seu amor por ela. Ela faleceu e em seu funeral muitos disseram a Jônatas como sua mãe havia sido uma bênção. Ela tinha o dom do ensino da Bíblia, aconselhava outros e liderava grupos de oração. Estas eram partes vitais do serviço a Cristo até muito perto do fim de sua vida. A mãe de Jônatas terminou sua caminhada de modo consistente com Cristo.

Para honrá-la, Jônatas participou de uma corrida de 42 quilômetros. Durante a corrida, ele agradeceu a Deus pela vida de sua mãe e lamentou sua perda. Quando cruzou a linha de chegada, Jônatas apontou seu indicador para o céu — "Onde minha mãe está", ele disse. Ela havia honrado Cristo até o fim, o que o lembrou das palavras do apóstolo Paulo: "Combati o bom combate, completei a carreira, guardei a fé. Já agora a coroa da justiça me está guardada, a qual o Senhor [...] me dará naquele Dia..." (2 Timóteo 4:7,8).

Estamos em uma "maratona". Corramos de forma que possamos obter o prêmio de "uma coroa incorruptível" (1 Coríntios 9:25). O que poderia ser mais desejável do que chegar ao fim de modo consistente com Cristo e estar com Ele para sempre? —HDF

---

**A corrida cristã não é de curta distância — é uma maratona.**

12 de maio

# Palavras a serem seguidas

Leitura:
**Deuteronômio 4:1-9**

**Eis que vos tenho ensinado estatutos e juízos [...] para que assim façais... —Deuteronômio 4:5**

A Bíblia em um ano:
☐ **2 Reis 15–16**
☐ **João 3:1-18**

Durante muitos anos mantive uma pasta com o nome "Para discursar". Ficou cheia de artigos, citações e ilustrações que podem ser úteis. Recentemente, olhei tudo o que estava lá para descartar aquilo que estivesse muito ultrapassado. Achei difícil jogar fora muito do que havia ali, não porque não houvesse usado em discursos, mas porque não os coloquei em prática. Fechei a pasta pensando: "Estas não são palavras sobre as quais falar, são palavras que devem ser seguidas durante a vida."

Após 40 anos no deserto, Moisés dirigiu-se ao povo, impedido de entrar na Terra Prometida: "Agora, pois, ó Israel, ouve os estatutos e os juízos que eu vos ensino, para os cumprirdes, para que vivais, e entreis, e possuais a terra que o Senhor, Deus de vossos pais, vos dá" (Deuteronômio 4:1). A ênfase repetida de Moisés (vv.1,2,5,6,9) é que os mandamentos de Deus devem ser guardados. Ele disse, e disse muito bem dito: "Eis que vos tenho ensinado estatutos e juízos [...] para que assim façais" (v.5).

É tão fácil falar sobre fazer algo mais do que nós realmente fazemos e falar sobre verdades que não seguimos em nosso viver. Podemos nos tornar mestres no uso das palavras, no entanto, não colocá-las em prática, esquecendo-nos de que todos os mandamentos de Deus fluem de Seu coração de amor por nós. Queremos servi-lo e levar outros à Sua presença. — DCM

---

**A força de nossas ações deveria corresponder à força de nossas palavras.**

13 de maio

# NOVO NASCIMENTO

LEITURA:
**Salmo 139:7-16**

---

**Pois tu formaste o meu interior, tu me teceste no seio de minha mãe. —Salmo 139:13**

---

A BÍBLIA EM UM ANO:
☐ 2 Reis 17–18
☐ João 3:19-36

O que é que os bebês têm de especial que nos fazem sorrir? Muitas pessoas param tudo ao ver ou ouvir um bebê e juntam-se para observar o pequenino. Percebi isto quando visitei meu pai em um asilo. Ainda que a maioria dos moradores estivesse presa a cadeiras de rodas e sofressem de demência, a visita de uma família com um bebê quase que infalivelmente trouxe uma faísca de alegria a seus olhos. Alegria que em princípio só ensaiavam, mas que depois indubitavelmente — tornou-se sorriso. Foi incrível assistir a esse acontecimento.

Talvez bebês despertem sorrisos devido ao prodígio de uma nova vida — tão preciosa, pequena e cheia de promessas. Ver um bebê pode nos lembrar de nosso surpreendente Deus e do grande amor que Ele tem por nós. Ele nos amou tanto que nos deu vida e nos formou no ventre de nossas mães. "Pois tu formaste o meu interior..." diz o salmista, "...tu me teceste no seio de minha mãe" (Salmo 139:13).

Ele não apenas nos dá vida física, mas também oferece renascimento espiritual por meio de Jesus (João 3:3-8). Deus promete novos corpos e vida eterna aos cristãos quando Jesus retornar (1 Coríntios 15:50-52).

A vida física e o renascimento espiritual são dádivas vindas da mão de nosso Pai. Celebremos! —ADK

---

**Graças te dou, [...] as tuas obras são admiráveis...**
—Salmo 139:14

14 de maio

# Boa aparência

Leitura:
**Mateus 23:23-31**

---

**...limpa primeiro o interior... —Mateus 23:26**

---

A Bíblia em um ano:
- ☐ 2 Reis 19–21
- ☐ João 4:1-30

"Seus cabelos são muito saudáveis", disse meu cabelereiro ao cortá-los. "Espero que seja porque você usa nossos produtos." "Não. Sinto muito", respondi. "Simplesmente uso qualquer produto barato e com perfume agradável." Mas acrescentei: "Eu também tento me alimentar bem. Acho que isso faz uma grande diferença."

Quando penso nas coisas que fazemos para termos boa aparência, lembro-me de algumas das coisas que fazemos para termos boa aparência espiritual. Jesus tratou desta questão com os líderes religiosos e Jerusalém (Mateus 23). Eles seguiam um conjunto de regras religiosas bem elaboradas que iam muito além daquelas que Deus havia dado. Eles trabalhavam muito para ter boa aparência entre seus semelhantes, para provar que eram melhores que outros. Mas seu trabalho árduo não impressionava a Deus. Jesus lhes disse: "...porque limpais o exterior do copo e do prato, mas estes, por dentro, estão cheios de rapina e intemperança!" (v.25) O que os fariseus faziam para ter boa aparência aos olhos dos outros, na verdade, revelava que eles não eram nada bons.

Cada cultura valoriza diferentes tradições e comportamentos religiosos, mas os valores divinos transcendem culturas. E o que Deus valoriza não é medido pelo que os outros veem. Ele valoriza um coração limpo e motivações puras. A saúde espiritual se expressa de dentro para fora. —JAL

---

**Podemos ter boa aparência externa, mas as aparências enganam.**

15 de maio

# PROCESSO DE CURA

LEITURA:
**Apocalipse 21:1-8**

---

**E lhes enxugará dos olhos toda lágrima [...] já não haverá [...] dor, porque as primeiras coisas passaram. —Apocalipse 21:4**

---

A BÍBLIA EM UM ANO:
☐ 2 Reis 22–23
☐ João 4:31-54

Apenas quatro semanas após nosso filho Marcos passar a fazer parte do Exército dos Estados Unidos, ele feriu seu joelho seriamente num treinamento. Como consequência, foi liberado do exército. Então, aos 19 anos, Marcos precisou de uma bengala por um tempo para se locomover; e devido à severidade do ferimento passou por dois anos de recuperação, repouso e reabilitação. Finalmente, Marcos pôde abandonar as ataduras e pinos que havia usado no joelho desde o acidente. Apesar de ele ainda sentir dor, o tratamento longo e lento lhe devolveu a agilidade de sua perna.

A cura física é frequentemente muito mais lenta do que esperamos. O mesmo é verdade para a cura espiritual. As consequências de escolhas insensatas ou as ações de pessoas perniciosas podem criar fardos ou feridas que duram uma vida toda. Mas há esperança para o filho de Deus. Ainda que a restauração completa não venha a ocorrer nesta vida, a promessa de cura é certa. O apóstolo João escreveu: "E lhes enxugará dos olhos toda lágrima, e a morte já não existirá, já não haverá luto, nem pranto, nem dor, porque as primeiras coisas passaram" (Apocalipse 21:4).

Em nossos tempos de dor, é reconfortante saber que em algum ponto, em Sua maravilhosa presença, seremos plenos para sempre. — WEC

---

**Quando estamos quebrantados na presença de Cristo, Ele nos faz completos.**

16 de maio

# MUITOS CONSELHEIROS

LEITURA:
**Provérbios 15:16-23**

**Onde não há conselho fracassam os projetos, mas com os muitos conselheiros há bom êxito.**
**—Provérbios 15:22**

A BÍBLIA EM UM ANO:
☐ 2 Reis 24–25
☐ João 5:1-24

O teólogo do século 15, Tomas de Kempis, disse: "Quem é sábio o suficiente para ter conhecimento perfeito de todas as coisas? Portanto, não confie tanto em sua própria opinião, mas esteja pronto para ouvir também as opiniões dos outros. Ainda que sua própria opinião seja boa, se por amor a Deus você a abandonar e seguir a opinião de outro, você terá mais ganho." Tomas reconheceu a importância de seguir as opiniões de conselheiros confiáveis ao fazermos planos para a vida.

Para compreender a direção divina para a vida, a pessoa sábia deveria estar aberta às muitas possibilidades de conselho por meio dos quais Deus dará a conhecer a sabedoria da Sua orientação. Quando uma pessoa busca o conselho sábio de outros, demonstra a sua percepção de que pode estar negligenciando alguns fatores importantes em suas decisões.

Salomão, o homem mais sábio em Israel, escreveu sobre como é importante ter conselhos de outros: "Onde não há conselho fracassam os projetos, mas com os muitos conselheiros há bom êxito" (Provérbios 15:22).

O Senhor é um Maravilhoso Conselheiro (Isaías 9:6), e deseja nos proteger por meio de conselheiros sábios. Busque-os e agradeça a Deus por eles. Permita que eles o ajudem a descobrir uma imagem mais clara do plano de Deus para a sua vida. — MLW

---

**Se você busca conselho sábio, suas chances de fazer decisões sensatas são multiplicadas.**

17 de maio

# EMERGINDO

LEITURA:
**Colossenses 1:15-23**

**...pois, nele, foram criadas todas as coisas, nos céus e sobre a terra, as visíveis e as invisíveis... —Colossenses 1:16**

A BÍBLIA EM UM ANO:
☐ 1 Crônicas 1–3
☐ João 5:25-47

Os seres humanos confundem realidades visíveis e invisíveis, naturais e sobrenaturais. Pensei nisso ao observar as baleias. Elas descansam na superfície por um tempo e aproveitam para respirar fundo. Assim criam jatos espetaculares antes de imergirem novamente para alimentar-se.

Mesmo vivendo entre plantas e criaturas marinhas, a baleia deve emergir em busca de oxigênio. Caso contrário, morre, pois precisa de contato vital com o ar para sobreviver.

Algumas vezes me sinto emergindo em busca de ar espiritual em intervalos frequentes para permanecer vivo. Não há uma divisão nítida entre o natural e o sobrenatural. As coisas não são de um jeito ou de outro exclusivamente. O que faço como cristão — orar, adorar, demonstrar o amor de Deus aos doentes, carentes e aprisionados — é sobrenatural e natural.

O mesmo Deus que criou o mundo visível aos nossos olhos, o sustém diligentemente e proveu um caminho para nos aproximarmos dele; o invisível. Paulo escreveu: "...outrora, éreis estranhos e inimigos no entendimento pelas vossas obras malignas, agora, porém, vos reconciliou no corpo da sua carne, mediante a sua morte..." (Colossenses 1:21,22).

As nossas ações acontecem no mundo visível, e podemos tocar, sentir aromas e ver. No entanto, o Criador e Sustentador de todas as coisas proveu uma maneira de respirarmos o necessário e almejado ar espiritual. –PDY

**O trono de Deus é sempre acessível a Seus filhos.**

18 de maio

# NOVA LISTA DE DESEJOS

LEITURA:
**Romanos 12:6-21**

**Amai-vos cordialmente uns aos outros com amor fraternal, preferindo-vos em honra uns aos outros. —Romanos 12:10**

A BÍBLIA EM UM ANO:
- ☐ 1 Crônicas 4–6
- ☐ João 6:1-21

Um amigo me contou que recentemente havia cumprido um dos itens de sua lista de coisas a fazer antes de morrer quando levou sua irmã à Europa. Apesar de já ter ido até lá várias vezes, sua irmã nunca tinha ido. O que me surpreendeu foi a natureza altruísta de ter esse objetivo em sua "lista de desejos". Isto me fez pensar em quantos de meus sonhos e objetivos estão focados em outros e não em mim.

O livro de Romanos 12:6-21 fala dos dons de Deus para nós como membros do corpo de Cristo e de como deveríamos usá-los na vida diária. Todos eles têm foco externo. Ensino, por exemplo, não é para a autorrealização do professor, mas para o benefício de outros. O mesmo acontece com os outros dons mencionados nos versículos 6 a 8. Paulo resumiu esta abordagem generosa ao nos incentivar a amarmos uns aos outros "...cordialmente uns aos outros com amor fraternal, preferindo-vos em honra uns aos outros" (v.10).

Paulo exemplificou esta atitude ao incluir outros em seu ministério e ao investir sua vida na geração seguinte de cristãos. Generosidade, hospitalidade, perdão e compaixão guiavam seu comportamento.

Nossos objetivos na vida deveriam incluir compartilhar os dons que Deus nos deu. —DCM

**Para uma vida espiritual mais saudável, exercite a humildade e o cuidado pelos outros.**

19 de maio

# INTERRUPÇÕES

LEITURA:
**Marcos 5:21-34**

**O conselho do SENHOR dura para sempre; os desígnios do seu coração, por todas as gerações. —Salmo 33:11**

A BÍBLIA EM UM ANO:
☐ 1 Crônicas 7–9
☐ João 6:22-44

Minha irmã e eu estávamos muito felizes com nossa viagem a Taiwan. Havíamos comprado nossas passagens aéreas e reservado os quartos de hotel. Mas duas semanas antes da viagem, minha irmã descobriu que precisaria ficar em casa, em Singapura, para lidar com uma emergência. Ficamos decepcionadas por nossos planos terem sido interrompidos.

Os discípulos de Jesus o estavam acompanhando em uma missão urgente quando sua viagem foi interrompida (Marcos 5:21-42). A filha de Jairo, um líder da sinagoga, estava morrendo. O tempo era crucial e Jesus estava a caminho da casa de Jairo, quando repentinamente parou e disse: "…Quem me tocou nas vestes?" (v.30).

Os discípulos pareciam irritados pela pergunta e disseram: "…Vês que a multidão te aperta e dizes: Quem me tocou?" (v.31). Mas Jesus viu o acontecimento como uma oportunidade para ministrar a uma mulher em sofrimento. Sua doença a havia tornado cerimonialmente impura e incapaz de participar da vida em comunidade por 12 anos! (Levítico 15:25-27).

Enquanto Jesus falava com esta mulher, a filha de Jairo faleceu. Era tarde demais — ou pelo menos parecia. Mas o atraso permitiu que Jairo experimentasse um conhecimento ainda mais profundo de Jesus e de Seu poder — poder até mesmo sobre a morte!

Algumas vezes, nossa decepção pode ser desígnio de Deus.
— PFC

**Descubra o propósito de Deus na próxima inconveniência em seu caminho.**

20 de maio

# ERA UMA VEZ

LEITURA:
**Mateus 24:32-44**

**Deparou o SENHOR um grande peixe, para que tragasse a Jonas; e esteve Jonas três dias e três noites no ventre do peixe. —Jonas 1:17**

A BÍBLIA EM UM ANO:
☐ 1 Crônicas 10–12
☐ João 6:45-71

Algumas pessoas dizem que a Bíblia é simplesmente uma coleção de contos de fadas. Um menino que mata um gigante. Um homem engolido por um grande peixe. A experiência de Noé ao construir a arca. Até mesmo alguns religiosos pensam que estes eventos são apenas histórias bonitas com uma moral.

O próprio Jesus, no entanto, falou de Jonas e do grande peixe, de Noé e do dilúvio como sendo acontecimentos verdadeiros: "Pois assim como foi nos dias de Noé, também será a vinda do Filho do Homem. Porquanto, assim como nos dias anteriores ao dilúvio comiam e bebiam, casavam e davam-se em casamento, até ao dia em que Noé entrou na arca, e não o perceberam, senão quando veio o dilúvio e os levou a todos, assim será também a vinda do Filho do Homem" (Mateus 24:37-39). Sua volta acontecerá quando não estivermos esperando por ela.

Jesus comparou os três dias de Jonas dentro da barriga do grande peixe aos três dias que Ele experimentaria na sepultura antes de Sua ressurreição (Mateus 12:40). E Pedro falou sobre Noé e o dilúvio comparando-os a um dia futuro quando Jesus voltar (2 Pedro 2:4-9).

Deus nos deu Sua Palavra; é um livro repleto de verdade — não contos de fadas. E um dia viveremos felizes para sempre com Ele quando Jesus vier novamente e receber Seus filhos para si. —CHK

**Temos motivo para o otimismo se estivermos esperando pelo retorno de Cristo.**

21 de maio

# ÂNCORAS NA TEMPESTADE

LEITURA:
**Josué 1:1-9**

**...o SENHOR, teu Deus, é contigo por onde quer que andares.**
**—Josué 1:9**

A BÍBLIA EM UM ANO:
☐ 1 Crônicas 13–15
☐ João 7:1-27

Quando Mateus e Jéssica tentaram navegar seu barco a velas até uma baía da Flórida durante o furacão *Sandy*, a embarcação encalhou. Conforme as ondas quebravam ao seu redor, eles rapidamente soltaram a âncora. Ela manteve o barco a velas no lugar até que pudessem ser resgatados. Eles disseram que se não tivessem soltado a âncora: "...com certeza teríamos perdido nosso barco". Sem a âncora, as ondas implacáveis teriam despedaçado a embarcação na costa.

Precisamos de âncoras para nos manter seguros em nossa vida espiritual também. Quando Deus chamou Josué para liderar Seu povo depois da morte de Moisés, Ele lhe deu âncoras de promessas nas quais poderia confiar em momentos de dificuldade. O Senhor disse a ele: "...serei contigo; não te deixarei, nem te desampararei. [...] o SENHOR, teu Deus, é contigo por onde quer que andares" (Josué 1:5,9). Deus também deu a Josué e a Seu povo o "Livro da Lei" para que o estudassem e o guardassem (vv.7,8). Isso e a presença de Deus eram âncoras nas quais os israelitas poderiam confiar quando enfrentassem muitos desafios.

Quando estamos no meio do sofrimento ou quando dúvidas ameaçam nossa fé, quais são nossas âncoras? Poderíamos começar com o livro de Josué 1:5. Ainda que nossa fé possa parecer fraca, se estiver ancorada nas promessas de Deus e em Sua presença, Ele nos manterá seguros. —AMC

**Quando sentimos abalados pelas tempestades, descobrimos a força da âncora.**

22 de maio

# Ouvindo

Leitura:
Jó 2:11–13

---

**Tomara eu tivesse quem me ouvisse...**
**—Jó 31:35**

---

A Bíblia em um ano:
☐ 1 Crônicas 16–18
☐ João 7:28-53

Joyce Heggett, em seu livro *Listening to Others* (Ouvindo os outros, tradução livre), escreve sobre a importância de aprender a ouvir e responder eficazmente àqueles em situações difíceis. Ao relatar algumas de suas experiências ouvindo pessoas em sofrimento, ela menciona que estas frequentemente a agradecem por tudo o que fez por elas. "Em muitas ocasiões", escreve, "não cheguei 'a fazer nada. Simplesmente ouvi.' Rapidamente cheguei à conclusão que 'simplesmente ouvir' é realmente uma maneira eficaz de ajudar outros."

Esta foi a ajuda que Jó buscou em seus amigos. Ainda que seja verdade que eles se sentaram com ele em silêncio por sete dias, "...pois viam que a dor era muito grande" (2:13), eles não o ouviram quando Jó começou a falar. Pelo contrário, eles falaram sem parar, mas não conseguiram consolá-lo (16:2). "Tomara eu tivesse quem me ouvisse...", Jó clamou (31:35).

O ato de ouvir representa que "o que importa para você, importa para mim." Algumas vezes as pessoas querem conselho. Mas frequentemente elas simplesmente querem ser ouvidas por alguém que as ama e se importa com elas.

Ouvir é um trabalho difícil e leva tempo. É preciso tempo para ouvir o suficiente e entender a pessoa, de modo que, se chegarmos ao ponto de falar, falemos com gentileza e sabedoria.

Oh, Senhor, nos dê corações amorosos e ouvidos dispostos a ouvir. —DHR

---

**Se estou pensando em uma resposta enquanto outros estão falando — então não estou ouvindo.**

23 de maio

# MAIS DO QUE MERECEMOS

LEITURA:
**Salmo 103:6-18**

---

**Não nos trata segundo os nossos pecados, nem nos retribui consoante as nossas iniquidades. —Salmo 103:10**

---

A BÍBLIA EM UM ANO:
☐ 1 Crônicas 19–21
☐ João 8:1-27

Algumas vezes quando as pessoas perguntam como estou, respondo: "estou melhor do que mereço." Lembro-me de uma pessoa bem intencionada dizendo: "Não Joe, você merece muito", e eu respondi a ela: "Na verdade não." Estava pensando no que realmente mereço — o julgamento de Deus.

Esquecemo-nos muito facilmente do quanto somos pecadores, inclusive no íntimo de nosso ser. Julgarmos nós mesmos melhores do que deveríamos diminui em nossa consciência a profunda dívida que temos com Deus por Sua graça. Diminui o preço pago por nosso resgate.

É hora de rever a realidade! Como o salmista nos lembra, Deus "Não nos trata segundo os nossos pecados, nem nos retribui consoante as nossas iniquidades" (Salmo 103:10). Considerando quem somos à luz de um Deus santo e justo, a única coisa que realmente merecemos é o inferno. E a eternidade é uma absoluta impossibilidade — exceto pela dádiva do sacrifício de Cristo na cruz. Se Deus nunca fizer nada mais além de ter nos redimido, Ele já terá feito muito mais do que merecemos. Não é surpresa o salmista dizer: "Pois quanto o céu se alteia acima da terra, assim é grande a sua misericórdia para com os que o temem" (v.11).

Conhecendo-nos pelo que somos, não podemos evitar dizer: "A graça eterna que veio nos libertar!" Ele nos dá muito mais do que merecemos. – JMS

---

**Se Deus nunca fizer nada mais além de ter nos redimido, Ele já fez mais do que merecemos.**

24 de maio

# UM NOME APROPRIADO

LEITURA:
**Mateus 1:18-25**

---

**Ela dará à luz um filho e lhe porás o nome de Jesus... —Mateus 1:21**

---

A BÍBLIA EM UM ANO:
☐ 1 Crônicas 22–24
☐ João 8:28-59

O nome da nação no sudeste da Ásia, a Indonésia, é formado pela combinação de duas palavras gregas que juntas significam "ilha". Esse nome é apropriado porque a Indonésia é formada por mais de 17.500 ilhas estendidas ao longo de quase 2 mil quilômetros quadrados. Indonésia — um nome adequado para um nação de ilhas.

Na Bíblia, descobrimos que as pessoas frequentemente recebiam nomes — algumas vezes no nascimento, outras vezes mais tarde — que serviam de manifesto sobre elas ou seu caráter. Barnabé, cujo nome significa "filho do encorajamento", encorajava continuamente aqueles que encontrava. Jacó, cujo nome significa "aquele que trama", repetidamente manipulou pessoas e situações para seus próprios fins egoístas.

E ninguém nunca recebeu um nome mais adequado do que Jesus. Quando o anjo do Senhor falou com José sobre o Filho de Maria que em breve nasceria, ele lhe disse: "...lhe porás o nome de Jesus, porque ele salvará o seu povo dos pecados deles" (Mateus 1:21).

Jesus significa "o Senhor salva" e define tanto quem Jesus é como o motivo da Sua vinda. Ele também foi chamado de Emanuel, que significa "Deus conosco" (1:23). Seu nome revela a nossa esperança eterna! – WEC

---

**O nome de Jesus está no centro de nossa fé e esperança.**

25 de maio

# VÁ COM CALMA

LEITURA:
**Marcos 6:30-36**

**...Vinde repousar um pouco, à parte, num lugar deserto...**
**—Marcos 6:31**

A BÍBLIA EM UM ANO:
☐ 1 Crônicas 25–27
☐ João 9:1-23

Há pouco tempo, desenvolvi um problema físico. Meu ombro e braço esquerdos ficaram doloridos. Eu tinha uma alergia dolorosa no meu antebraço e no dedo polegar e lutava diariamente com a fadiga. Quando finalmente fui ao médico, descobri que tinha um tipo de herpes-zóster. O doutor me indicou medicamentos antivirais e disse que seriam necessárias semanas para que a doença desaparecesse.

Devido a esta doença, tive que me adaptar a uma nova rotina. Um cochilo curto pela manhã e outro no período da tarde eram necessários para me dar força para ser produtivo. Até me recuperar, tive que aprender a ir com calma.

Em certo momento quando Jesus enviou Seus representantes para ensinar em Seu nome, eles estavam tão empolgados com tudo o que estavam fazendo que negligenciaram os momentos em que deveriam comer e repousar adequadamente. Quando retornaram, Cristo lhes disse: "...Vinde repousar um pouco, à parte, num lugar deserto..." (Marcos 6:31).

Todos precisam de descanso, e se passarmos muito tempo sem repousar sofreremos física e emocionalmente. Seremos também incapazes de carregar nossas responsabilidades da maneira como deveríamos. O Senhor está encorajando você a "...repousar um pouco..."? Algumas vezes é necessário um pouco mais de descanso na presença de Jesus. – HDF

**Para evitar um colapso, faça uma pausa para descanso e oração.**

26 de maio

# Um chamado ao consolo

Leitura:
**2 Coríntios 1:3-11**

---

**Bendito seja o Deus e Pai de nosso Senhor Jesus Cristo, o Pai de misericórdias e Deus de toda consolação! —2 Coríntios 1:3**

---

A Bíblia em um ano:
- ☐ 1 Crônicas 28–29
- ☐ João 9:24-41

Em seu livro *Dear Mrs. Kennedy* (Querida Senhora Kennedy, tradução livre), Jay Mulvaney e Paul De Angelis registram que durante as semanas seguintes ao assassinato de John Kennedy, presidente dos EUA, a viúva Jacqueline recebeu milhares de cartas de todas as partes do mundo. Algumas de chefes de estado, celebridades ou amigos próximos. Outras de pessoas comuns que endereçavam as cartas a "Madame Kennedy, Washington" e "Senhora Presidente, América." Todos escreveram para expressar luto e condolências pela grande perda de Jacqueline.

Quando ajudamos os que sofrem, é bom lembrar a imagem que Paulo nos dá sobre "...Deus e Pai de nosso Senhor Jesus Cristo..." como "...o Pai de misericórdias e Deus de toda consolação!" (2 Coríntios 1:3). Nosso Pai celestial é a fonte máxima de toda terna misericórdia, palavra gentil e ato de bondade que traz o encorajamento e a cura. O estudioso da Bíblia, W. E. Vine, diz que *paraklesis* — a palavra grega traduzida como "consolo", significa "um chamado para estar ao lado de alguém". As palavras conforto e consolação que aparecem na leitura bíblica de hoje nos lembram que o Senhor nos mantém próximos e nos convida a apegarmo-nos a Ele.

Porque o Senhor nos envolve em Seus amorosos braços, somos capazes de alcançar outros "...com a consolação com que nós mesmos somos contemplados por Deus" (2 Coríntios 1:4). — DCM

---

**Deus nos consola para que possamos consolar outros.**

27 de maio

# ABENÇOADO ESQUECIMENTO

LEITURA:
**João 10:1-10**

**Eu sou a porta. Se alguém entrar por mim, será salvo... —João 10:9**

A BÍBLIA EM UM ANO:
☐ 2 Crônicas 1–3
☐ João 10:1-23

Meu escritório fica no andar de baixo de minha casa, mas eu frequentemente vou a vários cômodos do andar de cima para fazer uma coisa ou outra. Infelizmente, quando chego ao andar de cima geralmente esqueço o que estava planejando quando decidi ir lá. O pesquisador Gabriel Radvansky elaborou uma explicação para este fenômeno. Ele propõe que uma porta serve como uma "delimitação de evento".

Após conduzir três experimentos diferentes, ele teorizou que uma porta, ou um vão de entrada, sinaliza para o cérebro que a informação guardada na memória pode ser desprezada — mas é frustrante quando estou lá tentando lembrar porque fui até o andar de cima. No entanto, o esquecimento pode ser uma bênção. Quando fecho a porta de meu quarto à noite e vou dormir, é uma bênção esquecer as preocupações do dia.

Quando penso no fato de que Jesus se chamou de "a porta" (João 10:7,9), percebo um novo significado para esta metáfora. Quando as ovelhas entram no aprisco, refugiam-se em um local protegido de ladrões e predadores. No caso dos cristãos, o Grande Pastor é a porta entre nós e nossos inimigos. Uma vez que entramos no abrigo para ovelhas, podemos "esquecer" todos os perigos e ameaças. Podemos desfrutar do esquecimento divino e descansar na proteção do Grande Pastor. —JAL

**Cristo é a porta que nos mantém protegidos, deixando o perigo para fora.**

28 de maio

# A QUEDA

LEITURA:
**Miqueias 7:8,9,18-20**

---

**...ele me tirará para a luz, e eu verei a sua justiça. —Miqueias 7:9**

---

A BÍBLIA EM UM ANO:
- ☐ 2 Crônicas 4–6
- ☐ João 10:24-42

Por anos após a Grande Depressão, o mercado de ações lutou para ganhar novamente a confiança dos investidores. Então, em 1952, Harry Markowitz sugeriu que os investidores espalhassem suas ações por várias companhias e indústrias. Ele desenvolveu uma teoria para seleção de portfólio que ajudou investidores em momentos de incerteza. Em 1990, Markowitz e dois outros ganharam o Prêmio Nobel de Ciências Econômicas por sua teoria.

Como aqueles investidores inseguros, nós que somos seguidores de Jesus podemos também nos encontrar paralisados pelo medo após uma "queda" em nossas vidas pessoais, incertos de como juntar os pedaços e continuar a caminhada. Podemos inclusive investir o resto de nossas vidas esperando por um "momento Markowitz," em que uma grande ideia ou ação pode nos ajudar a recuperarmo-nos de um fracasso anterior.

Esquecemos que Jesus já fez isso por nós. Ele cobriu nossa vergonha e nos liberta para termos comunhão com Deus e servi-lo diariamente. Porque Ele deu Sua vida e ressuscitou dos mortos, podemos nos "levantar" com Ele quando "caímos", pois Ele "...tem prazer na misericórdia" (Miqueias 7:8,18).

No momento em que encontramos Jesus, inicia-se nossa eternidade com Ele. O Senhor caminha ao nosso lado para nos transformar em pessoas que ansiamos ser e que fomos criados para ser. –RKK

---

**Olhe para cima após um fracasso e encontrará Deus diante de você, pronto para recebê-lo.**

29 de maio

# BUSCA PELO TESOURO

LEITURA:
**Mateus 4:18-22**

---

**E disse-lhes: Vinde após mim, e eu vos farei pescadores de homens.**
**—Mateus 4:19**

---

A BÍBLIA EM UM ANO:
☐ 2 Crônicas 7–9
☐ João 11:1-29

No livro de J. R. R. Tolkien, *O Hobbit*, os anões reúnem-se contra Smaug, o feroz dragão, para recuperar seu tesouro roubado. Apesar da busca perigosa e assustadora, Balin, o segundo no comando dos anões, expressou confiança em Thorin: "Há um que eu seguiria. Há um a quem eu chamaria de Rei." Seu comprometimento com a missão, por mais perigosa que fosse, foi reforçado por sua confiança em seu líder.

No começo do ministério terreno de Jesus, Ele reuniu um grupo ao Seu redor que realizaria a missão do Reino, que era resgatar o tesouro de almas perdidas retido por nosso inimigo, Satanás. Quando Ele os chamou, lhes disse: "…Vinde após mim…" (Mateus 4:19). Para eles, seguir Jesus significaria uma transição radical do pescar peixes à aventura de serem pescadores de homens e mulheres que estivessem perdidos e dominados pelo pecado. Mas a tarefa não seria sempre fácil; Jesus referiu-se à jornada como sendo o carregar de nossa cruz para segui-lo (Mateus 16:24; Marcos 8:34; Lucas 9:23).

Como permanecemos empenhados na batalha de recuperar os tesouros perdidos de Cristo quando isso parece assustador ou desagradável? Mantendo nossos olhos em nosso Líder. Ele sim é digno — Aquele que podemos seguir, Aquele a quem podemos chamar de Rei! –JMS

---

**Siga seu Líder para alcançar as vidas daqueles ao seu redor.**

30 de maio

# JORNADA DE FÉ

LEITURA:
**Filipenses 4:10-13**

**...tudo posso naquele que me fortalece.**
**—Filipenses 4:13**

A BÍBLIA EM UM ANO:
☐ 2 Crônicas 10–12
☐ João 11:30-57

Jordyn Castor nasceu cega. Mas isto não a impede de viver uma vida plena e produtiva. O documentário *Can You See How I See?* (Você consegue ver como eu vejo?) conta sua história. Ela se destaca na escola e com um pouco de ajuda diverte-se andando de bicicleta e esquiando em descidas.

Sobre sua visão, Jordyn afirma: "Se eu pudesse deixar de ser cega, não escolheria isso. Acredito que Deus nos fez do jeito que somos por uma razão [...] e acho que minha cegueira faz parte do que farei com minha vida." Ela agora está na universidade estudando tecnologia da computação. Seu sonho é colaborar com o desenvolvimento de um novo *software* que ajudará cegos.

Como Jordyn consegue manter uma visão tão positiva da vida? Como seguidora de Cristo, ela entende que Deus está no controle das circunstâncias da vida. Isto lhe dá confiança para buscar oportunidades que outros talvez não acreditariam ser possíveis. Certamente, a vida de Jordyn ilustra esta verdade do livro de Filipenses: "...tudo posso naquele que me fortalece" (4:13).

Não importa quais são nossos pontos fortes ou fracos, a mão providente de Deus nos dá o que precisamos para fazer diferença por Ele em nosso mundo. Confie em Sua força para ajudar você conforme dá passos de fé. —HDF

**O chamado de Deus para uma tarefa requer Sua força para completá-la.**

**31 de maio**

# BRANCO COMO A NEVE

LEITURA:
**Isaías 1:1-4,12-18**

**...vossos pecados [...] se tornarão brancos como a neve...**
**—Isaías 1:18**

A BÍBLIA EM UM ANO:
☐ 2 Crônicas 13–14
☐ João 12:1-26

Enquanto levava meu filho para casa depois da escola, a neve começou a cair. Os flocos fofos caíam firmes e rapidamente. Diminuímos a velocidade até pararmos, presos no trânsito. De dentro de nosso veículo, assistimos a uma transformação acontecer. Fragmentos escuros do solo ficaram brancos. A neve suavizou os contornos agudos de prédios; revestiu os carros ao nosso redor e acumulou-se em todas as árvores que enxergávamos.

A nevasca lembrou-me de uma verdade espiritual: assim como a neve cobriu tudo à vista, a graça de Deus cobre nosso pecado. Mas não apenas o cobre. Ela apaga o pecado. Por meio do profeta Isaías, Deus apelou aos israelitas, dizendo: "Vinde, pois, e arrazoemos [...] ainda que os vossos pecados sejam como a escarlata, eles se tornarão brancos como a neve..." (Isaías 1:18). Quando Deus fez esta promessa, Seus filhos tinham um problema doloroso com o pecado. Deus os comparou a um corpo físico infestado com "...feridas, contusões e chagas inflamadas, umas e outras não espremidas, nem atadas, nem amolecidas com óleo" (v.6).

Por pior que fosse o pecado do povo, Deus estava disposto a estender Sua graça a eles. Como Seus filhos hoje, temos a mesma certeza. O pecado pode manchar nossas vidas, mas quando nos arrependemos e os confessamos, temos "...a remissão dos pecados, segundo a riqueza da sua graça" (Efésios 1:7).
—JBS

**Somente o sangue de Cristo nos redime do pecado.**

1.º de junho

# PROMESSA DE RESTAURAÇÃO

LEITURA:
**Isaías 51.9-16**

---

**Assim voltarão os resgatados do SENHOR e virão a Sião com júbilo, e perpétua alegria lhes coroará a cabeça...**
**—Isaías 51:11**

---

A BÍBLIA EM UM ANO:
☐ 2 Crônicas 15–16
☐ João 12:27-50

Em suas repetidas mensagens de consolação, Isaías fala sobre o propósito e o plano do Senhor em libertar Israel da opressão. Apresenta um apelo fervoroso para que Deus desperte para o sofrimento do Seu povo e os salve logo.

O profeta afirma que a restauração de Israel para o novo mundo de justiça e redenção pode ser realizada somente pelo braço de Deus, pelo exercício do Seu grandioso poder. E enquanto o Todo-Poderoso permitisse que as nações oprimissem Israel, seria como se Ele estivesse adormecido.

Isaías relembra os atos poderosos do Senhor na criação, quando Deus livrou Israel do Egito e de Seu poder sobre o mar. Com confiança, afirma que o Senhor demonstrará novamente o Seu poder de salvar. Como triunfou na formação da ordem material a partir do caos, assim também no livramento do Seu povo, estabelecerá de novo a ordem abalada pela brutalidade do cativeiro. O Senhor há de manifestar Seu magnífico poder na restauração de Seu povo que voltará para sua terra com a cabeça coroada de alegria. Nesta nova realidade, a dor e o gemido fugirão deles.

Deus nunca se esquece de Seu povo. Temos um Senhor poderosíssimo, cujo braço é forte para resgatar da tristeza e do sofrimento, trazendo perpétua alegria. Vale a pena confiar e esperar pela restauração do Senhor, que é o mesmo ontem, hoje e eternamente. —JGM

---

**O braço do Todo-Poderoso o envolve e o livra.**

2 de junho

# A CAMINHADA CUIDADOSA

LEITURA:
**Efésios 5:1-17**

**...vede prudentemente como andais, não como néscios, e sim como sábios.**
**—Efésios 5:15**

A BÍBLIA EM UM ANO:
☐ 2 Crônicas 17–18
☐ João 13:1-20

Um de meus lugares favoritos para visitar na Jamaica é *Ocho Rios*, lar das Cataratas do Rio Dunn — um espetáculo que nunca para de maravilhar. Quedas d'água passando por uma série de rochas até o mar do Caribe. Aventureiros podem escalar as cataratas, passando por rochas arredondadas em uma jornada revigorante até o topo. A água corrente, a superfície potencialmente escorregadia e os ângulos íngremes tornam o percurso lento e um pouco traiçoeiro.

Para chegar em segurança ao topo, os montanhistas precisam vigiar cada passo. Caso não tenham cuidado, a jornada pode tornar-se uma queda. As chaves para uma escalada bem-sucedida são concentração e cautela.

Não consigo imaginar uma imagem melhor para o que Paulo diz no livro de Efésios 5:15 "...vede prudentemente como andais". Devemos ser "...prudentemente [...] como sábios". Claramente, com todos os possíveis perigos que vêm em nossa direção ao escalarmos pela vida, é imprescindível darmos cada passo com Jesus sábia e cautelosamente. O tolo, diz a passagem, vive negligentemente; o sábio vigia cada passo para que não tropece ou caia.

Nosso objetivo em sermos "...imitadores de Deus..." (v.1) é alcançado, Paulo diz, ao caminharmos cuidadosamente em amor (vv.2,15). Por meio da orientação do Espírito Santo, podemos caminhar de modo que honre a Deus. –JDB

**Ao confiarmos a direção de nossa vida a Deus, os nossos pés andarão por Seus caminhos.**

3 de junho

# A VISÃO DO CÉU

LEITURA:
**Deuteronômio 8:1-3,11-16**

**...todas as coisas cooperam para o bem daqueles que amam a Deus...**
**—Romanos 8:28**

A BÍBLIA EM UM ANO:
- ☐ 2 Crônicas 19–20
- ☐ João 13:21-38

No período de um ano, a lucrativa editora de Richard LeMieux faliu. Em pouco tempo, sua riqueza desapareceu e ele entrou em depressão. LeMieux passou a abusar do álcool e sua família o abandonou devido a isso. Na pior fase de sua vida, ele não tinha onde morar, estava arruinado e desamparado. Entretanto, foi durante esta época que ele se voltou a Deus. Mais tarde ele escreveu um livro sobre o que aprendera.

Os israelitas aprenderam algumas lições espirituais valiosas quando Deus lhes permitiu passar pela dificuldade de não ter onde morar, pela incerteza e pelo perigo. Suas dificuldades os deixaram mais humildes (Deuteronômio 8:1-18).

Eles aprenderam que Deus os proveria com o necessário. Quando tiveram fome, Ele lhes deu o maná. Quando tiveram sede, Ele lhes deu água de uma rocha. Deus lhes ensinou que, apesar dos momentos difíceis, Ele poderia lhe abençoar (v.1). Finalmente, os israelitas aprenderam que a adversidade não é um sinal de abandono. Moisés lembrou-lhes de que Deus os havia liderado por 40 anos no deserto (v.2).

Quando nos deparamos com momentos de desespero, podemos procurar lições espirituais dentro de nossas dificuldades — lições que podem nos ajudar a confiar naquele que faz todas as coisas cooperarem para o nosso bem e para a Sua glória (Romanos 8:28). — JBS

**A visão mais clara dos acontecimentos é aquela que vem do céu.**

4 de junho

# PENSÃO COMPLETA

LEITURA:
**João 14:1-11**

---

**...vou preparar-vos lugar. —João 14:2**

---

A BÍBLIA EM UM ANO:
☐ 2 Crônicas 21–22
☐ João 14

Em uma viagem recente à Inglaterra, minha esposa e eu visitamos o chalé de Anne Hathaway em Stratford-upon-Avon. A casa tem mais de 400 anos e foi o lar da família da esposa de William Shakespeare.

O guia turístico chamou nossa atenção para uma mesa feita com tábuas (em inglês, *board*) largas. Um lado era usado para as refeições e o outro para picar alimentos. Na vida dos ingleses, diferentes expressões cresceram a partir deste uso, como o fato de a palavra *tábua* passar a ser associada com alimentos, moradia, honestidade e autoridade. Uma hospedaria ofereceria "pensão completa" (*room and board*) — ou seja, acomodações para dormir e alimentar-se. Em restaurantes baratos onde os clientes jogavam cartas, a instrução era manter as mãos "sobre a tábua" para garantir que ninguém estivesse trapaceando. E em casa, o pai tinha uma cadeira especial à ponta da mesa e era chamado de "responsável pela tábua".

Ao refletir sobre isto, pensei em como Jesus é nossa "provisão completa, a nossa tábua de salvação". Ele é nossa fonte de nutrição espiritual (João 6:35,54); Ele nos capacita a viver uma vida de integridade (14:21); Ele é nosso amado Mestre (Filipenses 2:11); e Ele está agora mesmo preparando nosso lar eterno. Ele prometeu: "...vou preparar-vos lugar" (João 14:2; 14:1-4,23). Sua graça nos garantiu provisão completa e eterna.
—HDF

---

**Cristo supre nossas necessidades agora e por toda a eternidade.**

5 de junho

# EXPANDINDO A IMAGEM

LEITURA:
**Deuteronômio 32:7-12**

**Como a águia desperta a sua ninhada [...] assim, só o SENHOR o guiou... —Deuteronômio 32:11,12**

A BÍBLIA EM UM ANO:
☐ 2 Crônicas 23–24
☐ João 15

Por três meses tive uma visão privilegiada — ou vista aérea, eu diria — para assistir à incrível obra das mãos de Deus. Quase 30 metros acima do chão, os trabalhadores instalaram uma *webcam* direcionada ao ninho de uma família de águias de cabeça branca, e telespectadores *on-line* podiam acompanhar.

Quando os ovos se romperam, mamãe e papai águia foram cuidadosos com sua prole, alternando idas a caçadas em busca de alimento e vigilância do ninho. Mas certo dia, quando as águias ainda pareciam bolas de penugem com bicos, ambos os pais desapareceram. Preocupei-me, achando que algo tivesse acontecido com eles.

Minha preocupação não procedia. O operador da *webcam* aumentou o ângulo da câmera e lá estava a mamãe águia em um ramo próximo.

Ao ponderar sobre esta imagem "expandida", pensei em momentos nos quais temi que Deus tivesse me abandonado. A vista do ninho me lembrou de que minha visão é limitada. Vejo apenas uma pequena parte de todo o cenário.

Moisés usou a figura da águia para descrever Deus. Assim como as águias carregam seus pequenos, Deus carrega o Seu povo (Deuteronômio 32:11,12). Apesar do que possa parecer, o Senhor "...não está longe de cada um de nós" (Atos 17:27). Isto é verdade mesmo quando nos sentimos abandonados. —JAL

---

**Porque o Senhor zela por nós, não precisamos temer os perigos ao nosso redor.**

6 de junho

# O Dia "D"

Leitura:
**Josué 24:2,13-18**

---

**...escolhei, hoje, a quem sirvais [...]. Eu e a minha casa serviremos ao Senhor. — Josué 24:15**

---

A Bíblia em um ano:
☐ 2 Crônicas 25–27
☐ João 16

Perguntei recentemente à minha irmã mais velha, Mariana, se ela se lembrava de quando nossa família se mudou para a casa em que moramos por muitos anos. Ela respondeu, "Você tinha em torno de nove meses e eu me lembro que mamãe e papai ficaram acordados a noite toda encaixotando coisas e ouvindo rádio. Era dia 6 de junho de 1944 e eles estavam ouvindo a cobertura ao vivo da Invasão da Normandia."

Hoje é o aniversário do que se tornou conhecido como o *Dia D* — um termo militar para o dia em que uma operação planejada iniciará. Com o passar dos anos, o *Dia D* também passou a significar um momento de decisão ou comprometimento em nossa vida particular.

Em algum momento na antiguidade, o líder de Israel, Josué, já de idade, desafiou o povo para outro tipo de *Dia D*. Após anos de luta para apoderar-se de sua herança na terra que Deus lhes havia prometido, Josué os incitou a servir fielmente àquele que lhes fora tão fiel (Josué 24). "...escolhei, hoje, a quem sirvais..." ele disse. "...Eu e a minha casa serviremos ao Senhor" (v.15).

O dia em que decidimos seguir o Salvador é a maior virada em nossas vidas. E em cada dia subsequente, podemos renovar com alegria o nosso comprometimento em servi-lo. – DCM

---

**Conhecer Jesus pessoalmente é uma das maiores decisões da vida.**

7 de junho

# O QUE QUEREMOS?

LEITURA:
**Salmo 73:1-3,21-28**

---

**Quem mais tenho eu no céu? Não há outro em quem eu me compraza na terra. —Salmo 73:25**

---

A BÍBLIA EM UM ANO:
☐ 2 Crônicas 28–29
☐ João 17

Minha amiga Maria me disse que nem sempre canta os hinos por completo durante o culto, e afirma: "Não parece honesto cantar 'Tudo o que desejo é Jesus' se o meu coração quer muitas outras coisas também." Valorizo a honestidade dela.

No livro de Salmo 73:25, as palavras de Asafe soam como sendo de um homem profundamente comprometido com Deus e que nada deseja além de Deus: "...Não há outro em quem eu me compraza na terra." Mas não foi assim que ele começou este salmo. Inicialmente, ele admitiu que queria a prosperidade que outros ao seu redor tinham: "Pois eu invejava os arrogantes..." (v.3). Mas ao aproximar-se de Deus, ele reconheceu que era tolice ter inveja (vv.21,22,28).

Mesmo quando conhecemos Deus, geralmente nos distraímos pela prosperidade de outros. C. S. Lewis escreveu: "Nosso Senhor poderia não considerar nossos desejos fortes demais, mas sim fracos demais [...]. Nós nos agradamos muito facilmente" com coisas inferiores a Ele.

O que aprendemos sobre Deus neste salmo pode ajudar quando os nossos desejos tiram nossa atenção do melhor de Deus? Bem, vemos que mesmo sendo tentados a invejar o que outros têm, Ele nos guia continuamente e leva a nossa atenção novamente a Ele. O Senhor "...é a fortaleza do meu coração e a minha herança para sempre" (v.26). — AMC

---

**Uma dose diária da sabedoria de Deus pode curar a doença cardíaca chamada inveja.**

8 de junho

# LIÇÃO DA DOR DE DENTE

LEITURA:
**Hebreus 12:3-11**

**É para disciplina que perseverais (Deus vos trata como filhos)... —Hebreus 12:7**

A BÍBLIA EM UM ANO:
☐ 2 Crônicas 30–31
☐ João 18:1-18

"Quando era criança, eu tinha muita dor de dente," C. S. Lewis escreveu em seu livro clássico *Cristianismo puro e simples*. Ele continuou: "e sabia que, se me queixasse à minha mãe, ela me daria algo que faria passar a dor naquela noite e me deixaria dormir. Porém, eu não me queixava à minha mãe — ou só o fazia quando a dor se tornava insuportável. [...] Sabia que, na manhã seguinte, ela me levaria ao dentista. Eu não podia obter dela o que queria sem obter também outra coisa, que não queria. Queria o alívio imediato da dor; mas, para ter isso, teria de submeter meus dentes ao tratamento completo."

Do mesmo modo, nós nem sempre podemos querer ir a Deus de pronto quando temos um problema ou lutamos em certa área. Sabemos que Ele poderia prover alívio imediato para nossa dor, mas está mais preocupado em lidar com a raiz do problema. Podemos ter medo de que Ele revele questões com as quais estamos despreparados ou indispostos para lidar.

Em momentos como estes, é útil nos lembrarmos de que o Senhor nos "... trata como filhos..." (Hebreus 12:7). Sua disciplina, ainda que eventualmente dolorosa, é sábia; e Seu toque é amoroso. Ele nos ama demais para nos deixar permanecer como estamos; Ele quer nos moldar à imagem de Seu Filho, Jesus (Romanos 8:29). Podemos confiar nos propósitos de amor de Deus mais do que em qualquer um de nossos medos. —PFC

**A disciplina de Deus é a disciplina do amor.**

9 de junho

# DEUS GENEROSO

LEITURA:
**Efésios 3:14-21**

**[Deus] ...é poderoso para fazer infinitamente mais do que tudo quanto pedimos ou pensamos...**
**—Efésios 3:20**

A BÍBLIA EM UM ANO:
☐ **2 Crônicas 32–33**
☐ **João 18:19-40**

Quando nossa família morou em Chicago, há muitos anos, desfrutamos de muitos benefícios. Próximo ao topo de minha lista estavam os incríveis restaurantes que pareciam tentar superarem-se, não apenas na excelente culinária mas também nos tamanhos das porções. Em uma lanchonete italiana, minha esposa e eu pedíamos meia porção de nosso macarrão favorito e ainda tínhamos o suficiente para levar como jantar para a noite seguinte! As porções generosas nos faziam sentir como se estivéssemos na casa da vovó, que derramava amor por meio da comida.

Também sinto um amor expansivo quando leio que meu Pai celestial liberou sobre nós as riquezas de Sua graça (Efésios 1:7,8) e que Ele é capaz de fazer "...infinitamente mais do que tudo quanto pedimos ou pensamos..." (3:20). Sou tão grato pelo fato de que o nosso Deus não é mesquinho que a contragosto distribui Suas bênçãos em pequenas porções. Antes, Ele é o Deus que derrama perdão ao pródigo (Lucas 15), e diariamente nos coroa "...de graça e misericórdia" (Salmo 103:4).

Há momentos em que pensamos que Deus não nos proveu como gostaríamos. Mas se Ele não fizesse nada mais além de perdoar nossos pecados e nos garantir o céu, já seria abundantemente generoso! Alegremo-nos hoje em nosso generoso Deus. —JMS

**Louve ao Deus de quem todas as bênçãos fluem!**

10 de junho

# COROAS DE HONRA

LEITURA:
**João 19:1-8**

**Os soldados, tendo tecido uma coroa de espinhos, puseram-lha na cabeça... —João 19:2**

A BÍBLIA EM UM ANO:
☐ 2 Crônicas 34–36
☐ João 19:1-22

As *Joias da Coroa* do Reino Unido estão armazenadas e protegidas dentro da Torre de Londres sob vigilância 24 horas por dia. Todos os anos, milhões visitam a área de exposição para maravilharem-se com estes tesouros adornados. As *Joias da Coroa* simbolizam o poder do reino, assim como o prestígio e a posição daqueles que as usam.

Parte das *Joias da Coroa* são as próprias coroas. Há três tipos diferentes: a coroa para coroação, que é a coroa usada quando um indivíduo é coroado como monarca; a coroa do estado (ou diadema), que é usada para várias funções; e a coroa de cônjuge, usada pela esposa de um rei em exercício. Coroas diferentes servem propósitos diferentes.

O Rei do céu, que era digno da maior coroa e da mais elevada honra, usou uma coroa diferente. Nas horas de humilhação e sofrimento que Cristo experimentou antes de ser crucificado, "Os soldados, tendo tecido uma coroa de espinhos, puseram-lha na cabeça e vestiram-no com um manto de púrpura" (João 19:2). Naquele dia, a coroa, que normalmente é um símbolo de realeza e honra, tornou-se uma ferramenta de zombaria e ódio. No entanto, nosso Salvador deliberadamente usou essa coroa por nós, carregando nosso pecado e nossa vergonha.

Aquele que merecia a melhor de todas as coroas recebeu a pior delas, por nós. – WEC

**Sem a cruz não haveria coroa.**

11 de junho

# UM CORAÇÃO HONESTO

LEITURA:
**Salmo 15**

---

**Bem sei, meu Deus, que tu provas os corações e que da sinceridade te agradas... —1 Crônicas 29:17**

---

A BÍBLIA EM UM ANO:
☐ Esdras 1–2
☐ João 19:23-42

Encontrei um epitáfio em uma lápide no cemitério que dizia: "J. Silva: um homem honesto."

Não sei nada sobre a vida de Silva, mas pelo fato de sua sepultura ser tão extraordinariamente ornamentada, ele provavelmente se deu muito bem. Mas independentemente do que ele tenha conquistado em seus dias de vida, é agora lembrado por apenas uma coisa: Ele era "um homem honesto".

Diógenes, o filósofo grego, investiu uma vida toda na busca da honestidade e finalmente concluiu que não era possível encontrar um homem honesto. É difícil encontrar pessoas honestas em qualquer época, mas essa característica é de grande importância. Honestidade não é a melhor política, é a única política e uma das marcas de um homem ou mulher que vive na presença de Deus. Davi escreveu: "Quem, SENHOR [...] há de morar no teu santo monte? O que vive com integridade..." (Salmo 15:1,2).

Questiono-me: Sou confiável e digno em todas as minhas obrigações? Minhas palavras ressoam verdade? Falo a verdade em amor ou disfarço e manipulo os fatos de vez em quando; quem sabe exagero com o objetivo de dar ênfase? Se sim, posso voltar-me a Deus com total confiança e pedir perdão e clamar por um coração bom e honesto — para que a autenticidade seja parte integral da minha natureza. Aquele que começou a boa obra em mim é fiel. Ele a cumprirá. —DHR

---

**Viva de modo a ser lembrado como exemplo de honestidade e integridade.**

12 de junho

# MANTENHA A CALMA

LEITURA:
**Esdras 5:7-17**

**...Nós somos servos do Deus dos céus e da terra... —Esdras 5:11**

A BÍBLIA EM UM ANO:
☐ Esdras 3–5
☐ João 20

"Mantenha a calma e ligue para mamãe." "Mantenha a calma e alimente-se." "Mantenha a calma e ponha a chaleira no fogo." Estas palavras derivam da frase: "Mantenha a calma e siga em frente." Esta mensagem apareceu pela primeira vez na Grã-Bretanha quando a Segunda Guerra Mundial começou em 1939. Os oficiais britânicos imprimiam a frase em pôsteres projetados para combater o pânico e o desânimo durante a guerra.

Tendo voltado à terra de Israel após um tempo de cativeiro, os israelitas precisaram vencer seus medos e a interferência inimiga ao começarem a reconstruir o templo (Esdras 3:3). Quando terminaram a fundação, seus oponentes "alugaram contra eles conselheiros para frustrarem o seu plano..." (4:5). Os inimigos de Israel também escreveram cartas acusadoras aos oficiais do governo e tiveram sucesso no atraso do projeto (vv.6,24). Apesar disto, o rei Dario eventualmente emitiu um decreto que permitia ao povo concluir o templo (6:12-14).

Quando estamos comprometidos com a obra de Deus e encontramos reveses, podemos continuar calmamente porque, assim como os israelitas, "...Nós somos servos do Deus dos céus e da terra..." (5:11). Os obstáculos e atrasos podem nos desencorajar, mas podemos descansar na promessa de Jesus: "...edificarei a minha igreja, e as portas do inferno não prevalecerão contra ela" (Mateus 16:18). É o poder de Deus que capacita a Sua obra e não o nosso. —JBS

**O Espírito de Deus concede poder ao nosso testemunho.**

**13 de junho**

# ESTAMOS SEGUROS

LEITURA:
**1 Pedro 1:3-5**

**[Deus] ...nos regenerou [...] para uma herança incorruptível, sem mácula, imarcescível, reservada nos céus para vós outros. —1 Pedro 1:3,4**

A BÍBLIA EM UM ANO:
- ☐ **Esdras 6–8**
- ☐ **João 21**

O *Depósito de Ouro* dos Estados Unidos em Fort Knox, Kentucky é um edifício fortificado que armazena cinco mil toneladas de barras de ouro e outros itens preciosos confiados ao governo federal. Fort Knox é protegida por uma porta de 22 toneladas e recursos como alarmes, câmeras de vídeo, campos minados, arame farpado, cercas elétricas, guardas armados e helicópteros *Apache* camuflados. Com base no nível de segurança, Fort Knox é considerado um dos lugares mais seguros do mundo.

Por mais segura que Fort Knox seja, há outro lugar mais seguro e cheio de algo que é mais precioso que ouro: o Céu guarda o nosso dom da vida eterna. O apóstolo Pedro encorajou os cristãos a louvar a Deus porque temos uma "esperança viva" — uma expectativa certa que cresce e ganha força conforme aprendemos mais sobre Jesus (1 Pedro 1:3). E nossa esperança é fundamentada no Cristo ressurreto. Seu dom de vida eternal nunca estará em ruína como resultado de forças hostis. Nunca perderá sua glória ou vigor, porque Deus o tem mantido e continuará mantendo-o seguro no céu. Não importa o mal que nos atinja em nossa vida na terra, Deus está guardando as nossas almas. Nossa herança está segura.

Como um cofre dentro de outro cofre, nossa salvação está protegida por Deus e nós estamos seguros. —MLW

**Uma herança no céu é o lugar mais seguro possível.**

14 de junho

# Firme como uma rocha

Leitura:
**Salmo 34:15-22**

---

**Os olhos do Senhor repousam sobre os justos, e os seus ouvidos estão abertos ao seu clamor.**
**—Salmo 34:15**

---

A Bíblia em um ano:
☐ Esdras 9–10
☐ Atos 1

Foi um dia triste em maio de 2003 quando "O velho homem da montanha" partiu-se e despencou da encosta da montanha. O contorno de 12 metros do rosto de um velho homem, entalhado pela natureza nas *Montanhas Brancas* de New Hampshire, foi por muito tempo uma atração para turistas, uma presença sólida para os residentes e o emblema oficial do estado. Nathaniel Hawthorne escreveu sobre ele em seu conto *O grande rosto de pedra.*

Alguns residentes próximos ficaram devastados quando *O velho homem* desmoronou. Uma mulher disse: "Cresci pensando que alguém estava ali zelando por mim. Sinto-me menos protegida agora."

Há momentos em que a presença de alguém em quem podemos depender desaparece. Algo ou alguém que tinha nossa confiança deixa de existir e nossa vida fica abalada. Talvez seja a perda de um ente querido, de um emprego ou da saúde. A perda nos faz sentir desequilibrados, instáveis. Podemos inclusive pensar que Deus já não está mais nos guardando.

Mas "Os olhos do Senhor repousam sobre os justos, e os seus ouvidos estão abertos ao seu clamor" (Salmo 34:15). Ele está perto "...dos que têm o coração quebrantado..." (v.18). Ele é a Rocha cuja presença podemos sempre depender (Deuteronômio 32:4).

A presença de Deus é verdadeira. Ele zela por nós continuamente. Ele é firme como uma rocha. – AMC

---

**A pergunta não é "onde está Deus?", mas "onde Ele não está?"**

15 de junho

# SANTO, SANTO, SANTO

LEITURA:
**Apocalipse 4**

**...Santo, Santo, Santo é o Senhor Deus, Todo-Poderoso, aquele que era, que é e que há de vir.**
**—Apocalipse 4:8**

A BÍBLIA EM UM ANO:
- ☐ Neemias 1–3
- ☐ Atos 2:1-21

"O tempo voa quando você se diverte." Este clichê não se baseia em fatos, mas o dia a dia o faz parecer verdade. Quando a vida é prazerosa, o tempo passa muito rápido. Dê-me uma tarefa que aprecio ou uma pessoa de quem amo a companhia, e o tempo parece não importar.

Minha experiência com esta *realidade* me deu um novo entendimento do cenário descrito no livro de Apocalipse 4. No passado, quando ponderei sobre os quatro seres viventes, assentados ao redor do trono de Deus, que continuamente repetiam as mesmas poucas palavras, pensei: *Que existência maçante!*

Não penso mais assim. Penso nas cenas que eles testemunharam com seus muitos olhos (v.8). Reflito sobre a visão que eles têm a partir da sua posição ao redor do trono de Deus (v.6). Medito em quão maravilhados eles estão com o envolvimento sábio e amoroso de Deus com terráqueos desobedientes. Em seguida, penso: *Poderia existir reação melhor? O que mais há para dizer senão, "Santo, Santo, Santo"?* É maçante dizer as mesmas palavras repetidas vezes? Não quando você está na presença de alguém que você ama. Não quando você está fazendo exatamente o que você foi designado para fazer.

Como os quatro seres viventes, fomos planejados para glorificar a Deus. Nossa vida jamais será maçante se convergirmos nossa atenção nele e cumprirmos esse propósito. — JAL

---

**Um coração em sintonia com Deus não pode deixar de entoar louvores a Ele.**

16 de junho

# OS FILHOS DO MUNDO

LEITURA:
**Tiago 1:22–2:1**

**A religião pura e sem mácula, para com o nosso Deus e Pai, é esta: visitar os órfãos e as viúvas nas suas tribulações... —Tiago 1:27**

A BÍBLIA EM UM ANO:
- ☐ Neemias 4–6
- ☐ Atos 2:22-47

Depois que um grupo de estudantes do Ensino Médio visitou um orfanato durante uma viagem missionária, um estudante ficou claramente chateado. Quando lhe perguntaram o motivo, ele disse que se lembrou de como era a sua situação dez anos antes.

Este jovem vivera num orfanato em outro país. Ele disse que se recordava de pessoas que o vinham visitar e visitavam seus amigos — assim como estes estudantes fizeram — e depois iam embora. Ocasionalmente, alguém voltava e adotava uma criança. Mas todas as vezes que ele era deixado para trás, pensava: o que há de errado comigo?

Quando os adolescentes visitaram o orfanato — e depois foram embora — aqueles antigos sentimentos voltaram a ele. Por esse motivo os outros no grupo oraram por ele — e agradeceram a Deus porque um dia uma mulher (sua nova mãe) apareceu e o escolheu como seu filho. Foi uma comemoração de um ato de amor que deu esperança a um menino.

Por todo o mundo, há crianças que precisam saber do amor de Deus por elas (Mateus 18:4,5; Marcos 10:13-16; Tiago 1:27). Claramente nem todos podem adotar ou visitar essas crianças — e realmente não é esperado que o façamos. Mas todos podemos fazer uma coisa: amparar. Encorajar. Ensinar. Orar. Quando amamos as crianças do mundo, honramos o nosso Pai, que nos adotou como parte de Sua família (Gálatas 4:4-7). —JDB

**Quanto mais o amor de Cristo cresce em nós, mais ele flui de nós.**

17 de junho

# A LUZ DO CORDEIRO

LEITURA:
**Apocalipse 21:14-27**

---

**A cidade não precisa nem do sol, nem da lua [...] pois a glória de Deus a iluminou, e o Cordeiro é a sua lâmpada.**
**—Apocalipse 21:23**

---

A BÍBLIA EM UM ANO:
☐ **Neemias 7–9**
☐ **Atos 3**

Por inúmeras gerações as pessoas têm olhado para o sol e para a lua esperando que iluminem o dia e a noite. Seja iluminando nosso caminho ou provendo o brilho que doa vida para as safras frutíferas e os nutrientes de que nossos corpos precisam, o sol e a lua são parte da maravilhosa provisão divina de luz. O livro de Gênesis afirma que Deus deu: "...dois grandes luzeiros: o maior para governar o dia, e o menor para governar a noite..." (Gênesis 1:16).

Mas chegará o dia em que Deus proverá um tipo diferente de iluminação. João escreve sobre a eterna cidade celestial: "A cidade não precisa nem do sol, nem da lua, para lhe darem claridade, pois a glória de Deus a iluminou, e o Cordeiro é a sua lâmpada" (Apocalipse 21:23). É muito interessante que a palavra aqui traduzida como "luz" teria sido traduzida mais acuradamente como lâmpada. Cristo em Seu estado glorificado será a lâmpada espiritual que ilumina esse jubiloso novo mundo.

O Senhor Jesus Cristo é "...o Cordeiro de Deus, que tira o pecado do mundo!" (João 1:29). Ele também é a fonte de iluminação espiritual que faz daqueles que o seguem "...a luz do mundo..." (Mateus 5:14). Mas na eternidade Ele será a Lâmpada que ilumina nosso caminho (Apocalipse 21:23). Que emoção será um dia viver na luz do Cordeiro! —HDF

---

**Aquele que é a Luz do mundo jamais se apaga.**

18 de junho

# SORRIA!

LEITURA:
**Números 6:22-27**

**O SENHOR faça resplandecer o rosto sobre ti e tenha misericórdia de ti. —Números 6:25**

A BÍBLIA EM UM ANO:
☐ Neemias 10–11
☐ Atos 4:1-22

Um estudo recente que li concluiu que sorrir pode ser bom para a saúde. As pesquisas demonstram que sorrir desacelera o coração e reduz o estresse.

Mas sorrir não é apenas bom para você; um sorriso genuíno também abençoa aqueles que o recebem. Sem dizer uma palavra, pode comunicar a outros que você gosta e se agrada deles. Um sorriso pode abraçar alguém com amor sem que a pessoa seja tocada.

A vida nem sempre nos dá razões para sorrir. Mas quando vemos um sorriso sincero no rosto de uma criança ou em um rosto com rugas da idade, nossos corações são encorajados.

Os sorrisos são também uma alusão à imagem de Deus em nós. Na antiga bênção registrada no livro de Números, temos um indicador de que Deus "sorri": "...o SENHOR faça resplandecer o rosto sobre ti e tenha misericórdia de ti; o SENHOR sobre ti levante o rosto e te dê a paz" (Números 6:25,26). Estas palavras são a expressão hebraica para o favor de Deus na vida de uma pessoa, pedindo que Deus sorria para Seus filhos.

Portanto hoje, lembre-se de que você é amado por Deus e de que Ele se agrada de ser atencioso e de resplandecer Sua face sobre você. —JMS

**Seu sorriso pode ser uma mensagem de ânimo enviada por Deus a uma alma necessitada.**

19 de junho

# SHREK!

LEITURA:
**Ezequiel 34:11-16**

**...Eis que eu mesmo procurarei as minhas ovelhas e as buscarei. —Ezequiel 34:11**

A BÍBLIA EM UM ANO:
- ☐ Neemias 12–13
- ☐ Atos 4:23-37

*Shrek* era uma ovelha renegada. Ela desapareceu de seu rebanho e permaneceu perdida por seis anos. A pessoa que a encontrou vivendo em uma caverna num local alto e acidentado na Nova Zelândia não a reconheceu como sendo uma ovelha. "Ela parecia ser alguma criatura bíblica," ele disse. De certa forma, ela era. *Shrek* era uma imagem do que acontece com ovelhas que se separam do pastor.

*Shrek* precisou ser carregada até o pé das montanhas porque sua lã estava muito pesada (27 kg) que ela não conseguiria descer sozinha. Para aliviá-la do peso de sua desobediência, ela foi virada de cabeça para baixo para permanecer imóvel e não ser ferida quando o tosquiador removesse sua lã pesada.

A história de *Shrek* ilustra a metáfora que Jesus usou quando se autodenominou o Bom Pastor (João 10:11) e quando Deus se referiu ao Seu povo como Seu rebanho (Ezequiel 34:31). Assim como *Shrek*, nós não fazemos boas escolhas quando dependemos apenas de nós mesmos e acabamos oprimidos pelas consequências (Ezequiel 33:10). Para nos aliviar do peso, pode ser que precisemos nos aquietar por um tempo. Quando finalmente nos colocamos nesta situação, é bom parar, permanecer imóvel e confiarmos que o Bom Pastor fará Sua obra sem nos ferir. —JAL

**O treinamento de Deus é planejado de modo a crescermos na fé.**

20 de junho

# MEMÓRIAS ESQUECIDAS

LEITURA:
**Salmo 103:1-8**

**Bendize, ó minha alma, ao SENHOR, e não te esqueças de nem um só de seus benefícios. —Salmo 103:2**

A BÍBLIA EM UM ANO:
☐ Ester 1–2
☐ Atos 5:1-21

Um amigo de minha época de Ensino Médio enviou-me por *email*, recentemente, uma foto de nossa equipe de corrida. A foto granulada em preto e branco mostrava um grupo vagamente familiar de adolescentes com nossos dois treinadores. Fui instantaneamente levado de volta no tempo às memórias felizes de competições de 1,5 quilômetros ou 500 metros. Entretanto, mesmo desfrutando das lembranças daqueles dias, me encontrei pensando sobre a facilidade com que as esqueci e passei a fazer outras coisas.

Ao percorrermos nossa jornada da vida, é fácil esquecer lugares, pessoas e acontecimentos que nos foram importantes. O tempo passa, o ontem desvanece e nos obcecamos com as preocupações do momento. Quando isto acontece, podemos também esquecer como Deus tem sido bom para nós. Talvez seja por isso que Davi lembrou-se conforme escrevia: "Bendize, ó minha alma, ao SENHOR, e tudo o que há em mim bendiga ao seu santo nome. Bendize, ó minha alma, ao SENHOR, e não te esqueças de nem um só de seus benefícios" (Salmo 103:1,2).

Não há momento em que este lembrete seja mais necessário do que quando as angústias da vida se acumulam sobre nós. Quando nos sentimos subjugados e esquecidos, é importante recordar tudo o que Ele fez por nós. Ao lembrarmo-nos, encontramos encorajamento para confiar nele no presente e no futuro.
— WEC

**Lembrar a fidelidade de Deus no passado nos fortalece para o futuro.**

21 de junho

# Os mais rápidos

LEITURA:
**Lucas 10:38-42**

**Tinha ela uma irmã, chamada Maria, e esta quedava-se assentada aos pés do Senhor a ouvir-lhe os ensinamentos. —Lucas 10:39**

A BÍBLIA EM UM ANO:
- ☐ Ester 3–5
- ☐ Atos 5:22-42

Segundo um estudo que mediu o ritmo de vida de cidades em 32 países, as pessoas que têm mais pressa moram em Singapura. Elas caminham 18 metros em 10,55 segundos, enquanto os nova-iorquinos fazem o trajeto em 12 segundos, e os que vivem na cidade africana de Blantyre, Maláui, em 31,6 segundos.

Mas independentemente de onde você mora, o estudo mostra que as velocidades de caminhada aumentaram em média 10% nos últimos 20 anos. E se a velocidade de caminhada é um indicador do ritmo de vida, estamos definitivamente mais ocupados do que antes.

Você está preso a uma vida atarefada e agitada? Faça uma pausa e considere as palavras de Jesus a Marta: "...Andas inquieta e te preocupas com muitas coisas. Entretanto, pouco é necessário ou mesmo uma só coisa; Maria, pois, escolheu a boa parte, e esta não lhe será tirada" (Lucas 10:41,42).

Perceba as palavras gentis de Jesus. Ele não repreendeu Marta por querer ser uma boa anfitriã, mas lembrou-a de suas prioridades. Marta permitira que o necessário ganhasse maiores proporções; e, no processo, ficou tão ocupada fazendo o certo que não teve tempo de sentar-se aos pés de Jesus.

Em nosso empenho para sermos produtivos para o Senhor, lembremo-nos que há algo pelo qual vale a pena nos preocuparmos: desfrutar de tempo com nosso Salvador. — PFC

---

**Jesus anseia por nossa companhia muito mais do que ansiamos pela companhia dele.**

22 de junho

# Meu pai conhececeu Jesus

Leitura:
**1 Timóteo 1:15-17**

**...e servisse eu de modelo a quantos hão de crer nele para a vida eterna.**
**—1 Timóteo 1:16**

A Bíblia em um ano:
☐ Ester 6–8
☐ Atos 6

Meu avô, meu pai e os seus irmãos eram valentões que, compreensivelmente, não gostavam de pessoas que lhes "perturbavam com questões sobre fé". Quando meu pai foi diagnosticado com um câncer rápido e letal, aproveitei todas as oportunidades para falar com ele sobre o amor de Jesus. Inevitavelmente ele acabava a discussão com uma resposta educada, mas firme: "Eu sei o que preciso saber."

Prometi não tocar mais no assunto e dei a ele cartões que falavam do perdão que Deus oferece e para ele ler quando quisesse. Entreguei meu pai a Deus e orei. Um amigo também pediu a Deus que mantivesse meu pai vivo por tempo suficiente até que ele viesse a conhecer Jesus.

Certa tarde, recebi a notícia de que meu pai havia falecido. Quando meu irmão me encontrou, disse: "Papai me pediu para dizer a você que ele pediu a Jesus que perdoasse seu pecado." "Quando?" "Na manhã em que ele faleceu", respondeu. Deus mostrou "misericórdia" a ele como mostrou a nós (1 Timóteo 1:16).

Algumas vezes, falamos sobre o evangelho, outras compartilhamos nossa história e ainda outras simplesmente servimos de exemplo semelhante a Cristo, sem usar palavras, e sempre oramos. Sabemos que a salvação é uma obra de Deus e não algo que possamos fazer pelo outro. Deus é misericordioso e não importa o resultado de nossas orações, podemos confiar nele. —RKK

**Nós plantamos e regamos,**
**mas Deus concede o crescimento.**

23 de junho

# Restaurado pelo Mestre

Leitura:
**Colossenses 3:8-17**

**...e vos revestistes do novo homem que se refaz para o pleno conhecimento, segundo a imagem daquele que o criou.**
**—Colossenses 3:10**

A Bíblia em um ano:
☐ **Ester 9–10**
☐ **Atos 7:1-21**

Através dos séculos, houve muitas tentativas de restaurar obras-primas danificadas e deterioradas pelo tempo. Enquanto alguns destes esforços conseguiram de modo hábil preservar a obra original de artistas, outros na verdade danificaram muitas obras de gênios, incluindo antigas estátuas gregas e pelo menos duas pinturas do artista da Vinci.

Na carta de Paulo aos colossenses, ele descreveu um processo de restauração que é impossível no mundo das artes. É a restauração do povo de Deus. Paulo escreveu: "...vos despistes do velho homem com os seus feitos e vos revestistes do novo homem que se refaz para o pleno conhecimento, segundo a imagem daquele que o criou" (Colossenses 3:9,10). Esta não é uma tentativa de renovar a obra de um artista já falecido. É um renovo espiritual partindo do Deus vivo que nos criou e nos deu nova vida em Seu Filho, Jesus Cristo. Seu perdão aviva as cores de nossas vidas, enquanto Sua graça amolda o traçado de Seu propósito para nós.

A tela de nossas vidas está nas habilidosas mãos de nosso Senhor que sabe quem e o que Ele planejou que sejamos. Não importa o quão danificados ou sujos pelo pecado possamos estar, há esperança de renovo e restauração. O Artista-Mestre está vivo e trabalhando em nós. — DCM

---

**Jesus é especialista em restaurações.**

**24 de junho**

# VEIAS DE OURO

LEITURA:
**Romanos 6:1-14**

---

**...se fomos unidos com ele na semelhança da sua morte, certamente, o seremos também na semelhança da sua ressurreição.
—Romanos 6:5**

---

A BÍBLIA EM UM ANO:
☐ Jó 1–2
☐ Atos 7:22-43

Enquanto visitava a charmosa região de Cotswold na Inglaterra, comprei algumas canecas chinesas feitas de ossos como recordação. Eu as utilizava com cuidado, mas certa vez uma delas caiu na pia e estilhaçou-se. Recentemente pensei naquela caneca quando aprendi sobre a arte japonesa chamada *Kintsugi*.

Quando algo se quebra, geralmente pensamos em reparar de modo que seja possível reutilizá-lo. Mas há centenas de anos, um artista japonês decidiu que faria algo lindo com a porcelana quebrada. Ele então começou a utilizar resina de ouro para unir os fragmentos. Peças reparadas com o uso deste método possuem complexos filamentos de ouro.

O pecado entrou no mundo muito cedo na história da humanidade (Gênesis 3). Teólogos referem-se ao evento como "a queda". O resultado inevitável é a destruição. A vida é dolorosa porque continuamos sendo feridos e ferindo outros com a nossa aspereza aguda e cortante. Mas Deus não quer que permaneçamos sendo destruídos. Sua obra de reparação transforma nossa destruição em beleza.

Como um artista *Kintsugi*, Deus nos restaura. Mas Ele usa algo mais precioso que ouro — o sangue de Seu Filho. Em vez de filamentos de ouro, somos unidos pelas veias do próprio Cristo. "...somos unidos com ele na semelhança da sua morte..." (Romanos 6:5). Não há nada mais belo do que isso.
—JAL

---

**O preço de nossa libertação do pecado foi pago pelo sangue de Jesus.**

25 de junho

# SABEDORIA DO ALTO

LEITURA:
**1 Samuel 24:1-10**

**A sabedoria, porém, lá do alto é, primeiramente pura; depois, pacífica... —Tiago 3:17**

A BÍBLIA EM UM ANO:
- ☐ Jó 3–4
- ☐ Atos 7:44-60

Caso Kiera Wilmot tivesse executado seu experimento durante a feira de ciências do Ensino Médio, teria recebido nota 10. Mas, na verdade, ela foi acusada de causar uma explosão. Apesar de ter planejado esperar até que seu professor aprovasse o experimento, seus colegas a convenceram a executá-lo fora da sala de aula. Ao misturar compostos químicos dentro de uma garrafa plástica, o recipiente explodiu, e ela involuntariamente feriu alguns colegas.

O Antigo Testamento conta uma história de outro caso sobre pressão de grupo. Davi e seus homens estavam escondendo-se de Saul numa caverna quando Saul entrou (1 Samuel 24). Os companheiros de Davi sugeriram que Deus lhes havia entregado Saul e incitaram Davi a matá-lo (vv.4,10). Eles pensavam que, se Davi matasse Saul, eles poderiam deixar de se esconder e Davi poderia tornar-se rei. Mas Davi recusou-se a ferir Saul porque ele era "...o ungido do SENHOR" (v.6).

As pessoas que nos cercam podem algumas vezes sugerir que façamos o que parece mais gratificante ou prático no momento. Mas há uma diferença entre sabedoria terrena e espiritual (1 Coríntios 2:6,7). A sabedoria do alto "...é, primeiramente, pura; depois, pacífica, indulgente, tratável, plena de misericórdia..." (Tiago 3:17). Quando outros nos incitam a tomar certas atitudes, podemos convidar Deus para influenciar a nossa reação. —JBS

**O verdadeiro sábio é aquele que adquire a sabedoria do alto.**

26 de junho

# SOCORRO NA ESTRADA

LEITURA:
**Salmo 46**

---

**Deus é o nosso refúgio e fortaleza, socorro bem presente nas tribulações.**
**—Salmo 46:1**

---

A BÍBLIA EM UM ANO:
☐ Jó 5–7
☐ Atos 8:1-25

Um conhecido meu caçava com amigos perto de Balmoral, propriedade rural da rainha da Inglaterra. Na caminhada, ele torceu o tornozelo tão severamente que não conseguia continuar. Então disse a seus amigos que continuassem e ele esperaria à beira da estrada.

Enquanto estava lá sentado, um carro que descia a estrada reduziu a velocidade e parou. A mulher que dirigia abaixou o vidro e perguntou se ele estava bem. Ele explicou que estava esperando seus amigos retornarem. Ela disse: "Entre no carro; eu levo você até onde está hospedado." Ele mancou até o carro e ao abrir a porta percebeu que a mulher era a rainha Elizabeth!

Por mais que receber socorro da rainha da Inglaterra seja algo surpreendente, nós temos uma oferta de socorro que é ainda maior. O Deus Criador do universo desceu ao nosso mundo, vê a nossa dificuldade e oferece Seus recursos para nos ajudar. Como o salmista afirma confiantemente, "Deus é [...] socorro bem presente nas tribulações" (Salmo 46:1). Nosso Salvador nos ajuda ao nos dar graça para persistir, Sua Palavra para nos manter, amigos para nos encorajar e orar por nós, e dando-nos a confiança de que Ele, no fim das contas, tudo fará para que todas as coisas cooperem para o nosso bem espiritual.

Da próxima vez em que você se sentir fracassado à beira da estrada da vida, procure o seu Ajudador. —JMS

---

**Alegre-se! O seu Deus é um Rei ajudador!**

27 de junho

# NÃO PRATIQUE O MAL

LEITURA:
**Romanos 13:8-10**

**O amor não pratica o mal contra o próximo; de sorte que o cumprimento da lei é o amor.
—Romanos 13:10**

A BÍBLIA EM UM ANO:
☐ Jó 8–10
☐ Atos 8:26-40

Muitos consideram que o médico grego Hipócrates foi o pai da medicina ocidental. Ele entendeu a importância dos seguintes princípios morais na prática da medicina e tem o crédito de ter escrito o juramento de Hipócrates, que ainda serve como guia ético para os médicos de hoje. Um conceito chave do juramento é “nunca causar dano.” Isso sugere que um médico fará apenas o que ele acredita que beneficiará os seus pacientes.

O princípio de não causar dano estende-se aos nossos relacionamentos na vida diária. Na verdade, a benevolência é algo central no ensino do Novo Testamento sobre amar aos outros. Ao refletir sobre a lei de Deus, Paulo vê que o amor é o intento por trás de muitas ordenanças bíblicas: “O amor não pratica o mal contra o próximo; de sorte que o cumprimento da lei é o amor” (Romanos 13:10).

A cada dia que seguimos Jesus Cristo nosso Salvador, somos confrontados com escolhas que afetarão a vida de outros. Quando escolhemos uma atitude a tomar, deveríamos nos perguntar: “Isto reflete a preocupação de Cristo com outros, ou só estou preocupado comigo mesmo?” Tal sensibilidade demonstra o amor de Cristo que procura curar os feridos e ajudar aqueles que necessitam. – HDF

**Preocupar-nos com fardos de outros nos ajuda a esquecermos os nossos.**

28 de junho

# Torne atraente

Leitura:
**Colossenses 4:2-6**

---

**Portai-vos com sabedoria para com os que são de fora; aproveitai as oportunidades. —Colossenses 4:5**

---

A Bíblia em um ano:
☐ Jó 11–13
☐ Atos 9:1-21

A história é de um jovem que, em uma época distante, estava a bordo de um trem para ganhar dinheiro vendendo maçãs. Ele andava pelo vagão dizendo: "Maçãs! Você gostaria de comprar uma maçã?" Ao chegar ao vagão do fundo, a cesta ainda estava cheia de maçãs e sem dinheiro algum.

Um senhor que percebeu sua situação o chamou num canto e pediu para ver uma das maçãs. Ele foi até a frente do trem, poliu a maçã com um guardanapo e então andou pelo corredor comendo a maçã e comentando sobre como estava deliciosa e refrescante. Depois disse ao jovem que tentasse novamente. Desta vez, ele vendeu todas as maçãs. A diferença? As maçãs passaram a ser atraentes para os possíveis consumidores.

Esta história nos lembra de um modo de criarmos interesse nos outros pelo evangelho de Jesus Cristo: torne-o atraente aos outros — mostre-lhes a diferença que ele tem feito em nossas próprias vidas. A melhor maneira de fazer isso é seguindo as palavras de Paulo no livro de Colossenses 4:5, que diz: "Portai-vos com sabedoria para com os que são de fora; aproveitai as oportunidades." Se demonstramos bondade, amor e compaixão a outros, aqueles que nos observam se perguntarão por quê o fazemos, e isso pode nos dar abertura para falar-lhes sobre a beleza do amor de Deus por eles. —JDB

---

**A beleza de uma vida transformada pode atrair outros àquele que nos faz belos.**

29 de junho

# FOCO NO PROCESSO

LEITURA:
**2 Pedro 1:2-11**

**...estas coisas [...] fazem com que não sejais nem inativos, nem infrutuosos no [...] conhecimento de nosso Senhor Jesus Cristo. —2 Pedro 1:8**

A BÍBLIA EM UM ANO:
- ☐ Jó 14–16
- ☐ Atos 9:22-43

No livro *On Writing Well* (Sobre a boa escrita, tradução livre), de William Zinsser, o autor diz que muitos escritores sofrem da "tirania do produto final." Eles ficam tão preocupados em vender seu artigo ou livro que negligenciam o aprendizado do processo de como pensar, planejar e organizar. Zinsser acredita que a produção de um manuscrito confuso acontece quando "o escritor, de olho na linha de chegada, não chegou considerou como fazer a corrida".

O autor e pastor A. W. Tozer aplica esse princípio à nossa vida espiritual. Em seu livro *A raiz dos justos* (Ed. Mundo Cristão, 2009), Tozer descreve nossa tendência de nos preocuparmos "apenas com o fruto [...] e ignorarmos a raiz da qual o fruto brota".

O apóstolo Pedro lembrou os cristãos do primeiro século de que o viver como Cristo e o serviço eficaz são o resultado de um processo. Ele os instou a crescer em outras áreas do desenvolvimento espiritual: fé, virtude, conhecimento, domínio próprio, perseverança, piedade, fraternidade e amor (2 Pedro 1:5-7). Se você tiver estas qualidades de modo contínuo, Pedro disse: "...não sejais nem inativos, nem infrutuosos no pleno conhecimento de nosso Senhor Jesus Cristo" (v.8).

Deus nos chama para um maravilhoso processo de aprendizado, para conhecê-lo, com a certeza de que isso resultará em serviço produtivo em Seu nome e para Sua honra. – DCM

---

**A vida cristã é um processo em que aprendemos a depender completamente de Deus.**

30 de junho

# O GRANDE RETORNO

LEITURA:
**1 João 1**

**Se confessarmos os nossos pecados, ele é fiel e justo para nos perdoar os pecados e nos purificar de toda injustiça. —1 João 1:9**

A BÍBLIA EM UM ANO:
☐ Jó 17–19
☐ Atos 10:1-23

Chad Pennington é um ex-jogador de futebol americano que sofreu muitas lesões ameaçadoras à sua carreira. Duas vezes suas lesões o fizeram enfrentar cirurgias, meses de fisioterapia e semanas de treino para voltar aos campos. Entretanto, ambas as vezes, ele não apenas voltou a jogar, mas sobressaiu-se tanto que naquele ano foi nomeado o "jogador que retornou" na Liga Nacional de Futebol. Para Pennington, seus esforços eram uma expressão de sua determinação a voltar ao futebol.

Espiritualmente, quando o pecado e o fracasso rompem nosso relacionamento com Deus e colocam nosso serviço em plano secundário, a determinação por si só não é o que nos restaura à retidão com Deus e utilidade em Seu Reino. Quando somos jogados para escanteio devido ao pecado, o caminho para o retorno é a confissão. "Se confessarmos os nossos pecados, ele é fiel e justo para nos perdoar os pecados e nos purificar de toda injustiça (1 João 1:9).

Dependemos por completo daquele que se entregou por nós para que sejamos capazes de nos recuperarmos de nossos fracassos espirituais. E isso nos dá esperança. Cristo, que morreu por nós, nos ama com amor eterno e responderá com graça quando confessarmos nossas falhas a Ele. Por meio da confissão encontramos Sua graciosa restauração — o maior de todos os retornos. —WEC

**A confissão é o caminho que leva à restauração.**

**1.º de julho**

# Confusão Aparente

Leitura:
**João 10:20-30**

---

**Eu e o Pai somos um.**
**—João 10:30**

---

A Bíblia em um ano:
☐ **Jó 20–21**
☐ **Atos 10: 24-28**

Na Copa do Mundo de 2002, o atacante Ronaldo, na época o ídolo da seleção brasileira, mudou seu corte de cabelo após sua equipe derrotar a da Inglaterra. Ele fez isso porque seu filho o confundira com o companheiro de equipe, Roberto Carlos — um equívoco muito infeliz para alguém que é pai.

Jesus também sofreu com a Sua identidade sendo confundida. Entre nós, Ele ensinou a Palavra de Deus e os Seus caminhos com autoridade, curou os enfermos, ressuscitou os mortos, e fez muitos milagres diante do povo.

Quando declarou ser um com Deus, e que havia sido enviado para morrer pelo mundo e para conduzi-los a uma nova vida, muitos o rejeitaram, e alegaram: "Ele tem demônio e enlouqueceu; por que o ouvis?" (João 10:20).

Parece haver lógica nestas palavras. A afirmação de Jesus é muito forte! Requer que submetamos nossa vida inteira a Ele. Alguns de Seus ouvintes, porém, disseram com razão: "...pode, porventura, um demônio abrir os olhos aos cegos?" (v.21).

Para Ronaldo, era essencial não ser confundido por seu filho. E para nós é essencial que reconheçamos que Jesus revelou-se a nós claramente.

Deus provou que as palavras de Jesus eram indiscutivelmente verdadeiras quando Ele o ressuscitou dentre os mortos, assim como Jesus havia prometido. Precisamos considerar cuidadosamente as palavras e a identidade de Jesus para saber se queremos ou não confiar a nossa vida a Ele. —CW

---

**Jesus é o Filho de Deus.**
**Você crê nesta verdade?**

2 de julho

# Sobre a preocupação

Leitura:
**Salmo 3**

---

**Senhor, como tem crescido o número dos meus adversários!... —Salmo 3:1**

---

A Bíblia em um ano:
- ☐ Jó 22–24
- ☐ Atos 11

Minha amiga me deu um copo grande de água e me disse para segurá-lo. Quanto mais tempo o segurava, mais pesado ele parecia. Finalmente, minha mão se cansou e tive de parar de segurar o copo. "Aprendi que a preocupação pode ser como segurar esse copo", disse ela. "Quanto mais me preocupo com algo, mais meus medos me empurram sob o seu peso."

O rei Davi conhecia o medo. Toda a sua vida fora virada de cabeça para baixo. O seu filho Absalão lhe roubara a fidelidade da nação de Israel e estava tentando tomar o trono para si. Davi não sabia quem lhe era leal e quem estava contra ele. Sua única opção parecia ser correr. Ele disse aos seus servos: "...Dai-vos pressa a sair, para que [Absalão] não nos alcance de súbito, lance sobre nós algum mal..." (2 Samuel 15:14).

Podemos ler num salmo que Davi pode ter escrito enquanto fugia para salvar sua vida: "Com a minha voz clamo ao Senhor, e ele do seu santo monte me responde" (Salmo 3:4). Em meio ao medo, Davi buscou o Senhor. Deus lhe concedeu graça e lhe restituiu o trono.

São muitas as preocupações que podem nos oprimir. Mas, quando as colocarmos nas fortes mãos de Deus, Ele nos ajudará ao longo das nossas provações. – AMC

---

**A preocupação é um fardo que Deus nunca quis que suportássemos.**

3 de julho

# Amor e carinho

Leitura:
**1 Tessalonicenses 2:1-7**

---

**...nos tornamos carinhosos entre vós, qual ama que acaricia os próprios filhos.
—1 Tessalonicenses 2:7**

---

A Bíblia em um ano:
☐ Jó 25–27
☐ Atos 12

Marcos gerencia uma pequena fazenda como se fosse o seu passatempo. Recentemente, ao verificar sua criação de vacas, surpreendeu-se ao ver um bezerro recém-nascido! Quando comprou o gado, não tinha ideia de haver uma vaca prenhe. Infelizmente, a vaca mãe teve complicações e morreu pouco depois de seu bezerro nascer. Imediatamente, Marcos comprou um pouco de leite em pó para poder alimentar o bezerro com uma garrafa. "O bezerro pensa que eu sou a mãe dele!", disse Marcos.

A terna história do novo papel de Marcos com o bezerro me lembrou de como Paulo se comparou a uma mãe cuidadosa ao lidar com os cristãos de Tessalônica: "...nos tornamos carinhosos entre vós...', disse ele, "...qual ama que acaricia os próprios filhos" (1 Tessalonicenses 2:7).

Paulo adotou uma atitude carinhosa ao ensinar as pessoas. Ele sabia que os cristãos precisavam do "leite da palavra" para o crescimento espiritual (1 Pedro 2:2). Mas ele também deu atenção especial às preocupações daqueles dos quais cuidou. "...como pai a seus filhos, a cada um de vós", disse Paulo, "exortamos, consolamos e admoestamos, para viverdes por modo digno de Deus..." (1 Tessalonicenses 2:11,12).

Ao servirmos uns aos outros, que possamos servir com o amor e carinho do nosso Salvador, encorajando uns aos outros em nossa jornada espiritual (Hebreus 10:24). —HDF

---

**Deus derrama Seu amor em nossos corações para que ele flua para as vidas das outras pessoas.**

4 de julho

# Dia da Dependência

Leitura:
**João 15:1-13**

**Eu sou a videira, vós, os ramos. Quem permanece em mim, e eu, nele, esse dá muito fruto; porque sem mim nada podeis fazer.**
**—João 15:5**

A Bíblia em um ano:
☐ Jó 28–29
☐ Atos 13:1-25

Nos EUA, o dia quatro de julho é um feriado nacional, no qual são acesas as churrasqueiras ao ar livre; as praias ficam lotadas; e as cidades e vilas têm paradas e queima de fogos de artifício, piqueniques, e comemorações patrióticas. Tudo isso em memória do dia 4 de julho de 1776, quando as 13 colônias americanas declararam sua independência.

*Independência* agrada a todas as idades. Ela significa "liberdade de controle, influência, apoio e ajuda dos outros". Portanto, não surpreende que os adolescentes falem em conquistar a sua independência. Muitos adultos têm o objetivo de ser "independentes financeiramente". E os idosos querem manter a sua independência. Se alguém alguma vez já foi verdadeiramente independente é uma discussão para outro momento e lugar — mas parece bom.

Almejar a independência política ou pessoal é uma coisa; atrever-se a buscar independência espiritual é problemático. Em vez disso, precisamos é reconhecer e aceitar nossa profunda dependência espiritual. Jesus disse: "Eu sou a videira, vós, os ramos. Quem permanece em mim, e eu nele, esse dá muito fruto; porque sem mim nada podeis fazer" (João 15:5).

Longe de ser autossuficientes, somos total e eternamente dependentes daquele que morreu para nos libertar. Todo dia é o nosso "Dia da Dependência". —WEC

**Nossa maior força provém da dependência do nosso Deus forte.**

5 de julho

# Gráfico de crescimento

Leitura:
**2 Pedro 3:10-18**

**...crescei na graça e no conhecimento de nosso Senhor e Salvador Jesus Cristo... —2 Pedro 3:18**

A Bíblia em um ano:
☐ Jó 30–31
☐ Atos 13:26-52

Se, algum dia, minha família se mudar da casa onde vivemos agora, quero tirar as dobradiças da porta da despensa e levá-la comigo! Essa porta é especial porque mostra como os meus filhos têm crescido ao longo dos anos. Todos os meses, meu marido e eu colocamos nossas crianças contra a porta e fazemos a lápis uma marca logo acima de suas cabeças. De acordo com a nossa tabela de crescimento, minha filha cresceu dez centímetros em apenas um ano!

Embora meus filhos cresçam fisicamente como parte natural da vida, há outro tipo de crescimento que acontece com algum esforço — nosso crescimento espiritual em semelhança a Cristo. Pedro encorajou os cristãos a crescerem "...na força e no conhecimento de [...] Jesus..." (2 Pedro 3:18). Ele disse que o amadurecimento na nossa fé nos prepara para a volta de Cristo. O apóstolo desejava que, ao voltar, Jesus encontrasse os cristãos vivendo em paz e retidão (v.14). Pedro via o crescimento espiritual como uma defesa contra o ensino que interpreta incorretamente a Palavra de Deus e leva as pessoas a se desviarem (vv.16,17).

Mesmo quando nos sentimos desencorajados e desconectados de Deus, podemos nos lembrar de que Ele nos ajudará a avançar em nossa fé, tornando-nos mais semelhantes ao Seu Filho. Sua Palavra nos assegura de que "...aquele que começou boa obra em vós há de completá-la até ao Dia de Cristo Jesus" (Filipenses 1:6). —JBS

**O crescimento espiritual requer o alimento sólido da Palavra de Deus.**

6 de julho

# PRENDER-SE AO PASSADO

LEITURA:
**Jeremias 6:13-20**

**...perguntai pelas veredas antigas, qual é o bom caminho; andai por ele e achareis descanso para a vossa alma... —Jeremias 6:16**

A BÍBLIA EM UM ANO:
☐ Jó 32–33
☐ Atos 14

Você já deve ter ouvido: "viver no passado é esquecer do presente". É fácil amarrar-se a lembranças dos "bons velhos tempos" em vez de usar as nossas experiências para encontrar orientação para a estrada à frente. Todos nós somos suscetíveis aos efeitos paralisantes da nostalgia — uma saudade daquilo que era antes.

Jeremias era sacerdote em uma pequena cidade próxima a Jerusalém quando Deus o chamou para ser "...profeta às nações..." (Jeremias 1:5). A ele foi dada a tarefa muito difícil de pronunciar o julgamento de Deus, primariamente sobre o povo de Judá, que se afastara do Senhor. Jeremias deixou claro que ele estava entregando a mensagem de Deus, não a sua própria (7:1,2).

O Senhor disse: "...Ponde-vos à margem no caminho e vede, perguntai pelas veredas antigas, qual é o bom caminho; andai por ele e achareis descanso para a vossa alma; mas eles dizem: Não andaremos" (6:16).

Deus exortou Seu povo a olhar para trás para poder avançar. O propósito de examinar os caminhos antigos era encontrar "o bom caminho" marcado pela fidelidade de Deus, Seu perdão e Seu chamado a avançar.

Por nosso passado, Deus pode nos ensinar que o melhor caminho é aquele em que andamos com Ele. —DCM

**A orientação de Deus no passado nos dá coragem para o futuro.**

7 de julho

# As garras da morte

**Leitura:**
**Lucas 9:1-6**

**Então, saindo, percorriam todas as aldeias, anunciando o evangelho e efetuando curas por toda parte. —Lucas 9:6**

A Bíblia em um ano:
☐ Jó 34–35
☐ Atos 15:1-21

A atleta Lauren Kornacki está feliz por ter feito um curso de verão sobre reanimação cardiopulmonar (RCP), mas provavelmente nunca pensou que teria de usá-lo tão cedo e com alguém que ama. Seu pai estava consertando o seu carro quando o "macaco" escorregou e o carro caiu sobre ele. Relataram que Lauren, 22 anos, levantou heroicamente o carro de 1.500 quilos o suficiente para tirar seu pai de debaixo dele! Em seguida, o manteve vivo com RCP até os paramédicos chegarem.

Muito maior do que o resgate de Lauren ao tirar o seu pai das garras da morte é o resgate de Jesus por nós das garras do pecado por meio de Sua morte e ressurreição. Quando Jesus enviou os Doze discípulos para realizarem a Sua obra, Ele lhes deu a incumbência de anunciar as boas-novas do desejo de Deus de resgatar as pessoas (Lucas 9:1-6). Eles não fariam isso em suas próprias forças: mas Jesus levantaria o pesado fardo do pecado do povo enquanto ensinavam sobre Ele. Sua pregação e cura no poder e autoridade de Jesus provou que Ele havia realmente trazido o governo de Deus para a terra.

Nos dias de hoje, muitas pessoas estão presas sob o peso do pecado, mas o nosso grande Deus pode nos resgatar do peso desses fardos e, em seguida, nos enviar ao mundo para dizer aos outros que Ele pode libertá-los. — MLW

**Os resgatados do pecado são os mais capacitados a ajudar no resgate de outros.**

8 de julho

# TEMPOS INCERTOS

LEITURA:
**Filipenses 4:6-9**

**E a paz de Deus, que excede todo o entendimento, guardará o vosso coração e a vossa mente em Cristo Jesus. —Filipenses 4:7**

A BÍBLIA EM UM ANO:
☐ Jó 36–37
☐ Atos 15:22-41

Durante uma grande crise econômica ocorrida vários anos atrás, muitas pessoas perderam seus empregos. Infelizmente, meu cunhado foi uma delas. Escrevendo-me sobre a situação deles, minha irmã compartilhou que, embora tivessem incertezas, sentiam paz, pois sabiam que Deus cuidaria deles.

Aqueles que creem em Jesus podem ter paz em meio às incertezas, porque temos a certeza de que o nosso Pai celestial ama os Seus filhos e cuida de nossas necessidades (Mateus 6:25-34). Podemos levar todas as nossas preocupações a Ele com atitude de gratidão, confiando nele para satisfazer as nossas necessidades e nos dar paz (Filipenses 4:6,7).

Esta "...paz de Deus, que excede todo o entendimento...", escreve o apóstolo Paulo, "...guardará o vosso coração e a vossa mente em Cristo Jesus" (v.7). Dizer que a paz de Deus excede todo o entendimento revela que não podemos explicá-la, mas podemos vivenciá-la, pois Ele guarda os nossos corações e mentes.

A nossa paz provém da confiança de que o Senhor nos ama e está no controle. Somente Ele proporciona o conforto que acalma os nossos nervos, preenche as nossas mentes com esperança e nos permite relaxar, mesmo em meio a mudanças e desafios. – PFC

**Tu, SENHOR, conservarás em perfeita paz aquele cujo propósito é firme... —Isaías 26:3**

9 de julho

# PERGUNTAS DIFERENTES

LEITURA:
**Jó 38:1-11**

**Onde estavas tu, quando eu lançava os fundamentos da terra?... —Jó 38:4**

A BÍBLIA EM UM ANO:
☐ Jó 38–40
☐ Atos 16:1-21

Quando a tragédia acontece, surgem as perguntas. A perda de um ente querido pode nos fazer questionar Deus com uma série de perguntas pontuais: "Por que o Senhor permitiu que isso acontecesse?" "De quem foi a culpa?". "O Senhor não se importa com a minha dor?". Acredite em mim — como pai enlutado de uma adolescente que morreu tragicamente, fiz estas mesmas perguntas.

O livro de Jó registra as perguntas que Jó faz ao se sentar com amigos para lamentar seu sofrimento. Ele perdera sua família, sua saúde e suas posses. Em certo ponto, ele pergunta: "Por que se concede luz ao miserável e vida aos amargurados de ânimo?" (3:20). Mais tarde, ele pergunta: "Por que esperar, se já não tenho forças?..." (6:11). E: "Parece-te bem que me oprimas...?" (10:3). Muitos estiveram diante de uma lápide colocada muito cedo e fizeram perguntas semelhantes.

Mas ao ler até o final do livro, você tem uma surpresa. Quando Deus responde a Jó (38–41), Ele o faz de maneira inesperada. Ele vira o jogo e questiona Jó — faz perguntas diferentes que demonstram a Sua sabedoria e soberania. Perguntas sobre a Sua magnífica criação — a terra, as estrelas e o mar. E todas as perguntas destacam o seguinte: Deus é soberano. Deus é Todo-poderoso. Deus é amor. E Ele sabe o que está fazendo. —JDB

**Nosso maior conforto no sofrimento é saber que Deus está no controle.**

**10 de julho**

# OLHE PARA OS MONTES

LEITURA:
**Salmo 121**

**Elevo os olhos para os montes: de onde me virá o socorro? O meu socorro vem do SENHOR, que fez o céu e a terra.**
**—Salmo 121:1,2**

A BÍBLIA EM UM ANO:
☐ Jó 41–42
☐ Atos 16:22-40

No topo do Morro do Corcovado, olhando para a cidade do Rio de Janeiro, está o Cristo Redentor, uma das estátuas mais altas de Cristo no mundo. Com 38 metros de altura e braços se estendendo por 30 metros, esta escultura pesa 1.145 toneladas. Ela pode ser vista, dia ou noite, a partir de quase todos os pontos da cidade. Um olhar para os morros traz à visão essa imagem do Cristo Redentor.

O Novo Testamento nos diz que Cristo não é apenas o Redentor, mas também o Criador do universo, e esse Criador é apresentado no Salmo 121. Ali, o salmista nos desafia a erguer os olhos para os montes para ver Deus, pois nosso "...socorro vem do SENHOR, que fez o céu e a terra" (vv.1,2). Somente Ele é suficiente para ser a nossa força e para guiar os nossos passos ao trilharmos nosso caminho em meio ao mundo perigoso e conturbado.

Levantemos os nossos olhos Àquele que nos mantém (v.3), nos guarda (vv.5,6) e nos protege contra todo tipo de perigo. Ele nos preserva do mal e nos mantém em segurança sob Seu cuidado por toda a eternidade (vv.7,8).

Em fé, elevamos os nossos olhos àquele que é o nosso Redentor e Criador. Ele é a nossa ajuda, nossa esperança e nosso lar eterno. – WEC

**Cristo foi crucificado para nos trazer nova vida.**

11 de julho

# PARANOIA INVERSA

LEITURA:
**1 João 4:1-6,17-19**

**No amor não existe medo; antes, o perfeito amor lança fora o medo. Ora, o medo produz tormento... —1 João 4:18**

A BÍBLIA EM UM ANO:
- ☐ Salmos 1–3
- ☐ Atos 17:1-15

Lembro-me de assistir aos noticiários de televisão em 1991, quando uma revolução não violenta ocorreu nas ruas de Moscou. Os russos que tinham crescido no totalitarismo declararam, de repente: "Agiremos como se fôssemos livres", tomando as ruas e encarando tanques de guerra. O contraste entre os rostos dos líderes nos prédios e as massas nas ruas mostrou quem estava realmente com medo e quem era realmente livre.

Assistindo aos noticiários transmitidos da Praça Vermelha na televisão finlandesa, tive uma nova definição de *fé*: paranoia inversa. Uma pessoa verdadeiramente paranoica organiza a sua vida em torno de uma perspectiva comum de medo. Tudo que acontece alimenta esse medo.

A fé age no sentido inverso. Uma pessoa de fé organiza sua vida em torno de uma perspectiva comum de confiança, não de medo. Apesar do caos aparente do momento presente, Deus reina. Independentemente de como eu possa me sentir, realmente sou importante para um Deus de amor.

O que poderia acontecer se nós, no reino de Deus, realmente agíssemos como se as palavras do apóstolo João fossem literalmente verdadeiras: "...maior é aquele que está em vós do que aquele que está no mundo" (1 João 4:4). O que aconteceria se verdadeiramente começássemos a viver como se a oração mais repetida da cristandade tivesse realmente sido respondida — que a vontade de Deus seja feita assim na terra como no céu? – PDY

---

**Alimentar a sua fé ajuda a fazer morrer de fome os seus medos.**

12 de julho

# O PODER DE UM NOME

LEITURA:
**Provérbios 18:1-10**

---

**Torre forte é o nome do SENHOR... —Provérbios 18:10**

---

A BÍBLIA EM UM ANO:
☐ Salmos 4–6
☐ Atos 17:16-34

Os apelidos geralmente descrevem algum aspecto perceptível do caráter ou dos atributos físicos de uma pessoa. Ao crescer, meus amigos da escola me chamavam brutalmente "lábios de fígado", porque, naquela fase de desenvolvimento, meus lábios pareciam desproporcionalmente grandes. É desnecessário dizer, que sempre fiquei feliz por esse nome não ter "pegado".

Ao contrário do meu apelido, amo os nomes de Deus que descrevem Suas magníficas características. Deus é tão maravilhosamente multifacetado, que tem muitos nomes que comunicam Suas capacidades e Seu caráter. Para citar apenas alguns, Ele é:

*Elohim*, o Deus acima de todos os deuses.

*Javé Jirê*, o Deus que provê.

*El Shadai*, o Deus Todo-poderoso.

*Javé Rafá*, nosso Deus que cura.

*Javé Shalom*, nosso Deus da paz.

*Javé Shamá*, nosso Deus que está presente.

*Javé Iauê*, nosso Deus amoroso que mantém a aliança.

Não é de se admirar que o escritor de Provérbios nos encoraje a nos lembrarmos de que: "Torre forte é o nome do SENHOR...", que em tempos de necessidade as pessoas tementes a Deus correm para Ele e estão seguras (Provérbios 18:10). Quando circunstâncias indesejáveis o ameaçarem e você se sentir vulnerável, reflita sobre um dos nomes de Deus. Tenha a certeza de que Ele será fiel ao Seu nome. —JMS

---

**Os nomes de Deus, que descrevem o Seu caráter, podem trazer conforto quando mais necessitamos.**

**13 de julho**

# "SEM GRAÇA"

**LEITURA:**
**1 Pedro 4:1-11**

**A discrição do homem o torna longânimo, e sua glória é perdoar as injúrias.**
**—Provérbios 19:11**

A BÍBLIA EM UM ANO:
☐ Salmos 7–9
☐ Atos 18

Dei ao nosso carro o apelido "Sem graça". As manhãs de domingo são as piores. Carrego o carro com todas as coisas de que preciso para a igreja, sento no meu banco, fecho a porta e meu marido começa a dar marcha-à-ré para sair da garagem. Enquanto ainda estou me ajeitando, o alarme do cinto de segurança começa a tocar. "Por favor", eu digo a ele, "só preciso de mais um minuto". Aparentemente, a resposta é não, porque ele continua a soar até eu afivelar o cinto.

Esse pequeno aborrecimento é um bom lembrete de como a vida seria se, na verdade, não existisse a graça. Cada um de nós seria imediatamente chamado a responsabilizar-se a cada indiscrição. Não haveria tempo para arrependimento ou mudança de comportamento. Não haveria perdão. Nem piedade. Nem esperança.

Às vezes, viver neste mundo se parece com cair em um buraco sem graça. Quando pequenas falhas são ampliadas em grandes imprudências, ou quando as pessoas se recusam a ignorar as falhas e ofensas dos outros, acabamos sobrecarregados pelo peso de culpa que nunca fomos feitos para transportar. Em Sua graça, Deus enviou Jesus para carregar o fardo por nós. Aqueles que recebem o dom da graça de Deus têm o privilégio de oferecê-lo aos outros em nome de Cristo: "Acima de tudo, porém, tende amor intenso uns para com os outros, porque o amor cobre multidão de pecados" (1 Pedro 4:8). —JAL

**Quando somos gratos pela graça que recebemos, damo-la com alegria aos necessitados.**

14 de julho

# No topo do monte

Leitura:
**Salmo 72:12-20**

**Haja na terra abundância de cereais, que ondulem até aos cimos dos montes... —Salmo 72:16**

A Bíblia em um ano:
☐ Salmos 10–12
☐ Atos 19:1-20

Em minha vida estive em vários topos de montanhas nos EUA, e posso dizer que pouca coisa cresce no alto. Os cumes de montanhas têm rocha nua e líquens. Eles não são o lugar onde você normalmente encontraria uma abundância de cereais.

Mas Salomão, que escreveu o Salmo 72, pediu a Deus que uma "abundância de cereais [...] até o cimo dos montes" caracterizasse o seu reinado. Se cereais na montanha são tão incomuns, o que Salomão está sugerindo? Que o poder de Deus pode produzir resultados até mesmo no solo menos promissor?

Talvez você pense em si mesmo como uma pessoa pequena, com muito pouco a trazer para o reino. Encoraje-se: Deus pode produzir uma colheita abundante por seu intermédio. Essa é uma das ironias da fé: Deus usa o insignificante para realizar o grande. Poucos de nós são sábios ou nobres; muitos são sábios e anônimos e está longe de ser extraordinária. Mesmo assim, todos nós podemos ser usados. E, ao contrário do que poderíamos pensar, é por nossa fraqueza que podemos ser usados por Deus (1 Coríntios 1:27-29; 2 Coríntios 12:10).

É possível ser muito grande ou orgulhoso para ser usado por Deus, mas nunca podemos ser pequenos demais. "...da fraqueza [tiramos] força..." (Hebreus 11:34). Pelo grande poder de Deus, podemos fazer tudo que Ele nos chamou a fazer. – DHR

**Para experimentar o poder de Deus, precisamos antes de tudo admitir que somos fracos.**

15 de julho

# VERDADEIRA LEALDADE

LEITURA:
**2 Coríntios 11:23-31**

---

**Se tenho de gloriar-me, gloriar-me-ei no que diz respeito à minha fraqueza.**
**—2 Coríntios 11:30**

---

A BÍBLIA EM UM ANO:
☐ Salmos 13–15
☐ Atos 19:21-41

Segundo uma estimativa, mais de 14 trilhões de milhas de passageiros frequentes foram acumuladas por pessoas em todo o mundo. Tudo começou no início da década de 1980, quando as companhias aéreas começaram os primeiros programas de milhagem para incentivar os passageiros frequentes a lhes dar preferência em viagens de negócios, premiando-os pela fidelidade. As milhas acumuladas podiam ser trocadas por viagens, bens e serviços gratuitos; por isso, não demorou muito para as pessoas começarem a planejar suas viagens com base tanto na recompensa pessoal quanto no preço ou horário.

O apóstolo Paulo era um ávido viajante do primeiro século, mas não pelas "milhas de fidelidade". O objetivo dele era alcançar quantos conseguisse com as boas notícias do perdão e da vida eterna por meio da fé em Jesus. Quando alguns da cidade de Corinto questionaram a sua autoridade, ele escreveu uma carta descrevendo o preço que pagara para levar o evangelho aos outros: "...fui três vezes fustigado com varas; uma vez, apedrejado; em naufrágio, três vezes; uma noite e um dia passei na voragem do mar" (2 Coríntios 11:25). Deus deu a Paulo a graça e a resistência necessária para arriscar sua vida para contar às pessoas sobre Jesus sem pensar em recompensa pessoal.

Quer recebamos perseguição ou elogio por nosso serviço ao Senhor, que o nosso objetivo seja sempre a fidelidade a Ele e a gratidão por Seu sacrifício de amor. —DCM

---

**A nossa lealdade a Jesus nasce do Seu amor por nós.**

16 de julho

# SENTINDO-SE PRESO?

LEITURA:
**Salmo 16:1-11**

**...aprendi a viver contente em toda e qualquer situação. —Filipenses 4:11**

A BÍBLIA EM UM ANO:
☐ Salmos 16–17
☐ Atos 20:1-16

Boécio viveu na Itália do século seis e serviu à corte real como político altamente qualificado. Infelizmente, caiu em desgraça com o rei. Ele foi acusado de traição e preso. Enquanto aguardava a execução, pediu materiais para escrever, para poder compor suas reflexões. Mais tarde, estas se tornaram um clássico espiritual sobre a consolação.

Quando Boécio estava na prisão, ponderando sobre suas perspectivas sombrias, sua fé em Cristo inspirou-o: "Nada é miserável, exceto o que se pensa ser assim; e por outro lado, toda classe social é feliz se quem nela estiver, se contentar." Ele compreendeu que é uma escolha pessoal a maneira como vemos as circunstâncias e o contentamento.

O apóstolo Paulo reforçou a ideia de que a maneira como vemos as nossas circunstâncias é mais importante do que as próprias circunstâncias. Enquanto ele estava na prisão, também escreveu: "...aprendi a viver contente em toda e qualquer situação" (Filipenses 4:11). Esses dois homens conseguiam se contentar porque a sua satisfação final encontrava-se em Deus, que nunca muda.

Você está preso a circunstâncias difíceis? Deus pode lhe dar contentamento. A satisfação duradoura só pode ser encontrada nele, porque em Sua "...presença há plenitude de alegria, [em sua] destra, delícias perpetuamente" (Salmo 16:11). – HDF

**Quando tudo o que você tem é Deus, você tem todo o necessário.**

17 de julho

# COM BOA APARÊNCIA!

LEITURA:
**Hebreus 10:19-25**

**Consideremo-nos também uns aos outros, para nos estimularmos ao amor e às boas obras.**
**—Hebreus 10:24**

A BÍBLIA EM UM ANO:
☐ Salmos 18–19
☐ Atos 20:17-38

Certo dia, após experimentar meus novos óculos de sol no carro, minha filha os entregou de volta e disse: "Estes não são óculos de sol, mamãe. São apenas lentes da moda. Deixe-me adivinhar", provocou ela, "você os comprou porque fica bonitinha com eles".

É isso mesmo, preciso admitir — minha filha me conhece. Não tinha sequer pensado em raios UV ou, até mesmo, se aqueles óculos realmente bloqueariam o sol. Simplesmente tinha gostado do meu visual com eles.

A maioria de nós gosta de ter boa aparência. Queremos parecer "estar com tudo em cima" — sem lutas, medos, tentações ou tristezas.

Tentar manter uma fachada de perfeição em nossa jornada espiritual não ajuda nem a nós, nem aos nossos companheiros de viagem. Mas compartilhar a nossa vida com outras pessoas do corpo de Cristo nos beneficia a nós e aos outros. Quando somos um pouco mais transparentes, podemos encontrar pessoas que estão enfrentando situação semelhante. E, quando desfrutamos de uma comunhão cada vez maior com Deus e nos tornamos mais conscientes de nossa própria fragilidade e inadequação, Deus pode nos usar mais plenamente para ajudar aos outros.

Permitamos que Deus nos prive de qualquer pretensão e "Consideremo-nos também uns aos outros, para nos estimularmos ao amor e às boas obras" (Hebreus 10:24). —CHK

**Os cristãos são fortes quando não estão sozinhos.**

18 de julho

# PONTES VIVAS

LEITURA:
Jeremias 17:5-10

**Bendito o homem que confia no SENHOR e cuja esperança é o SENHOR. —Jeremias 17:7**

A BÍBLIA EM UM ANO:
☐ Salmos 20–22
☐ Atos 21:1-17

As pessoas que vivem na cidade de Cherrapunji, na Índia, desenvolveram uma forma singular de atravessar os muitos rios e córregos em suas terras. Elas fazem crescer pontes a partir das raízes de seringueiras. Estas "pontes vivas" levam entre 10 e 15 anos para amadurecer, mas uma vez crescidas, tornam-se extremamente estáveis e duram centenas de anos.

A Bíblia compara a pessoa que confia em Deus a uma "...árvore plantada junto às águas, que estende as suas raízes para o ribeiro..." (Jeremias 17:8). Por suas raízes serem bem nutridas, esta árvore sobrevive a temperaturas elevadas. E, durante a seca, continua a produzir frutos.

Como uma árvore firmemente enraizada, as pessoas que confiam em Deus sentem a estabilidade e a vitalidade, apesar das piores circunstâncias. Em contrapartida, as pessoas que colocam sua confiança em outros seres humanos, vivem frequentemente com a sensação de instabilidade. A Bíblia as compara a arbustos do deserto, que frequentemente são mal nutridos e solitários (v.6). É o mesmo que acontece com a vida espiritual das pessoas que abandonam a Deus.

Onde estão as nossas raízes? Estamos enraizados em Jesus? (Colossenses 2:7). Somos uma ponte que leva outros a Ele? Se conhecemos Cristo, podemos testemunhar esta verdade: Bem-aventurados são aqueles que confiam no Senhor (Jeremias 17:7). —JBS

**Nem mesmo as fortes provações conseguem derrubar quem está enraizado em Deus.**

19 de julho

# Lorotas ou aventuras?

Leitura:
**Salmo 102:18-28**

---

**Tu, porém, és sempre o mesmo, e os teus anos jamais terão fim. —Salmo 102:27**

---

A Bíblia em um ano:
- ☐ Salmos 23–25
- ☐ Atos 21:18-40

Meu avô amava contar histórias e eu amava ouvi-las. Vovô tinha dois tipos de contos. As "lorotas" eram histórias com um fundo de verdade, mas que mudavam em cada nova narração. As "aventuras" eram histórias que realmente tinham acontecido, e os fatos nunca mudavam quando recontados. Um dia, meu avô contou uma história que pareceu forçada demais para ser verdade. "Lorota", declarei, mas meu avô insistiu que era verdadeira. Apesar de sua narração nunca variar, simplesmente não conseguia acreditar nela, pois era incomum demais.

Então, um dia, enquanto ouvia um programa de rádio, ouvi o locutor contar uma história que confirmou a veracidade do conto de meu avô. De repente, a "lorota" de meu avô se tornou numa "aventura". Foi um momento comovente para mim e aquela lembrança fez meu avô ser mais merecedor de minha confiança.

Quando o salmista escreveu sobre a natureza imutável de Deus (102:27), ele estava nos oferecendo o mesmo conforto — a confiabilidade de Deus — para nós. A mesma ideia se repete no livro de Hebreus 13:8 com estas palavras: "Jesus Cristo, ontem e hoje, é o mesmo e o será para sempre." Isso pode elevar o nosso coração acima das nossas provações diárias para nos lembrar de que um Deus confiável e imutável governa até mesmo o caos de um mundo em mudança. —RKK

---

**Permita a imutabilidade de Deus invadir o seu coração com a Sua paz em suas tempestades.**

20 de julho

# LUGARES PEQUENOS

LEITURA:
**Isaías 49:1-6**

**Pois quem despreza o dia dos humildes começos... —Zacarias 4:10**

A BÍBLIA EM UM ANO:
☐ Salmos 26–28
☐ Atos 22

Com frequência, encontro pessoas que servem naquilo que pensam ser, aparentemente, coisas pequenas em pequenos lugares. Frequentemente se desencorajam pela solidão, sentindo que seus atos de serviço são insignificantes. Quando as ouço falar, penso num dos anjos do livro *Além do planeta silencioso*, de C. S. Lewis. Ele disse: "O meu povo tem uma lei de nunca falar a você sobre tamanhos ou números. [...] Isso faz você reverenciar irrelevâncias e deixar passar o que é realmente grande."

Às vezes, a cultura diz que o maior é melhor — que o tamanho é a verdadeira medida do sucesso. Uma pessoa precisa ser forte para resistir a essa tendência, especialmente se estiver trabalhando num lugar pequeno. Mas não podemos "deixar passar o que é realmente grande".

Não é que os números não sejam importantes (afinal, os apóstolos contavam seus convertidos; veja Atos 2:41). Os números representam pessoas vivas com necessidades eternas. Todos nós devemos trabalhar e orar para que muitas pessoas entrem no reino, mas os números não podem ser a base para a autoestima.

Deus não nos chama para encontrar a satisfação na quantidade de trabalho que fazemos por Ele, ou no número de pessoas que fazem parte desse trabalho, mas na fidelidade em fazer o nosso trabalho por causa dele. Servir o nosso grande Deus com a Sua força de um modo simples não é um trampolim para a grandeza — é a grandeza. – DHR

**Qualquer pessoa que faça a obra de Deus da Sua maneira é importante aos Seus olhos.**

21 de julho

# ÁGUA PARA O MUNDO

LEITURA:
**João 4:7-15**

**Quem crer em mim, como diz a Escritura, do seu interior fluirão rios de água viva.
—João 7:38**

A BÍBLIA EM UM ANO:
☐ Salmos 29–30
☐ Atos 23:1-15

Embora 70% do mundo seja coberto por água, menos de 1% dela pode ser ingerida por seres humanos. A conservação e o saneamento da água são questões cruciais em muitas partes do mundo, uma vez que toda a vida depende de água potável.

Jesus saiu de Seu caminho habitual para apresentar a água que dá vida a uma mulher perdida. Ele deliberadamente escolheu ir a uma cidade em Samaria, um lugar onde nenhum rabino respeitável poria os pés. Lá, Ele contou a essa mulher sobre a "água viva". Aquele que beber dela, disse Ele, "...nunca mais terá sede...". Ela "...será nele uma fonte a jorrar para a vida eterna" (João 4:14).

A água viva é o próprio Jesus. Aqueles que o recebem têm a vida eterna (v.14). Mas a água viva que Ele oferece também tem outra função. Sobre quem a recebe, Jesus disse: "...do seu interior fluirão rios de água viva" (7:38). A água viva que nos refresca deve também refrescar os outros.

Assim como a distribuição de água doce no mundo é desigual, também é a distribuição de água viva. Muitas pessoas não conhecem os seguidores de Jesus que realmente se preocupam com elas. É nosso o privilégio de compartilhá-lo. Cristo é, afinal, a água viva de quem as pessoas estão sedentas. – CPH

**Jesus é uma fonte inesgotável de água viva para um mundo ressequido.**

22 de julho

# A GRAÇA DO PERDÃO

LEITURA:
**Salmo 32:1-7**

**Enquanto calei os meus pecados, envelheceram os meus ossos pelos meus constantes gemidos todo o dia. —Salmo 32:3**

A BÍBLIA EM UM ANO:
☐ Salmos 31–32
☐ Atos 23:16-35

Enquanto conversava com uma pianista talentosa, ela me perguntou se eu tocava algum instrumento musical. Quando lhe disse: "Toco o rádio", ela riu e perguntou se eu alguma vez quisera tocar algum instrumento. Minha resposta envergonhada foi: "Tive aulas de piano quando menino, mas desisti". Agora, em minha vida adulta, me arrependo de não ter continuado com o piano. Gosto de música e gostaria de poder tocá-la hoje. Essa conversa foi um novo lembrete para mim de que, frequentemente, a vida é constituída pelas escolhas que fazemos — e algumas delas produzem arrependimento.

Algumas escolhas produzem arrependimentos muito mais graves e dolorosos. O rei Davi descobriu isso quando decidiu dormir com a mulher de outro homem e, depois, matou esse homem. Ele descreveu a culpa devastadora que o consumiu, dizendo: "Enquanto calei os meus pecados, envelheceram os meus ossos pelos meus constantes gemidos todo o dia. Porque a tua mão pesava dia e noite sobre mim, e o meu vigor se tornou em sequidão de estio" (Salmo 32:3,4). Mas Davi reconheceu e confessou o seu pecado a Deus e encontrou perdão (v.5).

Podemos receber a graça do perdão somente de Deus quando as nossas escolhas produziram arrependimentos dolorosos. E somente nele encontramos a sabedoria para fazermos escolhas melhores. —WEC

**O perdão de Deus nos liberta dos grilhões do arrependimento.**

23 de julho

# BANDEIRA BRANCA

LEITURA:
**Deuteronômio 6:1-9**

---

**Ouve, Israel, o SENHOR, nosso Deus, é o único SENHOR. Amarás, pois, o SENHOR, teu Deus... —Deuteronômio 6:4,5**

---

A BÍBLIA EM UM ANO:
☐ Salmos 33–34
☐ Atos 24

Recentemente, enquanto assistia ao vídeo de um culto realizado na América do Sul, notei algo que nunca vira antes na igreja. Enquanto o pastor chamava apaixonadamente seu rebanho a render sua vida a Jesus, um dos fiéis tirou um lenço branco do bolso e começou a agitá-lo no ar. Depois, outro e outro. Com lágrimas escorrendo pelo rosto, eles estavam expressando sua entrega total a Cristo.

Mas fico imaginando se o momento continha mais do que bandeiras de rendição. Penso que eles estavam agitando bandeiras de amor a Deus. Quando Deus disse ao Seu povo: "Amarás [...] o SENHOR teu Deus..." (Deuteronômio 6:5), foi no contexto de instá-los a entregar suas vidas a Ele.

Do ponto de vista de Deus, a vida com Ele é muito mais do que apenas tentar ser bom. Sempre se trata de relacionamento — no qual a rendição é a maneira pela qual expressamos a Ele o nosso amor agradecido. Jesus, com incrível amor por nós, se entregou na cruz para nos resgatar de nossa irremediável escravidão do pecado e nos colocou em uma jornada em direção a tudo que é bom e glorioso.

Não temos palavras suficientes para dizer a Deus o quanto o amamos! Então, mostremos-lhe o nosso amor entregando nossos corações e nossas vidas a segui-lo. —JMS

---

**A rendição é a linguagem de amor de Deus.**

24 de julho

# As estrelas

Leitura:
**Salmo 147:1-9**

**Conta o número das estrelas, chamando-as todas pelo seu nome.**
**—Salmo 147:4**

A Bíblia em um ano:
☐ Salmos 35–36
☐ Atos 25

Em um platô acima do deserto de Atacama, no Chile, o maior radiotelescópio do mundo está dando aos astrônomos uma visão inédita do universo. Em um artigo da *Associated Press*, Luis Andres Henao falou sobre cientistas de muitos países "à procura de pistas sobre o início do cosmos — desde os mais gelados gases e poeira onde se formam as galáxias e nascem as estrelas por energia produzida pelo *Big Bang*".

A Bíblia celebra o grande poder e o entendimento infinito de Deus, que "Conta o número das estrelas, chamando-as todas pelo seu nome" (Salmo 147:4). No entanto, o Criador do universo não é uma força indiferente, remota, mas um Pai celestial amoroso que "...sara os de coração quebrantado e lhes pensa as feridas" (v.3). "O Senhor ampara os humildes..." (v.6) e "Agrada-se [...] dos que o temem e dos que esperam na sua misericórdia" (v.11).

Ele nos ama tanto, que "...deu o seu Filho unigênito, para que todo o que nele crê não pereça, mas tenha a vida eterna" (João 3:16).

O autor britânico J. B. Phillips chamou a Terra de "o planeta visitado", onde o Príncipe da Glória ainda está desenvolvendo o Seu plano.

Nossa esperança para hoje e para sempre está na amorosa misericórdia de Deus, que chama cada estrela pelo nome. — DCM

**Deus, que sabe o nome de todas as estrelas, sabe também os nossos nomes.**

25 de julho

# PROCURANDO ZAQUEU

LEITURA:
**Lucas 19:1-10**

**...Hoje, houve salvação nesta casa...**
**—Lucas 19:9**

A BÍBLIA EM UM ANO:
☐ Salmos 37–39
☐ Atos 26

Alf Clark anda pelas ruas da cidade à procura de Zaqueu. Bem, não aquele da Bíblia — Jesus já o encontrou. Este pastor e alguns amigos que servem num ministério urbano fazem o que Jesus fez no livro de Lucas 19. Eles percorrem propositadamente a cidade para encontrar e ajudar aos necessitados.

Clark anda de casa em casa em seu bairro, batendo nas portas e dizendo a quem aparece nelas: "Oi, sou Clark. Você tem necessidades pelas quais eu possa orar?" Essa é a sua maneira de iniciar a conversa e — como Jesus fez com o cobrador de impostos Zaqueu — oferecer conselhos necessários, vida espiritual e esperança.

Perceba o que Jesus fez. Lucas simplesmente diz que Jesus "...atravessava..." Jericó (Lucas 19:1). É claro que uma multidão se reuniu, como costumava ocorrer quando Jesus vinha à cidade. Sendo "...de pequena estatura", Zaqueu subiu numa árvore. Jesus, ao passar, foi até aquela árvore e disse que tinha de visitar a sua casa. Naquele dia, a salvação foi à casa de Zaqueu. Jesus tinha vindo "...buscar e salvar o perdido" (v.10).

Estamos procurando por Zaqueu? Ele está em todo o lugar, precisando de Jesus. De que maneiras podemos compartilhar o amor de Cristo com as pessoas que necessitam do Salvador? —JDB

**As boas-novas de Deus são boas demais para guardarmos para nós mesmos.**

26 de julho

# A OBRA DE NOSSAS MÃOS

LEITURA:
**Isaías 17:7-11**

**Porquanto te esqueceste do Deus da tua salvação [...] a colheita voará...**
**—Isaías 17:10,11**

A BÍBLIA EM UM ANO:
☐ Salmos 40–42
☐ Atos 27:1-26

A primavera fora substituída pelo verão e as plantações estavam começando a produzir frutos quando nosso trem rolava pela paisagem fértil. Os morangos estavam maduros e as pessoas estavam ajoelhadas no orvalho da manhã para colher os doces frutos. Arbustos de mirtilo extraíam do céu o brilho do sol e, da terra, nutrientes.

Após passarmos por vários campos de frutas amadurecendo, chegamos a uma pilha de metal enferrujado abandonado. A dura imagem de sucata de metal alaranjada saindo da terra fazia um nítido contraste com o verde suave das lavouras. O metal nada produz. A fruta, por outro lado, cresce, amadurece e nutre os seres humanos famintos.

O contraste entre a fruta e o metal me lembra das profecias de Deus contra cidades da antiguidade como Damasco (Isaías 17:1,11). Ele diz: "Porquanto te esqueceste do Deus da tua salvação [...] a colheita voará..." (Isaías 17:10,11). Essa profecia serve como um aviso atual sobre o perigo e a futilidade de pensar que podemos produzir algo por nós mesmos. Sem Deus, a obra de nossas mãos se tornará uma pilha de ruínas. Mas quando nos unimos a Deus na obra de Suas mãos, Ele multiplica o nosso esforço e fornece alimento espiritual para muitos. —JAL

**"...sem mim nada podeis fazer".**
—Jesus (João 15:5)

27 de julho

# PERSPECTIVA DIVINA

LEITURA:
**Habacuque 2:2-14**

---

**Porque a visão ainda está para cumprir-se no tempo determinado [...] não falhará... —Habacuque 2:3**

---

A BÍBLIA EM UM ANO:
☐ Salmos 43–45
☐ Atos 27:27-44

Jader fez uma viagem a Nova Iorque durante as férias de primavera. Certa tarde, ele e alguns amigos se empilharam num táxi e se dirigiram ao edifício *Empire State*. Para Jader, o passeio no chão parecia caótico e perigoso. Mas, quando chegou ao terraço de observação do arranha-céu e olhou para as ruas da cidade lá embaixo, ficou espantado ao ver ordem e projeto. Que diferença uma mudança de perspectiva fizera!

Habacuque aprendeu uma lição semelhante. Quando olhou para a vida a partir de seu ponto de vista terrestre, pareceu-lhe que Deus era indiferente ao mal que permeava a sociedade (Habacuque 1:2-4). Mas Deus lhe deu uma perspectiva divina e lhe mostrou que a vida é mais do que aquilo que parece. Os atos dos homens não conseguem frustrar os propósitos de Deus (2:3).

Aqueles que não demonstram qualquer consideração a Deus podem parecer prosperar no momento, mas Ele acabará corrigindo todos os erros. Deus atua soberanamente em tudo que acontece, para que tudo contribua com o Seu bom propósito. O plano de Deus certamente acontecerá — e dentro do cronograma (v.3).

Não conseguimos desvendar o quadro geral a partir de onde estamos na vida; só Deus pode fazê-lo. Por isso, continuemos a viver por fé e não por vista. Pela Sua perspectiva, todas as coisas estão cooperando para o bem do cristão e para a Sua honra. –PFC

---

**Nossos tempos estão nas mãos de Deus; nossas almas são guardadas por Ele.**

28 de julho

# CORAJOSO E CONSISTENTE

LEITURA:
**Atos 28:11-16,30-31**

**...Vendo-os Paulo e dando, por isso, graças a Deus, sentiu-se mais animado. —Atos 28:15**

A BÍBLIA EM UM ANO:
☐ Salmos 46–48
☐ Atos 28

Ao ler o obituário de Eugene Patterson, editor do jornal *Atlanta Constitution* de 1960–68 e ganhador do Prêmio Pulitzer, fiquei impressionado com duas coisas. Primeira, durante muitos anos Patterson foi uma voz destemida pelos direitos civis numa época em que muitos se opunham à igualdade racial. Além disso, escreveu uma coluna diária durante oito anos. Isso são 2.922 colunas de jornal! Dia após dia, ano após ano. A coragem e consistência foram fatores chaves no impacto que sua vida causou.

Vemos essas mesmas qualidades no apóstolo Paulo. Os capítulos 13 a 28 do livro de Atos registram sua bravura numa situação angustiante após outra. Após naufragar a caminho de ser julgado perante César, desembarcou ao sul de Roma, onde muitos irmãos em Cristo foram ao seu encontro (Atos 28:11-15). "...Vendo-os Paulo...", escreveu Lucas, ele deu "...graças a Deus, sentiu-se mais animado" (v.15). Durante os dois anos seguintes como prisioneiro, Paulo foi autorizado a viver em sua própria casa alugada, onde "...recebia todos que o procuravam, pregando o reino de Deus, e, com toda a intrepidez, sem impedimento algum, ensinava as coisas referentes ao Senhor Jesus Cristo" (vv.30,31).

Todo seguidor de Jesus pode ser um doador consistente e ser o receptor de coragem. O Senhor pode nos usar hoje para nos incentivar e reforçarmo-nos mutuamente. – DCM

**Quando compartilharem os seus medos com você, compartilhe a sua coragem.**

29 de julho

# ACESSO CONFIANTE

LEITURA:
**Hebreus 4:14-16**

**Acheguemo-nos, portanto, confiadamente, junto ao trono da graça... —Hebreus 4:16**

A BÍBLIA EM UM ANO:
☐ **Salmos 49–50**
☐ **Romanos 1**

Mont Saint-Michel é uma ilha de maré localizada a cerca de 800 metros da costa da Normandia, na França. Durante séculos, ela tem sido o local de uma abadia e mosteiro que atrai peregrinos religiosos. Até a construção de uma ponte, era famosa por seu acesso perigoso o que resultou na morte de alguns peregrinos. Na maré baixa é envolvida por bancos de areia e, na maré alta, cercada por água. Acessar a ilha era motivo de medo.

Para os judeus do Antigo Testamento, o acesso a Deus também era motivo de medo. Quando Deus trovejou no Monte Sinai, o povo temeu aproximar-se dele (Êxodo 19:10-16). E quando o acesso a Deus foi concedido por meio do sumo sacerdote, era necessário seguir instruções específicas (Levítico 16:1-34). Tocar acidentalmente a arca da aliança, que representava a santa presença de Deus, resultaria em morte (2 Samuel 6:7,8).

Mas pela morte e ressurreição de Jesus, agora podemos nos aproximar de Deus sem medo. A penalidade de Deus pelo pecado foi cumprida e somos convidados à Sua presença: "Acheguemo-nos, portanto, confiadamente, junto ao trono da graça, a fim de recebermos misericórdia e acharmos graça..." (Hebreus 4:16).

Por Jesus, podemos chegar a Deus por meio da oração em qualquer lugar e em qualquer hora. —HDF

**Pela oração, temos acesso instantâneo ao nosso Pai.**

30 de julho

# MARCAS DE FAMÍLIA

LEITURA:
**1 João 4:7-16**

**Amados, amemo-nos uns aos outros, porque o amor procede de Deus; e todo aquele que ama é nascido de Deus e conhece a Deus. —1 João 4:7**

A BÍBLIA EM UM ANO:
- ☐ Salmos 51–53
- ☐ Romanos 2

As ilhas Aran, ao largo da costa oeste da Irlanda, são conhecidas por suas belas malhas de lã. Para a criação das vestimentas, os padrões são tecidos com lã de ovelha. Muitos modelos refletem a cultura e o folclore dessas pequenas ilhas, mas alguns são mais pessoais. Cada família das ilhas tem a marca registrada que os distingue, que lhes é tão característica. Diz-se que, se um pescador se afogar poderia ser identificado simplesmente pelo exame de sua malha de lã com a marca registrada da família.

No livro de 1 João, o apóstolo descreve coisas que devem ser as marcas distintivas dos membros da família de Deus. No livro de 1 João 3:1, João afirma que somos realmente parte da família de Deus, dizendo: "Vede que grande amor nos tem concedido o Pai, a ponto de sermos chamados filhos de Deus...". Em seguida, descreve as marcas registradas daqueles que são os filhos de Deus, incluindo: "Amados, amemo-nos uns aos outros, porque o amor procede de Deus; e todo aquele que ama é nascido de Deus e conhece a Deus" (4:7).

Porque "Deus é amor", a principal maneira de refletir o coração do Pai é demonstrando o amor que o caracteriza. Que possamos permitir que o Seu amor alcance aos outros por nosso intermédio — pois o amor é uma das marcas registradas de nossa família. – WEC

**O amor é a semelhança familiar que o mundo deveria ver nos seguidores de Cristo.**

31 de julho

# Tal qual estou

Leitura:
**Isaías 55:1-7**

**Inclinai os ouvidos e vinde a mim; ouvi, e a vossa alma viverá...**
**—Isaías 55:3**

A Bíblia em um ano:
☐ **Salmos 54–56**
☐ **Romanos 3**

Minha mente se encheu de boas lembranças quando fui assistir um concerto. O líder da banda anunciou a música que iriam cantar: Tal qual estou. Lembrei-me de como ao final dos sermões, meu pastor pedia às pessoas para irem à frente ao entoarmos esse hino, indicando que elas queriam receber o perdão de Cristo.

Mas o líder daquela banda comentou que gosta de pensar que, algum dia, quando morrer e for ao encontro do Senhor, cantará em agradecimento a Ele:

*Tal qual estou eis-me, Senhor*
*Pois o teu sangue remidor*
*Verteste pelo pecador;*
*Ó Salvador, me achego a Ti!*
*(CC 266)*

Anos antes de escrever este hino, Charlotte Elliott perguntou a um pastor como poderia encontrar-se com o Senhor. Ele lhe respondeu: "Venha a Ele como você está." Ela o fez e, mais tarde, durante um período desanimador de doença, escreveu esse hino sobre o dia em que foi a Cristo e Ele a perdoou dos seus pecados.

O Senhor nos incentiva a buscá-lo em Sua Palavra: "Buscai o SENHOR enquanto se pode achar, invocai-o enquanto está perto" (Isaías 55:6). Ele chama os nossos corações: "Ah! Todos vós, os que tendes sede, vinde às águas [...]. Inclinai os ouvidos e vinde a mim; ouvi, e a vossa alma viverá..." (vv.1,3).

Graças à morte e ressurreição de Jesus, podemos ir a Ele agora mesmo e, um dia, iremos à eternidade para estar com Ele para sempre. Tal qual estou, me achego a ti! —AMC

---

**...Aquele que tem sede venha, e quem quiser receba de graça a água da vida.** —Apocalipse 22:17

**1.º de agosto**

# HERÓI ESQUECIDO

LEITURA:
**Êxodo 15:19-27**

---

**...caminharam três dias no deserto e não acharam água. [...] e o povo murmurou... —Êxodo 15:22-24**

---

A BÍBLIA EM UM ANO:
☐ **Salmos 57–59**
☐ **Romanos 4**

É fácil lembrarmo-nos de nossos heróis, especialmente os dos esportes. Quem pode esquecer-se de Pelé, que venceu três Copas do Mundo? Ou de Geoff Hurst, que marcou um gol de chapéu na final de 1966? E o que dizer de Franz Beckenbauer, o primeiro homem a ser o capitão e o treinador de uma equipe vitoriosa numa Copa do Mundo? Estes campeões são lembrados em artigos, cartazes, e *blogs* ao redor do mundo.

No entanto esquecemo-nos tão facilmente do Verdadeiro Campeão do mundo — aquele que ama e cuida de nós. Vemos a evidência desse cuidado no modo como os israelitas trataram Deus quando Ele os livrou dos egípcios. Eles viram Deus lançar a água do mar Vermelho sobre os seus inimigos, e adoraram com cânticos o seu grande e poderoso Deus. Apesar disso, três dias depois, começaram a reclamar quando faltou água. Levou somente três dias para esquecerem-se de que Deus era o vencedor, aquele que livra os que clamam por Ele. Deus precisou lembrar-lhes: "...eu sou o SENHOR, que te sara" (Êxodo 15:26).

Há muitas pessoas vitoriosas que podem nos empolgar, e haverá outros vencedores em eventos esportivos ao redor do planeta, mas quando chegar a hora, eles não poderão suprir nossas necessidades nem responder nossas perguntas. Não nos esqueçamos de que é Deus quem nos cura, e Ele é o único campeão que verdadeiramente merece nosso louvor. – CW

---

**Deus está apenas a uma oração de distância.**

2 de agosto

# TERRA DA GRAÇA

LEITURA:
**Romanos 5:15-21**

**...a graça de Deus e o dom pela graça de um só homem, Jesus Cristo, foram abundantes sobre muitos.**
**—Romanos 5:15**

A BÍBLIA EM UM ANO:
☐ Salmos 60–62
☐ Romanos 5

A mansão *Graceland* (Terra da graça) é uma das residências mais visitadas dos EUA. Foi construída na década de 1930 e recebeu esse nome em homenagem à tia-avó do dono original, Grace. Mais tarde, se tornou famosa por ser a casa de Elvis Presley.

Amo o nome *Terra da graça* porque descreve o território incrível no qual Deus me colocou quando perdoou meu pecado e me fez Seu. Ele me tirou da escuridão e me trouxe para Sua própria "terra da graça".

O apóstolo Paulo disse que "...a graça de Deus e o dom pela graça de um só homem, Jesus Cristo, foram abundantes sobre muitos" (Romanos 5:15). Serei eternamente grato que a palavra "muitos" me inclui, e que o amor de Deus me transferiu para o território de Sua maravilhosa, infinita e incomparável graça!

Pense nas bênçãos de estar na terra da graça de Deus. É um reino onde temos acesso à Sua presença e onde a mesma graça continua a transbordar em nossa vida diariamente. Paulo nos diz que mesmo em tempos de desespero, Deus nos inunda com graça suficiente para nos ajudar (2 Coríntios 12:9).

Não importa o que a vida possa nos trazer, nada pode nos tirar do reino da graça de Deus. —JMS

**Lembre-se de onde você vive e regozije-se em Sua graça.**

3 de agosto

# Verdadeiros Vínculos

Leitura:
**Efésios 2:11-18**

**...todos vós sois um em Cristo Jesus. —Gálatas 3:28**

A Bíblia em um ano:
☐ **Salmos 63–65**
☐ **Romanos 6**

Quando precisei de um chaveiro para poder entrar em meu carro, tive uma agradável surpresa. Depois que ele chegou e começou a abrir a porta de meu pequeno carro, começamos a conversar e reconheci seu caloroso e familiar sotaque.

Descobri que meu salvador era da Jamaica — uma terra que visitei muitas vezes e que aprendi a amar. Isto tornou um acontecimento negativo em positivo. De certa forma, compartilhávamos o amor por aquela linda nação.

Isto me pareceu um lembrete de um companheirismo ainda maior — a alegria de conhecer alguém novo e descobrir que esta pessoa também é cristã.

Em alguns lugares isto é comum, pois existem muitos cristãos. Mas em terras onde há poucos cristãos, encontrar alguém mais que ama Jesus deve ser uma alegria ainda maior. É emocionante compartilharmos a incrível realidade da libertação do pecado por meio de Cristo!

Para todos aqueles que conhecem a Jesus, há um vínculo compartilhado, uma unidade em Cristo (Gálatas 3:28), uma alegria da comunhão que pode iluminar até mesmo o dia mais escuro. Louvado seja Deus que traz um vínculo de unidade a todos que reconhecem Jesus como Salvador. —JDB

**A comunhão cristã nos edifica e nos une.**

4 de agosto

# O QUE PRECISAMOS SABER

LEITURA:
**Romanos 7:18-25**

---

**Porque eu sei que em mim, isto é, na minha carne, não habita bem nenhum... —Romanos 7:18**

---

A BÍBLIA EM UM ANO:
☐ Salmos 66–67
☐ Romanos 7

Na interpretação do hino *Tal qual estou* em inglês pelo cantor americano Fernando Ortega, ao fundo pode-se ouvir vagamente a voz de Billy Graham. Ele está relembrando de uma doença da qual pensava que estava morrendo. Ao meditar sobre seu passado, o pregador percebe como é pecador foi e o quanto ainda continua a precisar do perdão diário de Deus.

Billy Graham estava colocando fim à ideia de que sem Deus estamos bem. Podemos nos sentir bem sobre nós mesmos, mas essa confiança deve vir do reconhecimento de que somos filhos de Deus muito amados (João 3:16), não que somos filhos muito bons (Romanos 7:18).

O primeiro passo para se tornar uma pessoa verdadeiramente "boa" como seguidor de Cristo, é parar de fingir que somos bons por nossa conta e pedir a Deus que nos torne tão bons quanto possamos ser. Falharemos muitas vezes, mas Ele continuará nos ajudando a crescer e mudar. Deus é fiel — em Seu tempo e à Sua maneira — e Ele fará a obra.

Em seus últimos anos de vida, o autor do hino *Preciosa a graça de Jesus*, John Newton, sofreu com demência e lamentava a perda de memória. Mas ainda pôde confidenciar, "Lembro de duas coisas: sou um grande pecador e Jesus é um grande Salvador." No que se refere à fé, essas são as únicas coisas que qualquer um precisa saber. — DHR

---

**A graça de Deus aceita é a paz de Deus experimentada.**

5 de agosto

# LIBERTAR-SE

LEITURA:
**Romanos 8:1-11**

---

**Agora, pois, já nenhuma condenação há para os que estão em Cristo Jesus.
—Romanos 8:1**

---

A BÍBLIA EM UM ANO:
☐ **Salmos 68–69**
☐ **Romanos 8:1-21**

O elefante é o maior animal da Terra — e um dos mais poderosos. No entanto, é preciso apenas uma corda forte para contê-lo. É assim que funciona: o elefante quando jovem é amarrado a uma grande árvore. Durante semanas ele esticará e puxará a corda, mas ela o manterá preso. Ao final, ele desistirá.

Quando o elefante atinge a plenitude de seu tamanho e força, não lutará para libertar-se, pois quando sentir resistência, desistirá. Ele ainda acredita que está cativo e não pode se libertar.

Satanás pode usar um truque parecido conosco para manter-nos cativos. A Bíblia nos assegura de que "...nenhuma condenação há para os que estão em Cristo Jesus. Porque a lei do Espírito da vida, em Cristo Jesus, te livrou da lei do pecado e da morte" (Romanos 8:1,2). Mas o inimigo das nossas almas tenta nos fazer acreditar que ainda somos dominados pelo pecado.

O que devemos fazer então? Refletir sobre o que Cristo fez. Ele morreu por nossos pecados e declarou o fim do domínio do pecado sobre nós (v.3). Ele ressuscitou dos mortos e nos deu o Espírito Santo. Agora, somos capazes de viver vitoriosamente nele porque "...habita em vós o Espírito daquele que ressuscitou a Jesus dentre os mortos..." (v.11).

Somos livres em Cristo. – PFC

---

**Experimente a verdadeira liberdade — leve todo pensamento cativo em obediência a Cristo.**

6 de agosto

# QUEBRADO, MAS LINDO

LEITURA:
**Jeremias 18:1-6**

**Como o vaso que o oleiro fazia de barro se lhe estragou na mão, tornou a fazer dele outro vaso, segundo bem lhe pareceu.
—Jeremias 18:4**

A BÍBLIA EM UM ANO:
☐ Salmos 70–71
☐ Romanos 8:22-39

Recentemente minha filha me mostrou sua coleção de vidros marinhos. Também conhecidos como vidros de praia, os variados pedaços de vidro coloridos são, às vezes, peças de cerâmica, mas muitas vezes são pedaços de garrafas de vidro quebradas. Originalmente, o vidro tinha sua finalidade, mas casualmente foi jogado fora e se quebrou.

Se o vidro descartado vai para o oceano, sua jornada está apenas começando. Ao ser implacavelmente agitado por correntes e marés, suas bordas irregulares são trituradas pela areia e pelas ondas, chegando a ter suas formas suavizadas e arredondadas. O resultado é algo lindo. Como uma joia, o vidro marinho encontrou nova vida, valorizada por colecionadores e artistas.

De modo semelhante, uma vida quebrada pode ser renovada ao ser tocada pelo amor e graça de Deus. No Antigo Testamento, lemos que quando o profeta Jeremias viu um oleiro trabalhando, percebeu que se um objeto não tinha a forma desejada, o oleiro simplesmente o remodelava (Jeremias 18:1-6). Deus explicou que, em Suas mãos, o povo do antigo Israel era como o barro, o qual Ele modelava como quisesse.

Nunca estamos quebrados demais para sermos remodelados por Deus. Ele nos ama, apesar de nossas imperfeições e erros do passado e deseja nos tornar belos. —CHK

**Quando as provações nos derretem, podemos ser totalmente moldados pelo Oleiro.**

7 de agosto

# PESSOAS DIFÍCEIS

LEITURA:
**Efésios 4:1-12**

**Rogo-vos [...] que andeis de modo digno da vocação a que fostes chamados [...] suportando-vos uns aos outros em amor.**
**—Efésios 4:1,2**

A BÍBLIA EM UM ANO:
☐ Salmos 72–73
☐ Romanos 9:1-15

No livro *God in the Dock* (Deus no banco dos réus), o autor C. S. Lewis descreve o tipo de pessoa com quem temos dificuldade de conviver. Egoísmo, raiva, ciúme ou outras peculiaridades frequentemente sabotam os nossos relacionamentos. Às vezes pensamos: *A vida seria muito mais fácil se não tivéssemos que lutar com pessoas tão difíceis.*

Lewis, em seguida, vira o jogo contra nós, ao destacar que estas frustrações são o que Deus tem de suportar conosco todos os dias. Ele escreve: "Você é exatamente este tipo de pessoa. Você também tem um defeito mortal em seu caráter. Todos os planos e esperanças dos outros continuamente naufragam em seu caráter, da mesma forma que os seus planos e esperanças têm naufragado no caráter dos outros." Esta consciência deveria nos motivar a tentar mostrar a mesma paciência e aceitação que Deus demonstra a nós diariamente.

No livro de Efésios, o apóstolo Paulo nos exorta a nos fortalecermos nos relacionamentos "...com toda a humildade e mansidão, com longanimidade, suportando-vos uns aos outros em amor" (4:2). Quem é paciente será capaz de lidar com uma pessoa difícil sem provocar ira e vingança. Em vez disso, ele ou ela será capaz de suportar melhor, demonstrando graça apesar do comportamento irritante.

Há pessoas difíceis em sua vida? Peça a Deus para demonstrar Seu amor por seu intermédio. —HDF

**Veja os outros como Deus lhe vê.**

8 de agosto

# POLEGAR ÍNTEGRO

LEITURA:
**Gênesis 6:11-22**

**Porém Noé achou graça diante do SENHOR. —Gênesis 6:8**

A BÍBLIA EM UM ANO:
☐ Salmos 74–76
☐ Romanos 9:16-33

De acordo com uma fábula africana, quatro dedos e um polegar viviam juntos em uma mão. Eram amigos inseparáveis. Um dia, viram um anel de ouro ao lado deles e planejaram pegá-lo. O polegar disse que seria errado roubar o anel, mas os quatro dedos o chamaram de moralista covarde e se recusaram a serem seus amigos. Pelo polegar estava tudo bem; ele não queria ter nada a ver com a travessura deles. É por isso, diz a lenda, que o polegar ainda está separado dos outros dedos.

Este conto me lembra que, às vezes, podemos nos sentir sozinhos quando a maldade nos rodeia. No tempo de Noé, a terra estava tomada pela violência, todo pensamento em todos os corações era "continuamente mau" (Gênesis 6:5,11). "Porém Noé achou graça diante do SENHOR" (v.8). Totalmente dedicado a Deus, Noé obedeceu ao Senhor e construiu a arca. Deus, em Sua graça, poupou a ele e sua família.

Deus também demonstrou a Sua graça a nós por meio da vida, morte e ressurreição de Seu filho Jesus Cristo. Temos todos os motivos para honrá-lo e permanecermos firmes ao Seu lado em nossa vida diária. Ele está sempre perto, até mesmo habitando em nós, de forma que nunca estamos realmente sós. "…seus ouvidos estão abertos ao [nosso] clamor" (Salmo 34:15). —JBS

**É fácil ficar com uma multidão;
é preciso coragem para ficar sozinho.**

9 de agosto

# Caminho de Deus

Leitura:
**Salmo 77:10-20**

**Pelo mar foi o teu caminho; as tuas veredas, pelas grandes águas... —Salmo 77:19**

A Bíblia em um ano:
☐ Salmos 77–78
☐ Romanos 10

O Eurotúnel foi inaugurado em 6 de maio de 1994, quase dois séculos depois de ser primeiramente proposto em 1802 pelo engenheiro de Napoleão, Albert Mathieu. Hoje, os 50 km de passagem por baixo do Canal da Mancha permitem que milhares de pessoas, carros e caminhões viagem de trem a cada dia entre a Inglaterra e França. Durante séculos as pessoas viajaram de navio pelo Canal, até que esta surpreendente nova forma de viajar sob o canal estivesse completa.

Deus planejou uma rota inesperada para Seu povo também — sobre a qual lemos no livro de Êxodo 14:10-22. Confrontados pela morte certa, tanto pelo exército de faraó ou por afogamento, os israelitas estavam em pânico. Mas Deus abriu o mar Vermelho e eles caminharam em terra seca. Anos depois, o salmista Asafe usou este acontecimento como evidência do Deus Todo-Poderoso, "Pelo mar foi o teu caminho; as tuas veredas, pelas grandes águas; e não se descobrem os teus vestígios. O teu povo, tu o conduziste, como rebanho, pelas mãos de Moisés e de Arão" (Salmo 77:19,20).

O Senhor pode construir estradas onde vemos apenas obstáculos. Quando o caminho à nossa frente parece incerto, é bom nos lembrarmos do que Deus fez no passado. Ele é especialista em abrir caminhos em todas as circunstâncias — caminhos que nos indicam o Seu amor e poder. —DCM

**O Deus que criou o caminho para nossa salvação pode nos ajudar em meio às provações diárias.**

**10 de agosto**

# Ensine pelo exemplo

Leitura:
**Efésios 6:1-11**

---

**...criai-os na disciplina e na admoestação do Senhor. —Efésios 6:4**

---

A Bíblia em um ano:
☐ **Salmos 79–80**
☐ **Romanos 11:18**

Enquanto esperava por um exame oftalmológico, fiquei chocado com uma afirmação no consultório: "80% de tudo o que as crianças aprendem em seus primeiros 12 anos é por meio dos olhos." Comecei a pensar em tudo o que as crianças processam visualmente por meio de leitura, televisão, filme, acontecimentos, ambientes e da observação do comportamento de outros, especialmente suas famílias. Neste Dia dos Pais nós geralmente pensamos sobre a poderosa influência de um pai.

Paulo incitou pais a não frustrarem seus filhos ao ponto de gerar raiva, mas disse: "...criai-os na disciplina e na admoestação do Senhor" (Efésios 6:4). Pense no exemplo poderoso de um pai cujo comportamento e consistência inspiram a admiração de seus filhos. Ele não é perfeito, mas está indo na direção certa. Um grande poder para o bem age quando nossas atitudes refletem o caráter de Deus, ao invés de distorcê-lo.

Isto é desafiador para qualquer pai, assim não é coincidência o fato de Paulo nos encorajar: "...sede fortalecidos no Senhor e na força do seu poder" (v.10). Apenas por meio de Sua força podemos refletir o amor e a paciência de nosso Pai celestial.

Ensinamos nossos filhos muito mais com o modo como vivemos do que por meio daquilo que dizemos. — DCM

---

**Honramos pais que não apenas nos deram vida, mas que também nos mostram como viver.**

11 de agosto

# O PODER DA SIMPLICIDADE

LEITURA:
**Marcos 12:28-34**

**Chegando um dos escribas [...] perguntou-lhe: Qual é o principal de todos os mandamentos?**
**—Marcos 12:28**

A BÍBLIA EM UM ANO:
☐ Salmos 81–83
☐ Romanos 11:19-36

Poucas pessoas separam tempo para ler as regras do imposto de renda — e por uma boa razão. De acordo com uma revista americana, os códigos tributários dos EUA ultrapassaram a marca de quatro milhões de palavras. De fato, as leis tributárias se tornaram tão complexas que até mesmo os especialistas têm dificuldade para processar todos os regulamentos. É penoso de tão complexo.

Os antigos líderes de Israel faziam o mesmo em seu relacionamento com Deus. Eles o tornaram complexo demais com muitas leis. A crescente carga de regras religiosas tinha aumentado a ponto de que mesmo um especialista na lei de Moisés lutava para entender sua essência. Quando um daqueles líderes perguntou a Jesus qual era o mandamento mais importante, o Senhor respondeu: "Amarás, pois, o Senhor, teu Deus, de todo o teu coração, de toda a tua alma, de todo o teu entendimento e de toda a tua força. O segundo é: Amarás o teu próximo como a ti mesmo. Não há outro mandamento maior do que estes" (Marcos 12:30,31).

A lei de Moisés era muito pesada, mas a fé em Cristo é simples e Seu "jugo é suave" (Mateus 11:30). É leve porque Deus está disposto a nos perdoar e amar. Agora o Senhor nos capacita a amar a Ele e ao nosso próximo. — WEC

**O amor de Deus em nosso coração nos enche de amor por Ele e por outros.**

12 de agosto

# EXEMPLO QUE INCENTIVA

LEITURA:
**2 Timóteo 2:1-7**

**...eu, sendo o Senhor e o Mestre, vos lavei os pés [...] eu vos dei o exemplo, para que, como eu vos fiz, façais vós também.**
**—João 13:14,15**

A BÍBLIA EM UM ANO:
☐ Salmos 84–86
☐ Romanos 12

Conta-se a história de que, no final do século 19, um grupo de pastores europeus participou de uma conferência bíblica do evangelista D. L. Moody, nos EUA. Seguindo seu costume, os visitantes colocaram os sapatos para o lado de fora da porta dos quartos antes de dormir, esperando que fossem limpos pelos funcionários do hotel. Quando Moody viu os sapatos, requisitou o serviço, pois sabia do costume dos hóspedes, mas não obteve resposta do hotel. Então, o evangelista coletou todos os sapatos e os limpou ele mesmo. Um amigo que fez uma visita inesperada ao seu quarto revelou o que Moody tinha feito. A notícia se espalhou, e nas noites seguintes, outros se revezaram na limpeza.

O estilo humilde de liderança desse pastor inspirou outros a seguirem seu exemplo. O apóstolo Paulo lembrou a Timóteo: "...fortifica-te na graça que está em Cristo Jesus. E o que de minha parte ouviste através de muitas testemunhas, isso mesmo transmite a homens fiéis e também idôneos para instruir a outros" (2 Timóteo 2:1,2). Ao lembrarmos que nossa força é resultado da graça de Deus, nos mantemos humildes. Assim, com humildade, transmitimos a verdade de Deus, ao sermos exemplo que encoraja e inspira outros a segui-lo.

Jesus é nosso exemplo de servidão. Ele entregou Sua própria vida por nós. —AL

**Humildade é o resultado de conhecer a Deus e a si mesmo.**

13 de agosto

# Chuva de água da vida

Leitura:
**Atos 6:1-10**

**E não podiam resistir à sabedoria e ao Espírito, pelo qual ele falava.**
**—Atos 6:10**

A Bíblia em um ano:
☐ Salmos 87–88
☐ Romanos 13

Durante uma onda de calor em 1891, R. G. Dyrenforth chegou ao estado americano do Texas, determinado a explodir chuva do céu. Conhecido como "provocador de abalos", ele e seu grupo lançaram aos céus e detonaram grandes balões cheios de gases explosivos, fizeram disparos de canhão e explodiram pilhas de dinamites no chão — sacudindo céus e terra. Alguns acreditaram que ele fez chover um pouco, mas a maioria disse que ele apenas fez barulho. O poder de explosão foi impressionante, mas ineficaz.

Quando a igreja primitiva precisava de inspetores, requisitava pessoas com um tipo diferente de poder. Escolhiam "...sete homens de boa reputação, cheios do Espírito e de sabedoria..." (Atos 6:3) para gerenciar a distribuição diária de comida. Um deles era Estêvão, um homem "...cheio de graça e poder, [que] fazia prodígios e grandes sinais entre o povo" (v.8). Quando as disputas surgiam, aqueles que discutiam com Estêvão "...não podiam resistir à sabedoria e ao Espírito, pelo qual ele falava" (v.10).

A Bíblia deixa claro que a eficácia espiritual de Estêvão era resultado de sua plenitude do Espírito Santo, que lhe dava o equilíbrio entre fé, sabedoria e poder.

O Espírito de Deus em nossas vidas hoje substitui o alto ruído do interesse próprio por Sua suave chuva de água da vida.
— DCM

**Em nossa vida para Cristo, nada alcançaremos sem o poder do Espírito.**

14 de agosto

# A PARÁBOLA DA PICADA

LEITURA:
**1 Pedro 2:9-12**

**...observando-vos em vossas boas obras, glorifiquem a Deus no dia da visitação.**
**—1 Pedro 2:12**

A BÍBLIA EM UM ANO:
☐ Salmos 89–90
☐ Romanos 14

Ainda posso ver a expressão de susto de meu amigo quando apareci em frente à sua casa, há quase 50 anos, com um "bando" de abelhas ao meu redor. Enquanto eu corria para fora, percebi que as abelhas tinham ido embora. Mais ou menos — eu as tinha deixado dentro da casa! Momentos depois, meu amigo correu para fora, perseguido pelas abelhas que eu tinha trazido até ele.

Levei muitas picadas, sem muitas consequências. Para o meu amigo foi diferente. Mesmo com apenas uma ou duas picadas de "minhas" abelhas, seus olhos e garganta incharam numa dolorosa reação alérgica. Minhas ações causaram muita dor a ele.

Este é o retrato do que acontece em nossos relacionamentos também. Prejudicamos outros quando nossas ações não são como as de Cristo. Mesmo após pedirmos desculpas, a "picada" dói.

As pessoas estariam certas em esperar menos aspereza e mais paciência dos que seguem a Cristo. Às vezes, esquecemos que as pessoas que lutam com a fé, com a vida ou com os dois, observam os cristãos com expectativas. Esperam ver menos raiva e mais misericórdia, menos julgamento e mais compaixão, menos crítica e mais encorajamento. Jesus e Pedro nos orientaram a vivermos de boas obras, para que Deus seja glorificado (Mateus 5:16; 1 Pedro 2:12). Que as nossas ações e reações reflitam nosso amoroso Pai aos que estão ao nosso redor. —RKK

**Que outros possam ver menos de mim e mais de Jesus.**

15 de agosto

# HÁ ESPERANÇA?

LEITURA:
**Mateus 28:1-10**

**Ele não está aqui; ressuscitou, como tinha dito...**
**—Mateus 28:6**

A BÍBLIA EM UM ANO:
☐ Salmos 91–93
☐ Romanos 15:1-13

Sentei silenciosamente ao lado da sepultura de meu pai, aguardando o início do enterro de minha mãe. Quando foi trazida a urna contendo as cinzas dela, senti como se estivesse com o coração entorpecido e a mente embaçada. Como vou suportar perder os dois dentro de um período de apenas três meses? Em meu pesar, me senti perdida, sozinha e um pouco sem esperança de como enfrentar o mundo sem eles.

Então, o pastor leu sobre outra sepultura. No primeiro dia da semana, cedo de manhã, mulheres foram ao túmulo de Jesus, levando aromas para Seu corpo (Mateus 28:1; Lucas 24:1). Chegando lá, ficaram assustadas ao encontrar um túmulo aberto e vazio — e um anjo. "...Não temais," ele disse a elas (Mateus 28:5). Elas não precisavam ter medo do túmulo vazio ou do anjo, porque ele tinha boas notícias.

A esperança ressurgiu quando ouvi as seguintes palavras: "Ele não está aqui; ressuscitou, como tinha dito..." (v.6). Porque Jesus ressuscitou, a morte foi vencida! O Senhor lembrou a Seus seguidores, dias antes de Sua morte: "...porque eu vivo, vós também vivereis" (João 14:19).

Embora lamentemos a perda de nossos amados, encontramos esperança por meio da ressurreição de Jesus e Sua promessa de que há vida após a morte. – AMC

**Porque Ele vive, nós vivemos.**

16 de agosto

# *OUTDOORS* AMBULANTES

LEITURA:
**2 Coríntios 5:16-21**

**De sorte que somos embaixadores em nome de Cristo... —2 Coríntios 5:20**

A BÍBLIA EM UM ANO:
☐ Salmos 94–96
☐ Romanos 15:14-33

O primeiro contato de Pete Peterson com o Vietnã foi na guerra. Durante um bombardeio aéreo em 1966, seu avião foi derrubado e ele levado como prisioneiro. Passados mais de 30 anos, o ex-prisioneiro retornou ao país como embaixador americano. Um artigo na imprensa o chamou de "*outdoor* ambulante para reconciliação." Ele percebeu anos antes que Deus não havia lhe salvado para viver com raiva. Por crer nisso, usou sua vida e posição para fazer diferença, promovendo a melhoria de padrões de segurança para as crianças no Vietnã.

É uma grande honra e responsabilidade ser designado representante de seu país em outra nação. Como seguidores de Cristo somos "embaixadores em nome de Cristo" (2 Coríntios 5:20). Da mesma forma que Deus enviou Jesus para nos reconciliarmos com Ele (v.18), agora temos o ministério da "reconciliação" (v.19). Nossa mensagem é que tudo pode ser redimido em Cristo porque, "Aquele que não conheceu pecado, ele o fez pecado por nós; para que, nele, fôssemos feitos justiça de Deus" (v.21).

Em resposta ao amor reconciliador que Jesus nos oferece, podemos repartir esse amor com outros. Cumpramos nosso papel com seriedade. Aonde quer que Deus nos coloque neste mundo, Ele pode nos usar como *outdoors* ambulantes da reconciliação por Jesus Cristo. —CPH

**Boas-novas mantidas em silêncio não são novidade alguma.**

17 de agosto

# ALGUÉM ESTÁ CANTANDO?

LEITURA:
**João 17:20-26**

**...suportando-vos uns aos outros em amor, esforçando-vos diligentemente por preservar a unidade do Espírito no vínculo da paz. —Efésios 4:2,3**

A BÍBLIA EM UM ANO:
☐ Salmos 97–99
☐ Romanos 16

Mais de 320 km acima da Terra, Chris Hadfield, astronauta canadense e comandante da Estação Espacial Internacional, cantou uma música com um grupo de estudantes que estava em um estúdio na terra. A música se chamava: "Há alguém cantando?" coescrita por Hadfield e o cantor canadense Ed Robertson.

Uma frase da música chamou minha atenção: "Você não pode estabelecer fronteiras daqui de cima." Embora nós, humanos, estabeleçamos limites entre nós mesmos — nacionais, étnicos, ideológicos — a canção me lembrou de que Deus não vê tais distinções. O que importa para o Senhor é que nós amemos a Ele e uns aos outros (Marcos 12:30,31).

Como um pai amoroso, Deus quer Sua família unida. Não podemos realizar o que Deus tem para nós se recusarmos a nos reconciliar uns com os outros. Em Sua mais ardente oração, na noite anterior à crucificação, Jesus clamou a Deus que unisse Seus seguidores: "A fim de que todos sejam um; e como és tu, ó Pai, em mim e eu em ti, também sejam eles em nós..." (João 17:21).

O canto ilustra a unidade ao concordarmos com a letra, acordes e ritmos. Também pode promover a unidade ao nos reunir em paz, proclamar o poder do Senhor por meio do louvor e demonstrar a glória de Deus ao mundo. —JAL

**Cantar louvores a Deus nunca sairá de moda.**

18 de agosto

# ACREDITAR

LEITURA:
**Apocalipse 22:12-21**

**...Certamente, venho sem demora...**
**—Apocalipse 22:20**

A BÍBLIA EM UM ANO:
☐ Salmos 100–102
☐ 1 Coríntios 1

Em um campo de prisioneiros na Alemanha durante a Segunda Guerra Mundial, alguns americanos, escondidos dos guardas, montaram uma rádio caseira. Um dia surgiu a notícia que o alto comando alemão havia se rendido, acabando a guerra. Por uma falha de comunicação, porém, os guardas ainda não sabiam da novidade. Quando a notícia se espalhou entre os prisioneiros, uma grande celebração aconteceu. Durante três dias eles cantaram, acenaram para os guardas e fizeram piadas durante as refeições. No quarto dia, ao acordar, descobriram que os alemães tinham fugido. Sua espera tinha chegado ao fim.

Uma série de histórias da Bíblia se refere à espera: Abraão esperando por um filho (Gênesis 12–21). Os israelitas esperando por libertação. Profetas esperando pelo cumprimento de suas próprias previsões. Os discípulos esperando por Jesus agir como o poderoso Messias tão aguardado. As palavras finais de Jesus no encerramento do livro do Apocalipse são "...Certamente, venho sem demora", seguido por uma urgente oração, "Amém! Vem, Senhor Jesus!" (22:20). Nós ainda esperamos por isso.

A pergunta que me faço é: Enquanto esperamos, por que somos tantas vezes temerosos e ansiosos? Podemos, como os prisioneiros, agir de acordo com as boas-novas que dizemos crer. O que é fé em Deus afinal, senão acreditar antes no que somente terá sentido no porvir? – PDY

**Esperar prova a nossa fé,**
**de forma que esperamos na esperança.**

19 de agosto

# SEGUINDO O MESTRE

LEITURA:
**Números 9:15-23**

---

**Segundo o mandado do SENHOR, se acampavam e, segundo o mandado do SENHOR, se punham em marcha...**
**—Números 9:23**

---

A BÍBLIA EM UM ANO:
☐ **Salmos 103–104**
☐ **1 Coríntios 2**

Em uma exibição de cães perto de minha casa, assisti a performance de um cão da raça Welsh Corgi, chamado Trevor. Ao comando de seu dono, ele corria muitos metros e imediatamente retornava, pulava cercas e identificava objetos pelo faro. Depois de terminar cada exercício, sentava-se aos pés do dono e esperava por mais instruções.

A atenção deste cachorro aos comandos de seu mestre me lembrou da devoção que Deus desejava de Seu povo ao segui-lo pelo deserto. O Senhor os guiou de modo único. Sua presença aparecia em forma de nuvem. Se ela subisse, Ele queria que Seu povo mudasse para outra área. Se a nuvem descesse, deveriam permanecer no lugar. "Segundo o mandado do SENHOR, se acampavam e, segundo o mandado do SENHOR, se punham em marcha..." (Números 9:23). Os israelitas seguiam esse comando dia e noite, não importando quanto tempo deveriam permanecer em cada lugar.

Deus não estava simplesmente testando os israelitas. Ele os estava guiando à Terra Prometida (10:29). Ele queria leva-los a um lugar melhor. O mesmo acontece conosco quando o Senhor nos pede para segui-lo. Ele quer nos guiar a uma comunhão mais íntima com Ele. Sua Palavra nos assegura de que Ele é amoroso e fiel ao guiar aqueles que humildemente o seguem. — JBS

---

**Deus pede a Seus filhos que sigam o Líder.**

20 de agosto

# Nosso Fundamento

Leitura:
**1 Coríntios 3:1-11**

---

**Porque ninguém pode lançar outro fundamento, além do que foi posto, o qual é Jesus Cristo.
—1 Coríntios 3:11**

---

A Bíblia em um ano:
☐ Salmos 105–106
☐ 1 Coríntios 3

A cidade de Nördlingen, na Alemanha, é única. Ela está localizada em meio à cratera Ries, uma depressão causada pelo impacto de um enorme meteorito há muito tempo. A imensa pressão do choque resultou em incomuns rochas cristalizadas e milhões de diamantes microscópicos. No século 13, estas pedras salpicadas foram usadas na construção da igreja de São Jorge. Os visitantes podem ver os belos depósitos de cristal em sua fundação e paredes. Alguns podem até dizer que a igreja tem uma fundação celestial.

A Bíblia relata sobre um diferente tipo de fundamento celestial. O Senhor Jesus veio dos céus para o nosso mundo (João 3:13). Ao voltar ao céu após Sua morte e ressurreição, deixou Seus seguidores, que se tornaram "o templo vivo" de Deus, do qual Ele é o fundamento. O apóstolo Paulo afirma: "Porque ninguém pode lançar outro fundamento, além do que foi posto, o qual é Jesus Cristo" (1 Coríntios 3:11).

A igreja de Nördlingen é construída sob uma fundação de pedaços de rocha do céu físico. Mas a igreja espiritual — todos os que creem em Jesus — está fundamentada no maior fundamento celestial, Jesus Cristo (Isaías 28:16; 1 Coríntios 10:3,4). Louve a Deus, pois por Jesus a nossa salvação está garantida.
— HDF

---

**Cristo, a Rocha, é a nossa esperança certa.**

21 de agosto

# PALAVRA AOS LUTADORES

LEITURA:
**Hebreus 10:32-39**

**Não abandoneis, portanto, a vossa confiança; ela tem grande galardão. —Hebreus 10:35**

A BÍBLIA EM UM ANO:
☐ Salmos 107–109
☐ 1 Coríntios 4

Há um antigo ditado que diz: "Não dê um passo maior do que a sua perna." É sábio não assumir maior responsabilidade do que podemos cumprir. Em algum momento, no entanto, provavelmente nos sentiremos sobrecarregados pelo tamanho e dificuldade de uma tarefa que concordamos em realizar.

Isto pode acontecer até mesmo em nossa caminhada de fé em Cristo, quando nosso compromisso com Deus parece demais para suportar. Mas o Senhor tem uma palavra de encorajamento quando nossa confiança vacila.

O autor de Hebreus insistiu que seus leitores se lembrassem da coragem que demonstraram nos primeiros anos de fé (10:32,33). Apesar dos insultos públicos e perseguições, eles ajudavam os cristãos presos e alegremente aceitaram o confisco de suas propriedades (vv.33,34). Tendo isso em mente, ele afirma: "Não abandoneis, portanto, a vossa confiança; ela tem grande galardão. Com efeito, tendes necessidade de perseverança, para que, havendo feito a vontade de Deus, alcanceis a promessa" (vv.35,36).

Nossa confiança não está em nós mesmos, mas em Jesus e Sua promessa de voltar no momento certo (v.37).

É o poder de Deus que nos capacita a continuar em nossa jornada de fé. Recordar a fidelidade do Senhor no passado estimula nossa confiança nele hoje. —DCM

---

**Confiar na fidelidade de Deus desperta a nossa confiança.**

22 de agosto

# VIVER NO AMOR

LEITURA:
**Salmo 112**

**Ao justo, nasce luz nas trevas; ele é benigno, misericordioso e justo. —Salmo 112:4**

A BÍBLIA EM UM ANO:
☐ Salmos 110–112
☐ 1 Coríntios 5

No país africano onde vive minha amiga Roxanne, a água é um bem precioso. As pessoas geralmente viajam longas distâncias para buscá-la em riachos contaminados — trazendo doença e morte. É difícil para organizações como orfanatos e igrejas servirem as pessoas porque falta água. Mas isto está começando a mudar.

Por meio da liderança de Roxanne e doações altruístas de algumas pessoas amorosas da igreja, poços de água limpa têm sido cavados. Ao menos seis novos poços estão em operação, permitindo que as igrejas sejam centros de esperança e encorajamento. Também será possível abrir um posto de saúde e um lar para 700 órfãos por causa do acesso à água.

Este é o tipo de amor que pode fluir dos que creem em Cristo, quando experimentam o amor e generosidade de Deus. O apóstolo Paulo afirma no livro de 1 Coríntios 13 que se não tivermos amor, nossas vozes tinirão nos ouvidos das pessoas e nossa fé não significará nada. E o apóstolo João disse que se tivermos bens materiais, percebermos a necessidade de outros e agirmos, isto é evidência de que o amor de Deus habita em nós (1 João 3:16).

Deus deseja que nos compadeçamos (Salmo 112:5) com os que têm necessidade, pois Seu coração se compadece de nós. — JDB

**A bondade é o cristianismo pronto para o trabalho.**

23 de agosto

# TREVAS À DISTÂNCIA

LEITURA:
Mateus 5:11-16

**...brilhe também a vossa luz diante dos homens, para que vejam as vossas boas obras e glorifiquem a vosso Pai que está nos céus. —Mateus 5:16**

A BÍBLIA EM UM ANO:
☐ Salmos 113–115
☐ 1 Coríntios 6

No livro *O Hobbit* (Martins Fontes, 2002), de J. R. R. Tolkien, Gandalf explica porque escolheu uma pequena criatura como Bilbo para acompanhar os duendes na luta contra o inimigo. Ele diz: "Saruman acredita que somente um grande poder é capaz de manter o mal sob controle, mas não é o que descobri. São as pequenas ações de pessoas comuns que mantêm as trevas distantes. Pequenos gestos de bondade e amor."

Jesus nos ensina isso também. Ao avisar-nos que viveríamos em tempos de trevas, Ele nos lembrou que, por Sua causa, somos "a luz do mundo" (Mateus 5:14) e que nossas boas ações seriam o poder contra a escuridão, para a glória de Deus (v.16). Pedro, escrevendo aos cristãos que enfrentavam grande perseguição, disse-lhes que vivessem de forma que aqueles que os acusavam, "...observando-vos em vossas boas obras, glorifiquem a Deus no dia da visitação" (1 Pedro 2:12).

Há um poder que as trevas não podem conquistar — a força dos atos amorosos de bondade feitos em nome de Jesus. É o povo de Deus que dá a outra face, anda mais uma milha, perdoa e ainda ama seus inimigos. Assim, busque a oportunidade privilegiada de realizar atos de bondade hoje para trazer a luz de Cristo a outros. —JMS

**Ilumine seu mundo com um ato de bondade.**

24 de agosto

# PERDA DE MEMÓRIA

LEITURA:
**Salmo 118:1-14**

**Rendei graças ao SENHOR, porque ele é bom, porque sua misericórdia dura para sempre. —Salmo 118:1**

A BÍBLIA EM UM ANO:
☐ Salmos 116–118
☐ 1 Coríntios 7:1-19

Às vezes, quando enfrentamos tempos de dificuldades, podemos sofrer de amnésia espiritual e esquecer a graça de Deus. Mas a melhor maneira de restabelecer um coração grato é separar um tempo sem distrações para deliberadamente lembrar as provisões de Deus no passado e dar graças.

Quando os filhos de Israel se viram num deserto árido e quente, perderam a memória acerca da graça de Deus. Começaram a desejar retornar para o Egito para aproveitar todas as comidas de lá (Êxodo 16:2,3), e mais tarde reclamaram do suprimento de água (17:2). Esqueceram todos os atos poderosos de Deus na libertação deles e como o Senhor os tinha provido de riquezas (12:36). Estavam se nutrindo apenas das circunstâncias atuais e esquecendo a graciosa provisão de Deus no passado.

O salmista nos desafia: "Rendei graças ao SENHOR, porque ele é bom, porque sua misericórdia dura para sempre" (118:1). A palavra misericórdia quer dizer "amor inabalável." Refere-se à fidelidade de Deus. Ele prometeu estar sempre presente para cuidar de Seus filhos.

Ao relembrar as maneiras específicas como Deus proveu nossas necessidades do passado, podemos mudar nossa perspectiva da situação. O amor inabalável de Deus dura para sempre! —HDF

**Lembrar das provisões de Deus no passado nos dá esperança e força para hoje.**

25 de agosto

# MAIS DO QUE ESPERA

LEITURA:
**Atos 1:1-11**

**Um pouco, e não mais me vereis; outra vez um pouco, e ver-me-eis. —João 16:16**

A BÍBLIA EM UM ANO:
- ☐ Salmo 119:1-88
- ☐ 1 Coríntios 7:20-40

Não sei como funciona onde você vive, mas quando preciso de algum reparo em minha casa, as empresas dizem algo como: "O técnico estará aí entre uma e cinco da tarde." Como não sei quando ele chegará, tudo que posso fazer é esperar.

Jesus disse a Seus seguidores que logo os deixaria e que eles precisariam aguardar Seu retorno "um pouco" (João 16:16). Depois de Sua ressurreição, eles o viram novamente e esperaram que o Senhor estabelecesse Seu reino na terra naquela ocasião. Mas Ele lhes disse: "...Não vos compete conhecer tempos ou épocas que o Pai reservou pela sua exclusiva autoridade" (Atos 1:7). Teriam que esperar ainda mais.

Mas eles teriam que fazer mais do que esperar. Jesus disse a Seus seguidores que eles seriam "...[Suas] testemunhas tanto em Jerusalém como em toda a Judeia e Samaria e até aos confins da terra" (v.8). E o Senhor deu a eles o Espírito Santo para capacitá-los nesta tarefa.

Ainda esperamos pelo retorno de Jesus. Enquanto isso, é nosso prazer, no poder do Espírito Santo, contar e mostrar a outros quem Ele é, o que Ele fez por todos nós por meio de Sua morte e ressurreição, e que Ele prometeu voltar. — AMC

**Espere e testemunhe até Jesus voltar.**

26 de agosto

# NAVEGAÇÃO ESPIRITUAL

LEITURA:
**Salmo 119:97-106**

**Lâmpada para os meus pés é a tua palavra e, luz para os meus caminhos.**
**—Salmo 119:105**

A BÍBLIA EM UM ANO:
- ☐ Salmo 119:89-176
- ☐ 1 Coríntios 8

O premiado livro *Longitude* (Ediouro, 1996) de Dava Sobel descreve um dilema vivido pelos primeiros navegadores. Eles poderiam facilmente determinar sua latitude norte e sul pela duração do dia ou altura do Sol. Calcular a longitude leste/oeste porém, permanecia complexo e pouco confiável, até que o relojoeiro inglês John Harrison inventou o cronômetro marítimo. Este era "um relógio que poderia dizer a hora exata do porto de saída até qualquer canto remoto do mundo," dessa forma possibilitava que os navegadores determinassem a longitude.

Ao navegarmos pelos mares da vida, também temos uma fonte confiável de direção espiritual — a Bíblia. O salmista escreveu: "Quanto amo a tua lei! É a minha meditação, todo o dia" (119:97). Ao invés de ocasionalmente olhar de relance a Palavra de Deus, ele falou a respeito de ponderar sobre as orientações do Senhor ao longo de cada dia: "...porque medito nos teus testemunhos" (v.99). Isso somado ao compromisso de obedecer ao Autor: "Jurei e confirmei o juramento de guardar os teus retos juízos" (v.106).

Como os marinheiros de antigamente, precisamos constantemente de um guia para nos ajudar a encontrar nosso caminho e permanecer na rota. Isso é o que acontece quando buscamos o Senhor dia a dia, com um coração aberto e um espírito disposto que diz: "Lâmpada para os meus pés é a tua palavra e, luz para os meus caminhos" (Salmo 119:105). — DCM

**Com Deus como seu navegador, você está na direção certa.**

27 de agosto

# Momentos difíceis

Leitura:
**1 Reis 19:1-8**

**...eis que um anjo o tocou e lhe disse: Levanta-te e come. —1 Reis 19:5**

A Bíblia em um ano:
☐ Salmos 120–122
☐ 1 Coríntios 9

Charles Whittlesey foi o herói dos heróis. Líder do chamado "Batalhão Perdido" da Primeira Guerra Mundial, foi condecorado com uma medalha de honra por bravura quando sua unidade ficou presa atrás da linha inimiga. Quando o monumento "Túmulo do soldado desconhecido" foi inaugurado, Charles foi escolhido como um dos carregadores do caixão do primeiro soldado enterrado ali. Duas semanas depois, acredita-se que ele tirou a própria vida, ao se jogar para fora de um navio durante um cruzeiro.

Como Elias (1 Reis 19:1-7), Charles era muito forte em público, mas quando estava só, era tomado pelo desespero. As pessoas hoje frequentemente enfrentam situações maiores do que podem suportar. Às vezes, é um desespero temporário causado por cansaço, como no caso de Elias. Ele tinha participado de uma grande vitória sobre os profetas de Baal (18:20-40), temeu por sua vida e correu para o deserto (19:1-3). Mas, normalmente, é mais que desespero temporário. Por isso, é necessário falarmos sobre depressão aberta e compassivamente.

Deus nos oferece Sua presença nos momentos mais escuros da vida, o que nos capacita, por sua vez, a sermos Sua presença para os que sofrem. Pedir socorro — aos outros e a Deus — poder ser o momento de maior bravura de nossas vidas. —RKK

**A esperança vem com a ajuda de Deus e de outros.**

28 de agosto

# RETRATO DE HUMILDADE

LEITURA:
**João 13:1-11**

**...Deus resiste aos soberbos, mas dá graça aos humildes.**
**—Tiago 4:6**

A BÍBLIA EM UM ANO:
☐ Salmos 123–125
☐ 1 Coríntios 10:1-18

Durante a Páscoa, minha esposa e eu fomos a um culto em que os participantes tentaram reproduzir os acontecimentos que Jesus e Seus discípulos experimentaram na noite que antecedeu a crucificação. Como parte do culto, os membros da equipe da igreja lavaram os pés de alguns voluntários. Enquanto assistia a cena, imaginava se os mais humildes eram os que lavavam os pés, ou os que permitiam ter os pés lavados por outra pessoa. Tanto os que serviam, como os que eram servidos, retrataram figuras diferentes de humildade.

Quando Jesus e Seus discípulos estavam reunidos para a Última Ceia (João 13:1-20), Jesus, em humilde servidão, lavou os pés de Seus discípulos. Mas Simão Pedro resistiu, dizendo: "...Nunca me lavarás os pés. Respondeu-lhe Jesus: Se eu não te lavar, não tens parte comigo" (13:8). Lavar os seus pés não era um mero ritual. Poderia também ser interpretado como um retrato de nossa necessidade da limpeza de Cristo — uma limpeza que nunca será completa, a menos que estejamos dispostos a ser humildes perante o Salvador.

Tiago escreveu "...Deus resiste aos soberbos, mas dá graça aos humildes" (4:6). Recebemos a graça de Deus quando reconhecemos a grandeza do Senhor, que se humilhou na cruz (Filipenses 2:5-11). —WEC

**A posição mais poderosa da terra é ajoelhar-se diante do Senhor do universo.**

29 de agosto

# Termos do Contrato

Leitura:
**Lucas 6:27-37**

**...perdoai e sereis perdoados.**
**—Lucas 6:37**

A Bíblia em um ano:
☐ Salmos 126–128
☐ 1 Coríntios 10:19-33

Se você for como eu, raramente lê os contratos de serviços de internet antes de assiná-los. Eles se estendem por páginas, e a maior parte do jargão legal não faz sentido para pessoas comuns como eu.

Fiquei muito surpresa, portanto, quando um amigo da África me falou sobre um tipo peculiar de contrato de um *software on-line*. Em vez de uma licença prolixa ensinando aos usuários como *não* usá-lo, o programador oferece uma simples benção, exortando as pessoas a usá-lo para o bem:

Que você faça o bem e não o mal. Que você encontre perdão para si mesmo e perdoe os outros. Que você compartilhe livremente, nunca tomando mais do que dá.

A princípio pensei, *Uau. Imagine se mais cláusulas de contratos fossem escritas como bênçãos, em vez de documentos legais*. E então refleti: *O contrato que Jesus faz conosco é assim*. Ele nos oferece perdão dos pecados, paz com Deus e a presença do Espírito Santo. Em troca, tudo o que nos pede é que façamos o bem (Gálatas 6:10), perdoemos como fomos perdoados (Lucas 6:37) e amemos aos outros como Ele nos ama (João 13:34).

A beleza do contrato de Jesus conosco é que, embora falhemos em cumprir as cláusulas, ainda recebemos a benção. —JAL

**...enquanto tivermos oportunidade, façamos o bem a todos...** —Gálatas 6:10

30 de agosto

# AJA!

LEITURA:
**2 Crônicas 15:1-12**

**...[Asa] cobrou ânimo e lançou abominações fora de toda a terra [...] e renovou o altar do SENHOR...**
**—2 Crônicas 15:8**

A BÍBLIA EM UM ANO:
☐ Salmos 129–131
☐ 1 Coríntios 11:1-16

Quando uma marmota começou a roer nossa garagem, comprei uma armadilha com planos de transportar a amiguinha para um parque. Coloquei iscas dentro da armadilha e abri o alçapão. Na manhã seguinte, eu estava animado para encontrar a pequena criatura presa — até perceber que não havia nenhuma marmota lá. Eu tinha capturado um gambá.

Procurei na internet como tirar o gambá da armadilha sem... bem, você sabe. As soluções eram extremamente cautelosas em suas descrições de como se proteger ao libertar o animal. Sacolas plásticas. Luvas. Lonas. Cobertores. Óculos de proteção. A tarefa parecia assustadora e perigosa.

Então, meu genro tomou a iniciativa. Ele simplesmente pisou por cima da armadilha, abriu a porta e convenceu nosso amigo listrado a seguir seu caminho com algumas pulverizações de mangueira de jardim.

Às vezes nossos medos podem nos impedir de agir. Preocupamo-nos tanto em nos proteger, que falhamos em simplesmente tomar a iniciativa. Quando o rei Asa soube que o Senhor queria que ele removesse os ídolos de Israel, ele "cobrou ânimo" (2 Crônicas 15:8). Ele agiu, e como resultado, a nação regozijou (v.15).

Enfrentando algum desafio espiritual? O Senhor o ajudará a agir com coragem e a confiar nele para o melhor resultado.
—JDB

**Coragem é o medo que fez sua oração.**

31 de agosto

# O SACRIFÍCIO FINAL

LEITURA:
**1 João 3:16-23**

---

**Nisto conhecemos o amor: que Cristo deu a sua vida por nós... —1 João 3:16**

---

A BÍBLIA EM UM ANO:
☐ Salmos 132–134
☐ 1 Coríntios 11:17-34

Quando Deng Jinjie viu pessoas se debatendo nas águas do rio Sunshui na China, não ficou indiferente. Em um ato de heroísmo, pulou na água e ajudou a salvar quatro membros de uma família. Infelizmente, a família deixou o lugar enquanto ele ainda estava na água. Jinjie, esgotado pelos esforços do resgate, submergiu, foi arrastado pela correnteza do rio e se afogou.

Quando estávamos nos afogando em nosso pecado, Jesus Cristo deu Sua vida para vir em nosso socorro. Somos aqueles a quem Ele veio resgatar. O Senhor desceu dos céus e nos levou para um lugar seguro. Ele fez isso carregando o castigo por todas as nossas transgressões ao morrer na cruz (1 Pedro 2:24) e ressuscitar três dias depois. A Bíblia declara: "Nisto conhecemos o amor: que Cristo deu a sua vida por nós..." (1 João 3:16). O amor sacrificial de Jesus nos inspira a demonstrar amor genuíno "...de fato e de verdade" (v.18) aos outros com quem temos relacionamento.

Se negligenciarmos o sacrifício final de Jesus em nosso favor, falharemos em ver e experimentar Seu amor. Hoje, reflita sobre a conexão entre o sacrifício do Senhor e Seu amor por você. Ele veio para nos resgatar. —JBS

---

**Jesus deu Sua vida para mostrar Seu amor por nós.**

1.º de setembro

# A PAZ DE CRISTO

LEITURA:
**Habacuque 3:17,18**

---

**...posso todas as coisas naquele que me fortalece.**
**—Filipenses 4:13**

---

A BÍBLIA EM UM ANO:
☐ Salmos 135–136
☐ 1 Coríntios 12

É impossível esquecer daquela visita feita ao meu amigo, Pr. Marcelo, que estava hospitalizado. Em pleno tratamento de leucemia, seu semblante não escondia o cansaço e a fragilidade decorrentes da enfermidade e agravados pela medicação tão agressiva. Aproximei-me e perguntei-lhe como estava. Sua resposta foi simples e direta: "Com as veias 'cheias de química' e o coração 'cheio de paz'." Independentemente dos resultados e das vitórias que viriam mais tarde, naquele momento mais difícil, a paz não o abandonara.

Este é um exemplo claro e vivo do verdadeiro significado da promessa de Jesus — uma paz diferente daquela que o mundo dá — por sua capacidade de permanecer, não importando as circunstâncias e a despeito das dificuldades. Paz tão lindamente apresentada nas palavras de Habacuque, e que encontram eco na declaração do apóstolo Paulo. E a Palavra de Deus, honestamente, nos lembra que nem sempre haverá frutos na vide. O próprio Jesus nos lembra que no mundo teremos aflições. No entanto, a preciosa mensagem das Escrituras afirma que essa paz — que excede a todo o entendimento — é possível.

Esta é a paz de quem crê em Jesus; é a paz de quem sabe que o seu Redentor vive; é a paz de quem está seguro de que "...o choro pode durar uma noite, mas a alegria vem pela manhã (ARC)" — ainda que essa manhã represente a glória da herança eterna. —NSL

---

**"Deixo-vos a paz, a minha paz vos dou..."**
—João 14:27

2 de setembro

# Nem sequer um aceno

LEITURA:
**Lucas 17:11-19**

**Um dos dez, vendo que fora curado, voltou, dando glória a Deus em alta voz.**
**—Lucas 17:15**

A BÍBLIA EM UM ANO:
☐ Salmos 137–139
☐ 1 Coríntios 13

O trânsito estava ruim, e todos estavam mal-humorados naquela tarde quente. Percebi um carro com dois jovens que esperavam para entrar e trafegar na via saindo de uma lanchonete. Achei gentil quando o motorista à minha frente lhes deu passagem.

Porém, quando o motorista "gentil" não recebeu um aceno de agradecimento com a cabeça ou a mão, ele se indignou. Primeiro, abaixou o vidro do carro e gritou para o motorista a quem tinha acabado de dar passagem. Depois, acelerou o motor e seguiu adiante como se quisesse bater no carro à frente, buzinando e berrando para descarregar a raiva.

Quem estava "mais errado"? Será que a ingratidão do jovem motorista justificava a reação irada do motorista "gentil"? Ele merecia um agradecimento?

Certamente, os dez leprosos que Jesus curou deviam gratidão a Ele. Como pôde apenas um voltar para lhe agradecer? Fico impressionado com a reação de Jesus: "Não houve, porventura, quem voltasse para dar glória a Deus, senão este estrangeiro?" (Lucas 17:18). Se o Rei dos reis só obteve um agradecimento entre dez, como podemos esperar mais dos outros? Melhor fazer nossas ações para honrar a Deus e servir aos outros do que para cobrar gratidão. Que a graça de Deus possa ser vista em nós mesmo quando nossos atos de bondade forem desconsiderados. — RKK

---

**Assim brilhe também a vossa luz [...] glorifiquem a vosso Pai que está nos céus.** —Mateus 5:16

3 de setembro

# ESPERANÇA PARA CONTINUAR

LEITURA:
**Lamentações 3:19-33**

---

**As misericórdias do SENHOR são a causa de não sermos consumidos... —Lamentações 3:22,23**

---

A BÍBLIA EM UM ANO:
☐ Salmos 140–142
☐ 1 Coríntios 14:1-20

O avião *Solar Impulse* movido à energia solar pode voar dia e noite sem combustível. Os inventores, Bertrand Piccard e André Borschberg, esperam fazer um voo ao redor do mundo em 2015. Enquanto a aeronave voa o dia todo movida à energia solar, acumula energia suficiente para conseguir voar durante toda a noite. Quando o sol nasce, Piccard diz: "traz novamente a esperança de continuidade".

A ideia de o nascer do sol nos trazer esperança me faz pensar no livro de Lamentações 3 da nossa leitura bíblica para hoje: "Quero trazer à memória o que me pode dar esperança. As misericórdias do SENHOR são a causa de não sermos consumidos, porque as suas misericórdias não têm fim; elas renovam-se cada manhã..." (vv.21-23). Mesmo enquanto o povo de Deus estava no mais profundo desespero quando a cidade de Jerusalém estava sendo invadida pelos babilônios, o profeta Jeremias, disse que eles tinham motivo para ter esperança, pois ainda contavam com as misericórdias e a compaixão do Senhor.

Às vezes, nossas lutas parecem piores ao vir a noite, mas, quando o sol nasce, ele traz novamente a esperança de que podemos continuar. "Ao anoitecer, pode vir o choro", diz o salmista, "mas a alegria vem pela manhã" (30:5).

Obrigada, Senhor, pela esperança concedida em cada nascer do sol. Suas misericórdias e compaixão se renovam cada manhã! —AMC

---

**Cada novo dia nos dá novos motivos para louvarmos ao Senhor.**

4 de setembro

# O LEÃO QUE LATE

LEITURA:
**Provérbios 22:1-11**

**Mais vale o bom nome do que as muitas riquezas... —Provérbios 22:1**

A BÍBLIA EM UM ANO:
☐ Salmos 143–145
☐ 1 Coríntios 14:21-40

Os visitantes de um zoológico ficaram horrorizados quando o "leão africano" começou a latir em vez de rugir. Os funcionários do zoológico disseram que tinham disfarçado de leão um cão de porte grande da raça mastim tibetano por não terem condições de comprar um leão de verdade. Não é necessário dizer que a reputação do zoológico ficou manchada, e que as pessoas pensarão duas vezes antes de visitá-lo.

A reputação é frágil; uma vez prejudicada, é difícil restaurá-la. É comum sacrificar a boa reputação no altar do poder, do prestígio ou do lucro. Esta também poderia ser a nossa história. A Escritura nos encoraja: "Mais vale o bom nome do que as muitas riquezas" (Provérbios 22:1). Deus está nos dizendo que devemos dar o verdadeiro valor a quem somos, não ao que temos.

O filósofo grego Sócrates disse: "A maneira de conquistar boa reputação está em se esforçar para ser aquilo que se deseja parecer." Como seguidores de Jesus, carregamos o Seu nome. Por causa de Seu amor por nós, lutamos para caminhar dignamente para Ele, refletindo Sua imagem em nossas palavras e ações.

Quando falhamos, Ele nos levanta novamente pelo Seu amor. Por meio do nosso exemplo, os outros que nos cercam serão levados a louvar ao Deus que nos redimiu e nos transformou (Mateus 5:16) — porque o nome do Senhor é digno de glória, honra e todo o louvor. – PFC

**A reputação impecável é o tesouro mais puro que a vida finita concede.** —Shakespeare

5 de setembro

# Com Ele para sempre!

Leitura:
**Tiago 4:11-17**

---

**Que é a vossa vida? Sois, apenas, como neblina que aparece por instante e logo se dissipa. —Tiago 4:14**

---

A Bíblia em um ano:
☐ Salmos 146–147
☐ 1 Coríntios 15:1-28

Nos anos turbulentos que antecederam a Guerra Civil Americana, em 1859, Abraham Lincoln teve a oportunidade de falar para uma *Sociedade Agrícola*. Durante o discurso, ele compartilhou com os presentes a história da busca de um antigo monarca por uma frase que fosse "verdadeira e apropriada em todos os momentos e situações". Os seus sábios, diante deste desafio perspicaz, deram-lhe a frase: "E isto também passará."

Tal afirmação certamente se aplica ao mundo atual em constante processo de deterioração. Isto não acontece apenas com o mundo; na verdade, em nossa vida também nos deparamos com nossos dias contados. Tiago escreveu: "Que é a vossa vida? Sois, apenas, como neblina que aparece por instante e logo se dissipa" (Tiago 4:14).

Embora nossa vida presente seja temporária e também passará, o Deus que adoramos e servimos é eterno. Ele compartilhou conosco essa eternidade por meio da dádiva de Seu Filho, Jesus Cristo. Ele nos promete uma vida que jamais passará: "Porque Deus amou ao mundo de tal maneira que deu o seu Filho unigênito, para que todo o que nele crê não pereça, mas tenha a vida eterna" (João 3:16).

Quando Cristo voltar, Ele nos levará para casa para estar com Ele para sempre! – WEC

---

**Para ter esperança hoje, lembre-se do fim da história — a eternidade com Deus.**

6 de setembro

# Permita-me cantar

Leitura:
**Salmo 150**

**Todo ser que respira louve ao Senhor...**
**—Salmo 150:6**

A Bíblia em um ano:
☐ Salmos 148–150
☐ 1 Coríntios 15:29-58

Quando perguntei a um amigo como a mãe dele estava, ele me disse que a demência tinha lhe roubado sua habilidade de lembrar-se de muitos nomes e acontecimentos do passado. "Mesmo assim", ele acrescentou, "ela ainda pode sentar-se ao piano e, sem partitura, tocar hinos decorados lindamente."

Platão e Aristóteles escreveram sobre o poder curador da música há 2.500 anos. Mas séculos antes disso, o relato bíblico já estava repleto com música.

Desde a primeira menção a Jubal, "...pai de todos os que tocam harpa e flauta" (Gênesis 4:21), até aqueles que "...entoavam o cântico de Moisés, servo de Deus, e o cântico do Cordeiro" (Apocalipse 15:3), as páginas da Bíblia ressoam com música. Os salmos, muitas vezes chamados de "livros de cânticos da Bíblia", mostram-nos o amor e a fidelidade de Deus. Eles se encerram com um chamado incessante à adoração: "Todo ser que respira louve ao Senhor. Aleluia!" (Salmo 150:6).

Hoje, precisamos do ministério da música de Deus em nosso coração como em qualquer momento da história. Independentemente do que cada dia trouxer, que a noite nos encontre cantando: "A ti, força minha, cantarei louvores, porque Deus é meu alto refúgio, é o Deus da minha misericórdia" (59:17)
— DCM

**Quando você conta as suas bênçãos,**
**o louvor a Deus surge naturalmente.**

7 de setembro

# MAIS DELE, MENOS DE MIM

LEITURA:
**Filipenses 3:1-11**

---

**Sim, deveras considero tudo como perda, por causa da sublimidade do conhecimento de Cristo Jesus, meu Senhor... —Filipenses 3:8**

---

A BÍBLIA EM UM ANO:
☐ **Provérbios 1–2**
☐ **1 Coríntios 16**

Ao pastorear uma igreja no início do meu ministério, minha filha Lívia me perguntou: "Pai, nós somos famosos?". Ao que repliquei: "Não, Lívia, não somos famosos." Ela pensou por um momento, e disse com bastante indignação: "Bem, se mais pessoas nos conhecessem, seríamos famosos!"

Pobre Lívia! Com 7 anos apenas e já lutando com aquilo que muitos de nós enfrentamos ao longo da vida: se alguém nos reconhece e se estamos recebendo o reconhecimento que pensamos merecer?

Nosso desejo de reconhecimento não seria um problema, se não fosse a tendência de substituir Jesus como o centro da nossa atenção. Mas o fato de nos ocuparmos apenas com o nosso eu, tira o Senhor de cena.

A vida não pode girar ao nosso redor e ao redor de Jesus ao mesmo tempo. Isto torna estrategicamente importante a declaração de Paulo de que ele considerava "...tudo como perda, por causa da sublimidade do conhecimento de Cristo Jesus..." (Filipenses 3:8). Diante da escolha entre ele mesmo e Jesus, o apóstolo descartou intencionalmente as coisas que chamariam sua atenção a sua própria pessoa para poder se concentrar em conhecer e experienciar Jesus (vv.7,8,10).

Para nós, a decisão é a mesma. Viveremos para chamar a atenção a nós mesmos? Ou nos concentraremos no privilégio de conhecer e experimentar Jesus com maior intimidade? — JMS

---

**As nossas escolhas honram a Deus ou a nós mesmos?**

8 de setembro

# Semear o quê?

Leitura:
**Marcos 4:1-20**

**O perverso recebe um salário ilusório, mas o que semeia justiça terá recompensa verdadeira.**
**—Provérbios 11:18**

A Bíblia em um ano:
☐ **Provérbios 3–5**
☐ **2 Coríntios 1**

Na torre do relógio da universidade onde estudei, há uma escultura *Art déco* em baixo relevo intitulada *O Semeador*, e sob ela está escrito: "...aquilo que o homem semear..." (Gálatas 6:7). Essa universidade continua líder em pesquisas no setor agrícola, mas, apesar dos avanços nas técnicas de cultivo e produção de safra, permanece o fato inalterável: as sementes de milho não produzirão safra de feijão.

Jesus usou metáforas agrícolas para explicar o reino de Deus. Na parábola do semeador (Marcos 4), Ele comparou a Palavra de Deus a sementes plantadas em diferentes tipos de solo. Nessa parábola, o semeador semeia indiscriminadamente, sabendo que algumas sementes cairão em locais onde não crescerão.

Como Jesus, devemos plantar boas sementes em todos os lugares, em todos os momentos. Deus é responsável por onde elas caem e como elas crescem. O importante é semearmos. Deus não quer que colhamos destruição; por isso, quer que plantemos o que é bom e correto (Provérbios 11:18). O apóstolo Paulo utilizou-se da metáfora quando alertou os cristãos a não plantarem sementes de corrupção. Em vez disso, devemos plantar sementes que terão como colheita — a vida eterna (Gálatas 6:8).

A resposta para a pergunta "Semear o quê?" é: "Semeie o que quiser colher." Para colher uma boa safra em sua vida, comece plantando sementes de bondade. —JAL

**Uma semente enterrada produz fruto;**
**uma vida abnegada produz colheita eterna.**

9 de setembro

# POSE DE GAMBÁ

LEITURA:
**1 Samuel 28:5,6, 15-20**

**...O SENHOR, O Criador dos fins da terra, nem se cansa, nem se fatiga... —Isaías 40:28**

A BÍBLIA EM UM ANO:
☐ **Provérbios 6–7**
☐ **2 Coríntios 2**

Os gambás são conhecidos pela habilidade de se fingirem de mortos. Quando isso acontece, o corpo do gambá desfalece, a língua cai para fora da boca, e diminui a frequência de batimentos cardíacos. Depois de aproximadamente 15 minutos, o animal revive. É interessante que os especialistas dessa espécie não acreditam que os gambás se finjam de morto de propósito para fugir dos predadores. Eles desmaiam involuntariamente quando se sentem exaustos e ansiosos!

O rei Saul teve uma reação semelhante ao perigo no fim de seu reinado. "De súbito, caiu Saul estendido por terra e foi tomado de grande medo [...] e faltavam-lhe as forças" (1 Samuel 28:20). Ele reagiu desta maneira quando, contrariando o mandamento divino, foi consultar uma necromante e esta lhe disse que os filisteus atacariam Israel no dia seguinte, e que o Senhor não o ajudaria. Como a vida de Saul tinha sido caracterizada por desobediência, precipitação e inveja, Deus não mais o guiaria (v.16), e seus esforços para defender a si próprio e aos israelitas seriam inúteis (v.19).

Podemos estar numa situação de fraqueza e desespero por nossa própria rebeldia ou pelas dificuldades da vida. Embora a ansiedade possa roubar nossa força, Deus pode renová-la quando confiamos nele (Isaías 40:31). O Senhor nunca "se cansa, nem se fatiga" (v.28), e está disposto a nos alcançar e nos renovar quando não conseguimos dar outro passo. —JBS

**O segredo da paz é entregar todas as ansiedades a Deus.**

10 de setembro

# UMA CARTA MARAVILHOSA

LEITURA:
**Salmo 119:9-16**

**...não me esquecerei da tua palavra. —Salmo 119:16**

A BÍBLIA EM UM ANO:
☐ **Provérbios 8–9**
☐ **2 Coríntios 3**

De vez em quando, minha esposa e eu abrimos a caixa do correio para encontrar uma carta sem palavras. Quando tiramos a "carta" do envelope, vemos um pedaço de papel com nada mais do que uma marca colorida feita com caneta hidrográfica. Essas "cartas" alegram o nosso coração, porque são da nossa netinha Kátia, em idade pré-escolar, que vive em outro estado. Mesmo sem palavras, estas cartas nos dizem que ela nos ama e pensa em nós.

Todos nós apreciamos muito receber cartas daqueles que amamos e dos que nos amam. Por essa razão, existe tanto consolo no fato de o nosso Pai celestial nos ter deixado uma carta chamada Bíblia. O valor das Escrituras vai além de suas palavras de poder, desafio e sabedoria. Em meio a todas as histórias, aos ensinamentos e orientações que este Livro oferece, predomina a ideia de que Deus nos ama e planeja o nosso resgate. A Bíblia nos relata sobre o Seu amor em orientar nossa existência (Salmo 139), suprir nossas necessidades (Mateus 6:31-34), consolar-nos (2 Coríntios 1:3,4) e nos salvar pelo sacrifício de Seu Filho, Jesus (Romanos 1:16,17).

Você é amado além da imaginação. Deus lhe diz isso em Sua mensagem inspirada e inspiradora. Não é de se admirar que o salmista tenha escrito: "...não me esquecerei da tua palavra" (119:16). Que carta maravilhosa! —JDB

**O amor de Deus por nós é revelado em Sua carta destinada a nós: a Bíblia.**

11 de setembro

# NASCIDO PARA RESGATAR

LEITURA:
**Marcos 10:35-45**

---

**Pois o próprio Filho do Homem não veio para ser servido, mas para servir e dar a sua vida em regate por muitos.**
**—Marcos 10:45**

---

A BÍBLIA EM UM ANO:
☐ **Provérbios 10–12**
☐ **2 Coríntios 4**

Depois do ataque terrorista e do colapso das Torres Gêmeas na cidade de Nova Iorque em 11 de setembro de 2001, Cynthia Otto tomou conta dos cães de busca e resgate. Anos mais tarde, ela fundou um *Centro de Cães de Trabalho* onde jovens filhotes passam por treinamento especializado que os prepara para ajudar vítimas de desastres.

Veja o comentário de Cynthia sobre estes animais de salvamento: "Existem tantos trabalhos hoje para os quais cães estão sendo usados [...] e eles podem salvar vidas". Disse também que estes filhotes um dia darão assistência vital às pessoas em circunstâncias de alto risco. Eles "nasceram" para resgatar os outros.

A Bíblia nos relata sobre o Messias que nasceu para resgatar a humanidade do castigo do pecado. O que Ele fez está acima de qualquer comparação terrena. Há mais de dois mil anos, o próprio Deus tomou a forma humana a fim de fazer por nós o que não poderíamos fazer. Quando Jesus tornou-se homem, Ele compreendeu e proclamou que tinha nascido para resgatar (João 12:27). "Pois o próprio Filho do Homem não veio para ser servido, mas para servir e dar a sua vida em regate por muitos" (Marcos 10:45).

Louvemos ao nosso Salvador maravilhoso, Jesus Cristo, que nasceu para salvar todos os que aceitarem Sua oferta de salvação. – HDF

---

**Cristo veio para buscar e salvar os perdidos.**

12 de setembro

# O PEQUENO GIGANTE

LEITURA:
**1 Samuel 17:32-37**

**O SENHOR [...] me livrará... —1 Samuel 17:37**

A BÍBLIA EM UM ANO:
☐ **Provérbios 13–15**
☐ **2 Coríntios 5**

O inimigo avança imponente no vale de Elá. Ele tem mais de 2,7 m de altura, e sua armadura, feita de muitas placas pequenas de bronze, brilha à luz do sol. A haste de sua lança está envolta por cordas para que possa girar no ar e ser arremessada a uma distância maior e com mais precisão. Golias parece invencível.

Mas Davi está ciente de tudo. Golias pode parecer um gigante e agir como tal, mas em contraste com o Deus vivo, ele é pequeno. Davi tem uma visão correta de Deus e, portanto, das circunstâncias também. Ele vê Golias como alguém que está desafiando os exércitos do Deus vivo (1 Samuel 17:26). Davi se coloca confiantemente diante de Golias, vestindo suas roupas de pastor e armado apenas com o seu cajado, cinco pedras e uma funda. Sua confiança não está no que ele possui, mas em quem está com ele (v.45).

Que "Golias" você está enfrentando neste momento? Pode ser uma situação impossível no trabalho, uma dificuldade financeira ou um relacionamento rompido. Comparadas a Deus, todas as coisas são pequenas. Nada é grande demais para Ele. As palavras do compositor de hinos Charles Wesley nos lembram: "Fé, poderosa fé, a promessa vê e somente a ela contempla; ri das impossibilidades e clama: 'Será feito!'". Deus é capaz de livrá-lo se isso for da Sua vontade, e Ele pode agir de maneira que você não imagina. – PFC

**Não diga a Deus o tamanho dos seus gigantes. Diga aos gigantes o tamanho do seu Deus.**

13 de setembro

# NÃO PENSE MAIS NELES

LEITURA:
**Isaías 43:22-28**

**Eu, eu mesmo, sou o que apago as tuas transgressões por amor de mim e dos teus pecados não me lembro. —Isaías 43:25**

A BÍBLIA EM UM ANO:
- ☐ Provérbios 16–18
- ☐ 2 Coríntios 6

Meus primeiros anos como cristão foram carregados com maus pressentimentos. Tive a impressão de que quando Jesus voltasse, todos os meus pecados estariam expostos numa tela gigantesca para todos verem.

Hoje sei que Deus optou por não se lembrar de nenhuma de minhas transgressões. Todo pecado foi enterrado no mar profundo para jamais ser exumado e examinado novamente.

Amy Carmichael escreveu: "Há um ou dois dias, eu estava pensando no passado com bastante tristeza — tantos pecados, fracassos e erros de todos os tipos. Ao ler Isaías 43 e, no versículo 24, contemplei a mim mesma: "...me cansaste com as tuas iniquidades". Então, pela primeira vez, percebi que não há espaço entre os versos 24 e 25: 'Eu, eu mesmo, sou o que apago as tuas transgressões por amor de mim e dos teus pecados não me lembro'".

De fato, quando o Senhor voltar, Ele "...trará à plena luz as coisas ocultas das trevas, mas também manifestará os designíos dos corações; e, então, cada um receberá o seu louvor da parte de Deus" (1 Coríntios 4:5). Naquele dia, nossas obras serão provadas, e podemos sofrer perdas, mas não seremos julgados pelo pecado (3:11-15). Deus verá o que Cristo fez por nós. Ele não se lembrará mais dos nossos pecados. — DHR

---

**Quando Deus nos salva, nossos pecados são perdoados para sempre.**

**14 de setembro**

# BONDOSO JESUS

LEITURA:
**Mateus 18:1-10**

---

**Em verdade vos digo que, se não vos converterdes e não vos tornardes como crianças, de modo algum entrareis no reino dos céus.**
**—Mateus 18:3**

---

A BÍBLIA EM UM ANO:
☐ **Provérbios 19–21**
☐ **2 Coríntios 7**

Charles Wesley (1707–88), evangelista metodista, escreveu mais de 9 mil hinos e poemas sagrados. Alguns, como "Mil línguas eu quisera ter", são hinos de louvor incríveis e sublimes. Mas seu poema *Gentle Jesus, Meek and Mild* (Bondoso Jesus, manso e suave) publicado em 1742, é a oração silenciosa de uma criança que capta a essência de como todos nós deveríamos buscar ao Senhor com a fé simples e sincera.

*Amado Jesus, Cordeiro bondoso,*
*Estou em Tuas gloriosas mãos;*
*Faz de mim, Salvador, o que tu és,*
*Vive em meu coração*
(tradução livre).

Enquanto alguns seguidores de Jesus usavam de todos os meios para conseguir uma posição em Seu reino, o Senhor "...chamando uma criança, colocou-a no meio deles. E disse: Em verdade vos digo que, se não vos converterdes e não vos tornardes como crianças, de modo algum entrareis no reino dos céus" (Mateus 18:2,3).

Poucas crianças buscam posição ou poder. Em vez disso, elas querem aceitação e segurança, e se agarram aos adultos que as amam e cuidam delas. Jesus jamais afastou as crianças.

A última estrofe do poema de Wesley mostra o desejo infantil de ser semelhante a Jesus:

*Eu então proclamarei o Teu louvor*
*Servirei a ti durante os meus dias felizes;*
*Então o mundo sempre verá Cristo,*
*a Criança santa, em mim.* — DCM

---

**A fé brilha mais forte num coração infantil.**

15 de setembro

# O JOGO DA CULPA

LEITURA:
**Gênesis 16:1-6; 21:8-13**

**Seja sobre ti a afronta que se me faz a mim [...]. Julgue o SENHOR entre mim e ti. —Gênesis 16:5**

A BÍBLIA EM UM ANO:
☐ **Provérbios 22–24**
☐ **2 Coríntios 8**

Quando o marido de Janete a trocou por outra mulher, ela jurou que jamais conheceria a nova esposa dele. Porém, ao perceber que sua amargura estava prejudicando o relacionamento de seus filhos com o pai deles, pediu a ajuda de Deus para dar os primeiros passos para superar a amargura numa situação que ela não poderia mudar.

No livro de Gênesis 16, lemos a história de um casal a quem Deus prometeu um filho. Quando Sarai sugeriu que o seu marido, Abrão, tivesse um filho com a serva deles, Agar, ela não estava confiando totalmente que Deus lhe daria a criança que prometera. Quando o bebê nasceu, Agar desprezou Sarai (Gênesis 16:3,4), o que a tornou uma mulher amargurada (vv.5,6).

Agar havia sido escrava sem direitos e, de repente, tornara-se especial. Como Sarai reagiu? Culpando os outros, inclusive Abrão (v.5). A promessa de Deus foi realizada no nascimento de Isaque 14 anos mais tarde. A atitude de Sarai estragou o banquete oferecido por Abrão na ocasião do desmame (21:8-10).

Talvez, nunca tenha sido fácil, para Sarai, ter vivido com as consequências da decisão de passarem à frente de Deus. Apenas um milagre da graça poderia ter mudado sua atitude, mas isso poderia ter transformado tudo. Sarai não pôde reverter a decisão, mas, com a força de Deus, poderia ter convivido com ela de forma diferente e glorificado ao Senhor. —MS

**Pela graça de Deus, podemos refletir Sua luz em momentos de escuridão.**

16 de setembro

# Pronto para orar

Leitura:
**Salmo 27:7-14**

---

**Ao meu coração me ocorre: Buscai a minha presença; buscarei, pois, Senhor, a tua presença. —Salmo 27:8**

---

A Bíblia em um ano:
☐ **Provérbios 25–26**
☐ **2 Coríntios 9**

Enquanto viajava de avião com as filhas de 4 e 2 anos, uma jovem mãe se esforçava para mantê-las ocupadas a fim de que não incomodassem os outros. Quando a voz do piloto fez um anúncio pelo sistema de som, Catarina, a filha caçula, parou as atividades e abaixou a cabeça. Quando o piloto terminou de falar, ela sussurrou: "Amém". Talvez, por ter ocorrido uma catástrofe natural pouco tempo antes, a menina pensou que o piloto estivesse orando.

Como aquela garotinha, quero um coração que leve rapidamente os meus pensamentos à oração. Acho que seria justo dizer que o salmista Davi tinha esse tipo de coração. Temos pistas disso no Salmo 27, no qual ele fala sobre enfrentar inimigos difíceis (v.2). Davi declarou:: "...buscarei, pois, Senhor, a tua presença" (v.8). Alguns dizem que, ao escrever este salmo, Davi estava lembrando-se do tempo em que fugia de Saul (1 Samuel 21:10) ou de seu filho Absalão (2 Samuel 15:13,14). A oração e dependência de Deus estavam no primeiro plano do pensamento de Davi, e ele descobriu que Senhor era seu santuário (Salmo 27:4,5).

Precisamos também de um santuário. Talvez, ler ou orar este salmo e outros também possa nos ajudar a desenvolver essa proximidade com o nosso Deus Pai. À medida que Deus se tornar o nosso santuário, voltaremos mais prontamente o nosso coração a Ele em oração. – AMC

---

**Em oração, Deus pode tranquilizar o nosso coração e aquietar a nossa mente.**

17 de setembro

# ENTREGANDO A DEUS

LEITURA:
**Marcos 10:17-22**

**Ele [...] retirou-se triste, porque era dono de muitas propriedades. —Marcos 10:22**

A BÍBLIA EM UM ANO:
- ☐ Provérbios 27–29
- ☐ 2 Coríntios 10

Corrie ten Boom, é heroína para uma geração de pessoas que cresceu após a Segunda Guerra Mundial, pois deixou um legado de piedade e sabedoria. Vítima da ocupação nazista na Holanda, ela sobreviveu para contar sua história de fé e dependência de Deus durante uma época de sofrimento horrendo.

"Tive muitas coisas em minhas mãos", Corrie disse certa vez, "e perdi todas elas; mas, tudo o que coloquei nas mãos de Deus, isso ainda possuo".

Corrie estava familiarizada com a perda. Ela perdera a família, os bens materiais e anos de sua vida por causa de pessoas odiosas. Mesmo assim, aprendeu a se concentrar naquilo que poderia obter espiritualmente, emocionalmente, ao colocar tudo nas mãos de seu Pai celestial.

O que isso significa para nós? O que devemos colocar sob custódia nas mãos de Deus? De acordo com a história do jovem rico no evangelho de Marcos 10, a resposta é *tudo*. Ele tinha a abundância em suas mãos, mas quando Jesus lhe pediu que desistisse de suas riquezas, ele se recusou. O jovem manteve os seus bens materiais e fracassou em seguir Jesus — em consequência, "retirou-se triste" (v. 22).

Assim como Corrie ten Boom, podemos encontrar esperança ao colocar tudo nas mãos de Deus e em seguida confiar nele pelo que vier acontecer. —JDB

**Não há vida mais segura do que a vida entregue a Deus.**

18 de setembro

# Conte a Sua história

Leitura:
**1 Crônicas 16:7-13**

**Rendei graças ao Senhor, invocai o seu nome, fazei conhecidos, entre os povos, os seus feitos. —1 Crônicas 16:8**

A Bíblia em um ano:
☐ Provérbios 30–31
☐ 2 Coríntios 11:1-15

Quando o reconhecido autor Studs Terkel estava procurando um tema para o seu próximo livro, um de seus amigos sugeriu "morte". Embora ele estivesse resistente a princípio, a ideia pouco a pouco começou a tomar forma, e tornou-se real demais quando aos 60 anos a esposa do Sr. Terkel faleceu. Agora, o livro também representava uma busca pessoal: o desejo de saber o que há além, para onde sua amada tinha acabado de partir. As páginas do livro dele são um lembrete pungente de nossa busca por Jesus e das questões e preocupações que temos sobre a eternidade enquanto caminhamos em nossa jornada de fé.

Sou agradecido pela garantia que podemos ter de que estaremos com Jesus após morrermos, se tivermos confiado nele para perdoar os nossos pecados. Não há esperança maior. Hoje, é um privilégio compartilhar essa esperança com a maior quantidade possível de pessoas. O apóstolo Pedro nos encoraja: "...sempre preparados para responder a todo aquele que vos pedir razão da esperança que há em vós [...] com mansidão e temor..." (1 Pedro 3:15,16). Recebemos a oportunidade de Deus, como disse Davi, de invocar "...o seu nome, fazei conhecidos, entre os povos, os seus feitos" (1 Crônicas 16:8).

As histórias de tantas pessoas que amamos ainda não terminaram, e o privilégio de lhes contar sobre o amor de Jesus é o bem mais precioso. —RKK

**Que os nossos dias sejam repletos do desejo — e das oportunidades — de contar a nossa história com Jesus.**

19 de setembro

# Sendo Conhecido

Leitura:
**Tiago 5:16-20**

**...Disse: confessarei ao Senhor as minhas transgressões; e tu perdoaste a iniquidade do meu pecado.**
**—Salmo 32:5**

A Bíblia em um ano:
☐ Eclesiastes 1–3
☐ 2 Coríntios 11:16-33

Um dos conflitos interiores mais difíceis que temos é o desejo de ser conhecido *versus* o medo de ser conhecido. Como seres criados à imagem de Deus, fomos feitos para sermos conhecidos — por Deus e pelos outros também. Contudo, em função da nossa natureza caída, todos nós temos pecados e fraquezas que não queremos que outros tenham conhecimento. Usamos a expressão "lado sombrio" para nos referir aos aspectos ocultos da nossa vida. E usamos *slogans* como "passe uma boa impressão" para estimular outros a mostrar o seu melhor lado.

Um motivo pelo qual não estamos dispostos a nos arriscarmos ser conhecidos é por temermos a rejeição e a zombaria. Mas, ao descobrirmos que Deus nos conhece, nos ama e está disposto a nos perdoar até mesmo com relação à pior coisa que tenhamos feito, nosso temor de ser conhecido por Deus começa a desaparecer. E, quando encontramos uma comunidade de cristãos que entende o relacionamento dinâmico entre perdão e confissão, nos sentimos seguros para confessar os nossos pecados uns aos outros (Tiago 5:16).

A vida de fé não se limita apenas em demonstrarmos o nosso lado bom. Envolve expor o nosso lado sombrio à luz de Cristo por meio da confissão a Deus e aos outros também. Desta maneira, podemos receber a cura e viver na liberdade do perdão. —JAL

**A voz do pecado pode ser alta, mas a do perdão é mais alta ainda.** —D. L. Moody

20 de setembro

# ENRAIZADO

LEITURA:
**2 Crônicas 24:15-22**

**...Fez Joás o que era reto perante o SENHOR todos os dias do sacerdote Joiada.
—2 Crônicas 24:2**

A BÍBLIA EM UM ANO:
☐ Eclesiastes 4–6
☐ 2 Coríntios 12

Joás provavelmente se sentiu confuso e assustado quando soube das obras perversas de sua avó Atalia. Ela havia assassinado os irmãos dele para usurpar o poder ao trono de Judá. Mas o bebê Joás fora escondido em segurança pelos tios durante seis anos (2 Crônicas 22:10-12). À medida que ele crescia, desfrutava do amor e da instrução de seus cuidadores. Quando estava com apenas 7 anos, o menino foi coroado rei secretamente, e a avó foi destronada (23:12-15).

O jovem rei Joás tinha um conselheiro sábio ao seu lado — seu próprio tio Joiada (22–25). Joás era um dos raros "bons reis" de Judá, e, enquanto seu tio viveu, ele obedeceu ao Senhor agindo corretamente (24:2). Porém, assim que o seu tio não estava mais ali para ensinar e dar o exemplo, Joás sucumbiu, e a vida dele terminou mal (24:15-25). Parece que as raízes de sua fé não eram profundas. Ele até começou a adorar ídolos. Talvez, a "fé" de Joás fosse mais do seu tio do que dele próprio.

Outras pessoas podem nos ensinar os princípios da sua fé, mas cada um de nós deve vir individualmente com fé duradoura e pessoal em Cristo. Para que a fé seja verdadeira, ela deve se tornar pessoalmente nossa. Deus nos ajudará a andar com Ele e a criar raízes e nos firmarmos na fé (Colossenses 2:6,7).
—CHK

**A fé que continua até o fim testifica de que era genuína em seu início.**

21 de setembro

# REFEIÇÃO MEDIEVAL

LEITURA:
**Salmo 19:7-14**

---

**Quão doces são as tuas palavras ao meu paladar! Mais que o mel à minha boca.**
**—Salmo 119:103**

---

A BÍBLIA EM UM ANO:
☐ Eclesiastes 7–9
☐ 2 Coríntios 13

Tempos atrás, estive numa conferência sobre a Idade Média. Em um dos seminários, preparamos diversos alimentos que eram comuns nos tempos medievais. Usamos o pilão e o socador para triturar a canela e frutas para fazer geleias. Cortamos cascas de laranja e as tostamos com mel e gengibre para produzir um petisco doce. Esmagamos amêndoas com água e outros ingredientes para criar um leite de amêndoa. E, finalmente, preparamos frangos inteiros e arroz para servir como prato principal. Ao provarmos esses pratos, apreciamos a deliciosa experiência culinária.

No que diz respeito ao alimento espiritual para a nossa alma, Deus nos deu um cardápio variado que podemos mastigar e saborear. Ao fazer isso, podemos ser plenamente satisfeitos. Os livros históricos, a poesia, a literatura de sabedoria, a profecia e outras partes da Bíblia nos fortalecem quando estamos fracos, dando-nos sabedoria e encorajamento, e nos alimentam para a jornada de cada dia (Salmos 19:7-14; 119:97-104; Hebreus 5:12). Como o salmista nos diz: "Quão doces são as tuas palavras ao meu paladar! Mais que o mel à minha boca" (Salmo 119:103).

Portanto, o que você está esperando? Deus colocou um banquete de alimentos espirituais deliciosos à nossa disposição e nos convida a vir e cear. Todos nós estamos convidados!
— HDF

---

**A Bíblia é o pão da vida, e ele nunca resseca.**

22 de setembro

# Repita os avisos

Leitura:
**Gálatas 1:6-10**

**Admira-me que estejais passando tão depressa daquele que vos chamou na graça de Cristo para outro evangelho.**
**—Gálatas 1:6**

A Bíblia em um ano:
☐ **Eclesiastes 10–12**
☐ **Gálatas 1**

"Cuidado! Final da passarela de pedestres. Cuidado! Final da passarela de pedestres." Se você já usou uma passarela automática para pedestres num aeroporto, já ouviu este tipo de anúncio inúmeras vezes.

Por que nos aeroportos este anúncio é repetido várias vezes? Para garantir a segurança e protegerem-se de responsabilidades no caso de alguém se ferir.

Os alertas repetidos podem ser chatos, mas têm o seu valor. Na realidade, o apóstolo Paulo pensava que repetir um aviso era tão vital que se utilizou desse recurso no texto de Gálatas. Mas a sua declaração teve mais valor do que o perigo de tropeçar no aeroporto. Paulo os alertou a não dar ouvidos nem acreditar nele ou num anjo do céu se anunciassem qualquer outro evangelho além daquele que eles tinham ouvido (1:8). No versículo seguinte, o apóstolo repetiu o alerta. Era um aviso que merecia ser repetido. Os gálatas haviam começado a acreditar que a salvação deles dependia das boas obras, não do verdadeiro evangelho: fé na obra de Cristo.

Temos o privilégio e a responsabilidade de compartilhar o evangelho de Jesus — Sua morte, sepultamento e ressurreição para o perdão de pecados. Quando apresentarmos o evangelho, compartilhemos que o Cristo ressurreto é a única solução para o problema do pecado. —JDB

**Apenas um caminho leva ao céu**
**— Jesus Cristo é o caminho.**

23 de setembro

# EMERGÊNCIA DO ESPÍRITO

LEITURA:
**2 Samuel 1:17-27**

**Pranteou Davi a Saul e a Jônatas, seu filho, com esta lamentação. —2 Samuel 1:17**

A BÍBLIA EM UM ANO:
☐ Cântico dos Cânticos 1–3
☐ Gálatas 2

Um *tsunami* devastador atingiu o Japão, em março de 2011, ceifando perto de 16 mil vidas ao destruir cidades e vilas ao longo da costa. A escritora e poetisa Gretel Erlich visitou esse país para testemunhar e documentar a devastação. Quando ela se sentiu inadequada para relatar o que estava vendo, escreveu um poema. Numa entrevista, ela disse: "Meu velho amigo William Stafford, um poeta já falecido, falou: 'Um poema é uma emergência do espírito.'"

A poesia é utilizada em toda a Bíblia para expressar emoções profundas, desde o louvor de júbilo à perda angustiante. Quando o rei Saul e seu filho Jônatas foram mortos em batalha, Davi sentiu-se devastado pela dor (2 Samuel 1:1-12). Ele derramou sua alma num poema que chamou de "o Hino ao Arco": "Saul e Jônatas, queridos e amáveis, tanto na vida como na morte não se separaram! [...] Como caíram os valentes no meio da peleja! [...] Angustiado estou por ti, meu irmão Jônatas; tu eras amabilíssimo para comigo!" (vv.23-26).

Quando enfrentamos "uma emergência do espírito" — quer seja feliz, quer seja triste — nossas orações podem ser um poema ao Senhor. Mesmo que falhemos em colocar em palavras o que sentimos, o nosso Pai celestial ouve as nossas palavras como a verdadeira expressão do nosso coração. —DCM

**Deus faz mais do que ouvir as palavras; Ele lê os corações.**

24 de setembro

# A LINGUAGEM DO ASSOBIO

LEITURA:
**Zacarias 10:1-8**

---

**Eu lhes assobiarei e os ajuntarei, porque os tenho remido... —Zacarias 10:8**

---

A BÍBLIA EM UM ANO:
☐ Cântico dos Cânticos 4–5
☐ Gálatas 3

Em La Gomera, numa das menores ilhas das Ilhas Canárias, uma forma de comunicação que se assemelha à canção de pássaros está sendo revivida. Numa terra de vales profundos e desfiladeiros escarpados, os alunos das escolas e os turistas estão aprendendo como o assobio foi, certa vez, utilizado para comunicar-se a distâncias acima de três quilômetros. Um pastor de cabras que está reutilizando esta linguagem antiga para novamente se comunicar com o seu rebanho disse: "Eles reconhecem o meu assobio assim como reconhecem a minha voz."

O uso do assobio também aparece na Bíblia, nela Deus é descrito como o pastor que assobia para o Seu rebanho. Esta imagem poderia ser o que o profeta tinha em mente ao descrever como Deus um dia assobiará para trazer um povo errante e disperso de volta para si (Zacarias 10:8).

Muitos anos depois, Jesus disse: "As minhas ovelhas ouvem a minha voz; eu as conheço, e elas me seguem" (João 10:27). Esse pode ser o assobio do pastor. O rebanho não compreende as palavras, mas eles reconhecem o som que sinaliza a presença do pastor.

As vozes que enganam e os barulhos que distraem ainda competem por nossa atenção (Zacarias 10:2). Deus, porém, tem maneiras de nos orientar, mesmo sem utilizar-se de palavras. Por meio de acontecimentos que podem ser alarmantes ou encorajadores, Ele nos recorda de Sua presença que guia, protege e tranquiliza. –MRD

---

**O chamado de Deus pode ser sempre ouvido.**

25 de setembro

# A SÁBIA E VELHA CORUJA

LEITURA:
**Provérbios 10:17-21**

---

**...o que modera os lábios é prudente.**
**—Provérbio 10:19**

---

A BÍBLIA EM UM ANO:
☐ **Cântico dos Cânticos 6–8**
☐ **Gálatas 4**

Anos atrás, um escritor anônimo compôs um curto poema sobre as vantagens de medirmos nossas palavras.

*Uma sábia e velha coruja*
*sentou-se sobre um carvalho;*
*Quanto mais via, menos falava;*
*Quanto menos falava, mais escutava;*
*Por que não podemos todos ser*
*iguais a esse sábio e velho pássaro?*

Existe uma relação entre a sabedoria e o limite sobre o que dizemos. O livro de Provérbios 10:19 alerta: "No muito falar não falta transgressão, mas o que modera os lábios é prudente."

Somos sábios ao tomar cuidado com o que dizemos ou com o quanto dizemos em certas situações. Faz sentido guardar as nossas palavras quando estamos zangados. Tiago recomendou aos seus colegas cristãos: "...Todo homem, pois, seja pronto para ouvir, tardio para falar, tardio para se irar" (Tiago 1:19). Refrear as nossas palavras também demonstra reverência a Deus. Salomão falou: "...Deus está nos céus, e tu, na terra; portanto, sejam poucas as tuas palavras" (Eclesiastes 5:2). Quando outras pessoas estão sofrendo, a nossa presença silenciosa pode ajudar mais do que muitas expressões de solidariedade. "...e nenhum lhe dizia palavra alguma, pois viam que a dor era muito grande" (Jó 2:13).

Embora haja momentos de ficarmos em silêncio e momentos de falarmos (Eclesiastes 3:7), optar por falar menos nos permite ouvir mais. —JBS

---

**Que seu discurso seja melhor que o silêncio; caso contrário, permaneça silente.**

**26 de setembro**

# QUESTÃO DE CONFIANÇA

LEITURA:
**Salmo 5**

**Mas regozijem-se todos os que confiam em ti; folguem de júbilo para sempre, porque tu os defendes...**
**—Salmo 5:11**

A BÍBLIA EM UM ANO:
☐ **Isaías 1–2**
☐ **Gálatas 5**

Um jornal australiano contou a história de Pascale Honore, uma paraplégica que, depois de 18 anos presa a uma cadeira de rodas, começou a surfar. Como?

Ty Swam, um jovem surfista, tomou a iniciativa de amarrá-la em suas costas com fita adesiva. Depois de obter o equilíbrio perfeito, ele rema em direção ao mar aberto para que possam pegar uma onda. Assim, Pascale pode experimentar a alegria de surfar. Isto requer uma tremenda confiança; muitas coisas podem dar errado. Mesmo assim, a confiança da mulher no surfista é o suficiente para permitir que ela viva um sonho apesar do perigo.

A vida é assim para o seguidor de Cristo. Vivemos num mundo perigoso, repleto de desafios imprevisíveis e riscos invisíveis. Apesar disso, temos alegria porque conhecemos Alguém que é suficientemente forte para nos carregar pelas ondas turbulentas da vida que ameaçam nos afogar. O salmista escreveu: "Mas regozijem-se todos os que confiam em ti; folguem de júbilo para sempre, porque tu os defendes; e em ti se gloriem os que amam o teu nome" (Salmo 5:11).

Diante dos maiores perigos e desafios da vida, podemos conhecer a alegria que vem da nossa confiança em Deus. Sua força é mais que suficiente! — WEC

**Nossa fé cresce quando trocamos a nossa fraqueza pela força de Deus.**

27 de setembro

# A REUNIÃO FINAL

LEITURA:
**1 Tessalonicenses 4:13-18**

**...depois, nós, os vivos, os que ficarmos, seremos arrebatados juntamente com eles... —1 Tessalonicenses 4:17**

A BÍBLIA EM UM ANO:
☐ Isaías 3–4
☐ Gálatas 6

Jamais me esquecerei da vigília que fiz, sentado perto da cama do meu pai, em seus últimos dias de vida antes de passar para a eternidade. Até hoje, o momento de sua passagem continua a exercer efeito profundo sobre mim. Meu pai sempre esteve presente em minha vida. Eu podia chamá-lo sempre que precisasse de seu aconselhamento. Tenho lindas recordações dos dias em que saíamos para pescar juntos; conversávamos sobre Deus e sobre a Bíblia, e eu o fazia contar as histórias divertidas de sua juventude na fazenda.

Porém, quando papai deu seu último suspiro, conscientizei-me do caráter irreversível da morte. Ele tinha partido deste mundo, e meu coração estampava uma placa de vazio pendurado à porta.

Mesmo assim, em meio a enorme perda e luto, a Palavra de Deus traz encorajamento a esse profundo vazio. O apóstolo Paulo nos ensina que, na vinda do Senhor Jesus, aqueles que tiverem partido antes ressuscitarão primeiro, e que "...seremos arrebatados juntamente com eles [...] e, assim, estaremos para sempre com o Senhor" (1 Tessalonicenses 4:17). Essa é uma reunião que agora aguardo ansiosamente! Não apenas para estar novamente com meu pai, mas também para estar para sempre. com Jesus

C. S. Lewis falou: "Os cristãos nunca dizem adeus." Mal posso esperar por essa reunião final! —JMS

---

**...Onde está, ó morte, o teu aguilhão?**
—1 Coríntios 15:55

28 de setembro

# Toda Adversidade

Leitura:
**2 Coríntios 12:7-10**

**...A minha graça te basta, porque o poder se aperfeiçoa na fraqueza...**
**—2 Coríntios 12:9**

A Bíblia em um ano:
☐ **Isaías 5–6**
☐ **Efésios 1**

A cidade de Enterprise, Alabama, EUA, tem um monumento ilustre, mas diferente de outro. A estátua não é em reconhecimento a um cidadão importante; mas ao trabalho de um besouro. No início dos anos de 1900, este bicudo-do-algodoeiro abriu o caminho do México ao sul dos Estados Unidos. Em poucos anos, destruiu plantações inteiras de algodão, a principal fonte de renda. Desesperados, os fazendeiros começaram a plantar o amendoim. Percebendo sua dependência num único produto por muito tempo, atribuíram ao besouro a necessidade de diversificar, o que gerou maior prosperidade.

O bicudo-do-algodoeiro, nesse caso, representa as coisas que entram em nossa vida e destroem nossas duras realizações. Surge a devastação, assustadora — às vezes, financeira, emocional ou física. Testemunhamos o fim da vida como a conhecemos; tudo se modifica diante dos nossos olhos. Mas, como as pessoas daquela cidade aprenderam, a perda do que é *velho* é uma oportunidade de descobrir algo *novo*. Deus pode usar a adversidade para nos fazer desistir de um mau hábito ou para aprender uma nova virtude. Ele usou um "espinho na carne" de Paulo para ensiná-lo sobre a graça (2 Coríntios 12:7-9).

Em vez de lutar para manter os hábitos antigos, não mais eficazes, podemos encarar cada adversidade como uma oportunidade para Deus cultivar uma nova virtude em nós. – JAL

**Deus, frequentemente, usa experiências amargas para nos aperfeiçoar.**

29 de setembro

# A Graça Eterna

Leitura:
**Efésios 2:1-10**

---

**Porque pela graça sois salvos, mediante a fé... —Efésios 2:8**

---

A Bíblia em um ano:
☐ Isaías 7–8
☐ Efésios 2

Arregimentado na Marinha Real, John Newton foi dispensado por insubordinação e voltou-se para trabalhar com o tráfico de escravos. Conhecido por praguejar e blasfemar, Newton trabalhou num navio negreiro durante os dias mais cruéis da escravidão além-mares, finalmente alcançando o posto de capitão.

Uma conversão dramática em alto-mar o colocou no caminho da graça. Ele sempre teve a sensação de desmerecimento por sua nova vida. Ele se tornou um pregador evangélico extraordinário e, por fim, líder do movimento abolicionista. Newton apareceu no Parlamento britânico, dando testemunho pessoal irrefutável sobre o horror e imoralidade do comércio escravagista. Também o conhecemos como o autor da letra do hino que talvez tenha sido o mais amado de todos os tempos: *A Graça Eterna*.

Newton creditou todo bem que havia em si mesmo como resultado da à ação da graça de Deus em sua vida. Ao agir assim, ele se coloca no mesmo patamar que estes grandes heróis: um assassino e adúltero (o rei Davi), um covarde (o apóstolo Pedro) e um perseguidor de cristãos (o apóstolo Paulo).

Esta mesma graça está disponível a todos os que invocam a Deus, porque nele "...temos a redenção, pelo seu sangue, a remissão dos pecados, segundo a riqueza da sua graça" (Efésios 1:7). — PDY

---

**As vidas arraigadas na imutável graça de Deus jamais podem ser desenraizadas.**

30 de setembro

# UM NOVO COMEÇO

LEITURA:
**Lucas 5:17-26**

**...Os sãos não precisam de médico, e sim os doentes. —Lucas 5:31**

A BÍBLIA EM UM ANO:
☐ Isaías 9–10
☐ Efésios 3

Em muitos países, as leis relacionadas à saúde pública proíbem a reutilização ou a revenda de colchões velhos. Somente os aterros sanitários os aceitam. Tim Keenan lidou com este problema, e, hoje, seu negócio emprega uma dúzia de pessoas que separam os componentes de metal, tecido e espuma dos colchões velhos para reciclagem. Mas essa é apenas uma parte da história. O jornalista do periódico local escreveu: "De todos os itens que ele recicla [...] seu maior sucesso são as pessoas." Keenan contrata homens de casas de reintegração social e de abrigos para os sem-teto, e lhes oferece um emprego e uma segunda chance. Ele diz: "Pegamos aqueles que ninguém mais quer."

O livro de Lucas 5:17-26 relata como Jesus curou o corpo e a alma de um paralítico. Após esse acontecimento miraculoso, Levi respondeu ao chamado de Jesus para segui-lo e, em seguida, convidou os seus colegas publicanos e amigos para um banquete em honra ao Senhor (vv.27-29). Quando algumas pessoas acusaram Jesus de associar-se com os indesejáveis (v.30), Ele as lembrou de que as pessoas saudáveis não precisam de médico, acrescentando: "Não vim chamar justos, e sim pecadores, ao arrependimento" (v.32).

Para todo aquele que se sente como um rejeitado rumo ao lixão da vida, Jesus abre os braços de amor e oferece um novo começo. Foi para isso que Ele veio! —DCM

**Salvação significa receber uma nova vida.**

1.º de outubro

# CARTA DE AMOR

LEITURA:
**Salmo 119:97-104**

---

**Quanto amo a tua lei!
É a minha meditação,
todo o dia.
—Salmo 119:97**

---

A BÍBLIA EM UM ANO:
☐ Isaías 11–13
☐ Efésios 4

Todas as manhãs quando chego em meu escritório, tenho um hábito simples: verifico todos os meus *emails*. Na maioria das vezes, eu os olho de forma superficial. Porém, há alguns que fico ansiosa para abrir. Você adivinhou — aqueles de entes queridos.

Alguém disse que a Bíblia é a carta de amor de Deus para nós. Mas, assim como eu, talvez alguns dias, você não sente desejo de abri-la e seu coração não se identifica com as palavras do salmista: "Quanto amo a tua lei!" (Salmo 119:97). As escrituras são "teus mandamentos (v.98), teus testemunhos (v. 99); teus preceitos (17), tua palavra (v. 101).

Uma pergunta de Thomas Manton (1620–70), quando professor na Abadia de Westminster, continua relevante para nós ainda hoje. Ele questionou: "Quem é o autor das Escrituras? Deus... Qual é o fim das Escrituras? Deus. Por que as Escrituras nos foram dadas, senão para podermos desfrutar eternamente do Deus bendito?"

Diz-se que, quanto mais você conhece uma pessoa, menos você a admira; Mas o inverso é verdadeiro em relação a Deus. A familiaridade com a Palavra de Deus, ou melhor, com o Deus da palavra, gera afeição, e a afeição produz ainda mais familiaridade.

Quando abrir a sua Bíblia, lembre-se de que Deus — aquele que o ama mais do que qualquer outro — tem uma mensagem para você. – PFC

---

**Conhecer a Bíblia nos ajuda a conhecer Deus.**

2 de outubro

# Na tempestade

Leitura:
**Marcos 4:35-41**

**[Jesus] ...disse ao mar: Acalma-te, emudece!... —Marcos 4:39**

A Bíblia em um ano:
- ☐ **Isaías 14–16**
- ☐ **Efésios 5:1-16**

Uma tempestade se formava — não apenas no horizonte, mas na casa de uma amiga. "Quando estava em Hong Kong," ela compartilhou, "o serviço meteorológico local anunciou que uma supertempestade se aproximava. Mas além da tempestade lá fora, outra se formava dentro de casa. Quando meu pai estava hospitalizado, os familiares tentavam equilibrar as responsabilidades em casa e trabalho com as viagens ao hospital. Todos estavam tão cansados que a paciência estava se esgotando e a situação em casa estava tensa."

A vida pode parecer uma tempestade — nos atirando ao redor com ventos de infortúnio, luto ou estresse. Para onde nos voltar? Quando os discípulos foram pegos numa grande ventania, questionaram se Jesus realmente se importava com a situação. Eles sabiam para onde se voltar. Jesus demonstrou Seu poder acalmando a barulhenta tempestade (Marcos 4:38,39).

Com frequência, o Senhor não acalma a tempestade imediatamente. E, como os discípulos, podemos sentir que Ele não se importa. Para acalmar nossos medos, podemos nos apegar à fé em quem Deus é e no que Ele pode fazer. Podemos nos abrigar nele (Salmo 91:1), e receber Sua ajuda para nos relacionarmos com outros com misericórdia. Podemos descansar num Deus Todo-poderoso, totalmente sábio e absolutamente amoroso. Ele está conosco durante a tempestade e nos envolve quando a enfrentamos. —PFC

**Não precisamos clamar em alta voz; Ele está mais próximo do que pensamos.** —Irmão Lawrence

3 de outubro

# LUZ FILTRADA

LEITURA:
**2 Coríntios 4:1-12**

---

**...Deus, que disse: Das trevas resplandecerá a luz, ele mesmo resplandeceu em nosso coração... —2 Coríntios 4:6**

---

A BÍBLIA EM UM ANO:
- ☐ Isaías 17–19
- ☐ Efésios 5:17-33

A pintura chamada *"A Trail of Light"* (Um rastro de luz) do artista americano Bob Simpich retrata um bosque de álamos com folhas douradas iluminadas pelo sol de outono. As folhas mais altas são brilhantemente iluminadas enquanto que o solo sob as árvores é uma mistura de luz solar e sombra. O pintor declarou sobre esse contraste: "Não posso resistir à luz filtrada que atinge o chão do bosque. Esse visual tece uma mágica especial."

O apóstolo Paulo escreveu aos seguidores de Jesus em Corinto, "Porque Deus, que disse: Das trevas resplandecerá a luz, ele mesmo resplandeceu em nosso coração, para iluminação do conhecimento da glória de Deus, na face de Cristo" (2 Coríntios 4:6). Paulo descreve a realidade da vida: "Em tudo somos atribulados, porém não angustiados; perplexos, porém não desanimados; perseguidos, porém não desamparados; abatidos, porém não destruídos" (vv.8,9).

Há momentos em que parece que a luz da face de Deus é ofuscada devido à nossa dificuldade, tristeza ou perda. Entretanto, mesmo nestas escuras sombras podemos ver provas de Sua presença em nós.

Se caminhamos sob luz filtrada, podemos vir a redescobrir que a luz de Deus — Jesus — está sempre brilhando em nossos corações. —DCM

---

**Em circunstâncias obscuras, a luz de Deus permanece brilhando em nossos corações.**

4 de outubro

# CULTURA DESCARTÁVEL

LEITURA:
**Salmo 136:1-9,23-26**

**Rendei graças ao SENHOR, porque ele é bom, porque a sua misericórdia dura para sempre. —Salmo 136:1**

A BÍBLIA EM UM ANO:
☐ Isaías 20–22
☐ Efésios 6

Mais do que nunca vivemos em uma cultura descartável. Pense por um momento em algumas das coisas que são feitas para serem descartadas — barbeadores, garrafas de água, isqueiros, pratos de papelão, talheres plásticos. Produtos são utilizados, jogados e substituídos.

Esta cultura descartável também repercute de maneiras mais significativas. Muitas vezes, o verdadeiro compromisso nos relacionamentos é visto como algo opcional. Casamentos lutam para sobreviver. Funcionários antigos são dispensados pouco antes da aposentadoria e trocados por opções mais baratas. Um atleta muito reconhecido abandona um time para juntar-se a outro. Parece que nada dura.

Nosso Deus imutável, no entanto, promete que Sua amorosa misericórdia dura para sempre. No Salmo 136, o autor celebra esta maravilhosa promessa fazendo afirmações sobre as maravilhas, a obra e o caráter de Deus. Ele então pontua cada afirmação sobre o Senhor com a frase: "...porque a sua misericórdia dura para sempre". Seja pela maravilha de Sua criação (vv.4-9), pelo resgate de Seu povo (vv.10-22), ou por Seu atencioso cuidado pelos Seus (vv.23-26), podemos confiar nele porque Sua misericórdia nunca falhará. Em um mundo passageiro, a permanência da misericórdia de Deus nos dá esperança. Podemos cantar com o salmista: "Rendei graças ao SENHOR, porque ele é bom, porque a sua misericórdia dura para sempre" (v.1). —WEC

**A graça de Deus é imensurável;
Sua misericórdia inesgotável; Sua paz inexprimível.**

5 de outubro

# OVELHA ROSA

LEITURA:
**João 10:7-18**

**Nisto conhecerão todos que sois meus discípulos: se tiverdes amor uns aos outros. —João 13:35**

A BÍBLIA EM UM ANO:
☐ Isaías 23–25
☐ Filipenses 1

Enquanto viajava de Glasgow a Edinburgh, na Escócia, eu desfrutava da bela região campestre pastoril quando uma visão um tanto jocosa chamou minha atenção. No topo de uma pequena colina, havia uma grande rebanho de ovelhas rosas.

Eu sei que os donos de ovelhas marcam seus animais com pontos de tinta *spray* para identificá-las — mas estas ovelhas realmente se destacavam. O dono as havia coberto totalmente com tinta rosa. Todos sabiam a quem aquelas ovelhas pertenciam.

As Escrituras chamam os seguidores de Cristo de ovelhas e eles também têm uma marca identificadora singular. Qual é a "tinta rosa" na vida de um seguidor de Cristo? Como alguém pode ser identificado como propriedade de Jesus?

No evangelho de João, Jesus, o Bom Pastor, nos disse qual é esse identificador: amor. "...vos ameis uns aos outros; assim como eu vos amei [...]. Nisto conhecerão todos que sois meus discípulos: se tiverdes amor uns aos outros" (João 13:34,35).

Em palavras ou ações, o cristão deve demonstrar amor a todos ao seu redor. "Amados..." João escreve, "...se Deus de tal maneira nos amou, devemos nós também amar uns aos outros" (1 João 4:11). O amor do cristão pelos outros deveria ser tão óbvio quanto lã rosa em um rebanho de ovelhas escocesas.
—JDB

**Como seguidores de Cristo, nosso amor deve nos destacar em uma multidão.**

6 de outubro

# Um fiel ajudante

Leitura:
**Jeremias 20:7-13**

**Mas o Senhor está comigo como um poderoso guerreiro... —Jeremias 20:11**

A Bíblia em um ano:
- ☐ Isaías 26–27
- ☐ Filipenses 2

Quando jovem, meu pai tinha que alimentar porcos famintos com lavagem na fazenda onde cresceu. Ele odiava o trabalho porque os porcos o derrubavam quando ele entrava no chiqueiro. Esta tarefa poderia ter sido impossível se não fosse um fiel ajudante que o acompanhava — uma cachorra da raça pastor alemão. Ela se contorcia entre meu pai e os porcos e os afastava até que meu pai terminasse sua tarefa.

O profeta Jeremias tinha a difícil tarefa de proclamar as mensagens de Deus aos israelitas. Isto exigia que ele resistisse ao abuso físico, ataques verbais, aprisionamento e isolamento. Apesar de lutar com o profundo desencorajamento, Jeremias tinha um Ajudador durante todos os tormentos. Deus prometeu-lhe: "...eu sou contigo [...] para te livrar" (Jeremias 1:19).

Deus não abandonou Jeremias e não nos abandonará. Temos Sua ajuda contínua por meio do poder do Espírito que vive em todo cristão (João 14:16,17). O Ajudador nos dá esperança (Romanos 15:13), nos direciona à verdade espiritual (João 16:13) e derrama o amor de Deus em nossos corações (Romanos 5:5). Podemos confiar que Deus fielmente nos ajuda à medida que suportamos a dificuldade. Podemos dizer como Jeremias, "...o Senhor está comigo como um poderoso guerreiro..." (Jeremias 20:11). —JBS

**Nossa maior esperança aqui na terra é a ajuda de Deus que está no céu.**

7 de outubro

# HASTEIE A BANDEIRA

LEITURA:
**Efésios 5:1-13**

**Sede, pois, imitadores de Deus, como filhos amados. —Efésios 5:1**

A BÍBLIA EM UM ANO:
☐ Isaías 28–29
☐ Filipenses 3

A rainha Elizabeth II governa o Império Britânico por mais de 60 anos. Sua monarquia se caracterizada por graça e classe. Ela diligentemente doa sua vida para servir bem ao seu povo e como resultado é muito amada e honrada. Assim, você pode compreender a importância da bandeira hasteada sobre o Palácio de Buckingham. Quando está hasteada, significa que a rainha está morando no centro de Londres. A bandeira é uma declaração pública de que a monarca está presente com seu povo.

Enquanto pensava sobre isso, ocorreu-me que nosso Rei Jesus reside em nossos corações como nosso Monarca que nos diz: "…De maneira alguma te deixarei, nunca jamais te abandonarei" (Hebreus 13:5). Por mais maravilhoso que isso seja para nós pessoalmente, me pergunto se aqueles ao nosso redor reconhecem que Ele reside em nós pelo modo como vivemos. Se Ele está dentro de nós, isso aparecerá externamente. Como Paulo diz, devemos ser "…imitadores de Deus…" e andar "…em amor, como também Cristo nos amou…" (Efésios 5:1,2). Ao agirmos dessa forma, expressaremos alegria, paz, longanimidade, benignidade, bondade, fidelidade, mansidão e domínio próprio (Gálatas 5:22,23).

Hasteemos a bandeira de Sua presença — a bandeira de Sua graça, justiça e amor — para que outros possam vê-lo por nosso intermédio. —JMS

**Hasteie a bandeira da presença de Cristo pra demonstrar que o Rei reside em sua vida.**

8 de outubro

# ESPERAR EM DEUS

LEITURA:
**Salmo 62:1-8**

**Somente em Deus, ó minha alma, espera silenciosa, porque dele vem a minha esperança. —Salmo 62:5**

A BÍBLIA EM UM ANO:
- ☐ Isaías 30–31
- ☐ Filipenses 4

Cha Sa-soon, uma coreana de 69 anos, finalmente recebeu sua carteira de motorista após três anos tentando ser aprovada no exame teórico. Essa senhora queria a carteira para poder levar seus netos ao zoológico.

Ela foi persistente naquilo que normalmente seria obtido com maior rapidez. Quando queremos algo e não conseguimos tê-lo, geralmente reclamamos e exigimos. Em outros momentos, desistimos e caminhamos em frente se aquilo que queremos não pode ser rapidamente satisfeito. "Espere" é uma palavra que detestamos ouvir! Entretanto, muitas vezes a Bíblia nos afirma que Deus quer que esperemos nele, pelo Seu tempo.

Esperar em Deus significa olhar para Ele pacientemente para obter o que precisamos. Davi reconheceu o motivo pelo qual precisava esperar no Senhor. Primeiro, sua salvação veio do SENHOR (Salmo 62:1). Ele aprendeu que ninguém mais podia libertá-lo. Sua única esperança estava em Deus (v.5), pois somente Ele ouve nossas orações (v.8).

Nossas orações frequentemente giram em torno de pedir a Deus que se apresse e abençoe o que queremos fazer. E se Deus simplesmente nos responde: "Seja paciente. Espere em mim"? Podemos orar como Davi: "De manhã, SENHOR, ouves a minha voz; de manhã te apresento a minha oração e fico esperando" (Salmo 5:3). Podemos confiar em Sua resposta, mesmo que não venha no momento que esperamos. —CPH

---

**Toda oração deveria finalizar com "Seja feita a Sua vontade."**

9 de outubro

# O QUE VOCÊ ESPERA?

LEITURA:
**João 16:25-33**

**...No mundo, passais por aflições; mas tende bom ânimo; eu venci o mundo. —João 16:33**

A BÍBLIA EM UM ANO:
- ☐ Isaías 32–33
- ☐ Colossenses 1

Em seu livro *God in the Dock* (Deus na Doca), C. S. Lewis escreveu: "Imagine um grupo de pessoas morando no mesmo edifício. Metade delas acredita que está em um hotel, a outra metade acredita que está numa prisão. Aqueles que pensam estar em um hotel podem considerá-lo intolerável e aqueles que pensam estar em uma prisão podem considerá-la surpreendentemente confortável." Lewis usou habilmente este contraste entre um hotel e uma prisão para ilustrar o modo como vemos a vida fundamentados em nossas expectativas. Ele diz: "Se você considera este mundo um lugar planejado simplesmente para nossa felicidade, irá considerá-lo um bocado intolerável; conceba-o como um lugar de treinamento e correção e acaba não sendo tão ruim."

Algumas vezes esperamos que a vida seja feliz e indolor. Mas não é isto que a Bíblia ensina. Para o cristão, este mundo é um lugar de desenvolvimento espiritual por meio de momentos bons e ruins. Jesus foi realista quando explicou o que deveríamos esperar da vida. Ele disse a Seus discípulos: "...No mundo, passais por aflições; mas tende bom ânimo; eu venci o mundo" (João 16:33). Ao enfrentarmos as bênçãos e as injúrias da vida podemos ter paz eterna, pois Deus está orquestrando eventos de acordo com Seu plano soberano.

A presença de Cristo em nossa vida nos capacita a ter "bom ânimo" mesmo em meio à dor. — HDF

**Em meio aos problemas, a paz pode ser encontrada em Jesus.**

10 de outubro

# A LIÇÃO DO BAMBOLÊ

LEITURA:
**Marcos 6:34-44**

**E não nos cansemos de fazer o bem...
—Gálatas 6:9**

A BÍBLIA EM UM ANO:
☐ Isaías 34–36
☐ Colossenses 2

Um de meus brinquedos favoritos na infância está ressurgindo — o bambolê. Minha amiga Suzi e eu gastávamos horas no jardim aperfeiçoando nossa técnica e competindo para ver quem de nós conseguia mantê-lo girando na cintura por mais tempo. Este ano revivi essa parte de minha infância. Sentada em um parque, observei enquanto as crianças de todas as idades e tamanhos tentavam ao máximo impedir os bambolês de caírem no chão. Elas giravam e giravam com toda a força, mas apesar de seu esforço os bambolês caíam. Uma jovem então apanhou um bambolê. Praticamente sem muito esforço, ela o moveu suavemente e com ritmo para cima e para baixo, da cintura até os ombros e de volta à cintura. Seu sucesso dependeu de movimento estratégico, não do movimento vigoroso.

Em nossa vida espiritual, podemos gastar todo tipo de energia tentando acompanhar o ritmo de outros no serviço a Deus. Mas trabalhar até a exaustão não é uma virtude (Gálatas 6:9). Antes de alimentar milhares de pessoas com apenas cinco pães e dois peixes (Marcos 6:38-44), Jesus chamou Seus discípulos à parte para descansar, provando que Ele não precisa de nosso empenho frenético para cumprir Sua obra. Jesus quer nos ensinar a verdade que ensinou a Seus discípulos: obediência mansa alcança mais do que atividade desenfreada. —JAL

**Jesus quer prontidão, não exaustão.**

**11 de outubro**

# O PODER DE MUDAR

LEITURA:
**Romanos 12:1-8**

---

**E não vos conformeis com este século, mas transformai-vos pela renovação da vossa mente... —Romanos 12:2**

---

A BÍBLIA EM UM ANO:
- ☐ **Isaías 37–38**
- ☐ **Colossenses 3**

Tony Wagner, educador e autor de renome, acredita fortemente na "inovação desordenada" que muda o modo como o mundo pensa e funciona. Em seu livro *Creating Inovators: The Making of Young People Who Will Change the World* (Criando Inovadores: a preparação de jovens que mudarão o mundo) ele diz: "A inovação ocorre em todos os aspectos do empreendimento humano" e "a maioria das pessoas pode se tornar mais criativa e inovadora — desde que tenham o ambiente certo e as oportunidades certas."

Paulo foi um inovador do primeiro século que viajou pela Ásia Menor dizendo às pessoas como elas poderiam ser transformadas pela fé em Jesus Cristo. Aos cristãos em Roma Paulo escreveu: "E não vos conformeis com este século, mas transformai-vos pela renovação da vossa mente..." (Romanos 12:2). Ele os estimulou a entregarem-se por completo a Deus (v.1). Em um mundo egocêntrico, ganancioso e mesquinho, Paulo os estimulou e mentoreou sobre como viver uma vida de doação, centrada em Cristo.

O mundo mudou drasticamente desde a época de Paulo. Mas os anseios das pessoas por amor, perdão e o poder de mudar permanecem os mesmos. Jesus, o Grande Inovador, oferece tudo isto e nos convida a experimentar uma vida nova e diferente nele. – DCM

---

**Deus nos aceita como somos,
mas nunca nos deixa nessa condição.**

12 de outubro

# UM SANTUÁRIO

LEITURA:
**Mateus 11:25-30**

**Vinde a mim, todos os que estais cansados e sobrecarregados, e eu vos aliviarei.**
**—Mateus 11:28**

A BÍBLIA EM UM ANO:
☐ Isaías 39–40
☐ Colossenses 4

Ao entrar em uma igreja em Klang, Malásia, fiquei intrigado com a placa de boas-vindas num prédio. A placa afirmava que o local era "um santuário para os que carregam fardos pesados."

Poucas coisas refletem tão bem o coração de Cristo como Seu desejo de que Sua Igreja seja um lugar onde fardos são retirados e onde os cansados encontram descanso. Isto era vital no ministério de Jesus, pois Ele disse: "Vinde a mim, todos os que estais cansados e sobrecarregados, e eu vos aliviarei" (Mateus 11:28).

Jesus prometeu tomar nossos fardos e trocá-los por Seu jugo leve. "Tomai sobre vós o meu jugo e aprendei de mim, porque sou manso e humilde de coração; e achareis descanso para a vossa alma. Porque o meu jugo é suave, e o meu fardo é leve" (vv.29,30).

Esta promessa é sustentada por Sua grande força. Quaisquer que sejam os fardos que carreguemos, em Cristo encontramos os fortes ombros do Filho de Deus, que promete tomar nossos fardos pesados e trocá-los por Seu leve jugo.

Cristo, que nos ama com amor eterno, compreende nossas lutas. Podemos confiar que Ele nos proporcionará o descanso que nunca encontraremos por nós mesmos. Sua força é suficiente para nossa fraqueza, fazendo de si próprio o nosso "santuário para os que carregam fardos pesados." – WEC

---

**Deus chama os inquietos para encontrar a sua quietude nele.**

13 de outubro

# PALAVRAS OPORTUNAS

LEITURA:
**Provérbios 25:11-15**

---

**Como maçãs de ouro em salvas de prata, assim é a palavra dita a seu tempo.
—Provérbios 25:11**

---

A BÍBLIA EM UM ANO:
☐ Isaías 41–42
☐ 1 Tessalonicenses 1

Você já ouviu a expressão "Tempo é tudo"? De acordo com a Bíblia, o tempo certo aplica-se às nossas palavras e ao nosso discurso. Pense num momento em que Deus usou você no tempo certo para levar uma palavra de refrigério a alguém ou quando você quis falar algo, mas foi mais sábio permanecer em silêncio.

A Bíblia diz que há um momento apropriado para falar (Eclesiastes 3:7). Salomão comparou palavras bem faladas e pronunciadas no tempo certo com maçãs de ouro em salvas de prata — belas, valiosas e cuidadosamente concebidas (Provérbios 25:11,12). Saber o momento certo de falar é benéfico tanto para quem fala quanto para quem ouve; sejam palavras de amor, encorajamento ou repreensão. Manter-se em silêncio também tem seu lugar e sua hora. Quando tentado a ridicularizar, depreciar ou difamar o próximo, Salomão disse que é sábio segurarmos a língua, reconhecendo o momento apropriado para o silêncio (11:12,13). Quando a tagarelice ou a raiva nos impulsionam a pecar contra Deus ou outro ser humano, a resistência está no falar tardiamente (10:19; Tiago 1:19).

Geralmente é difícil saber o que e quando dizer. O Espírito nos ajudará a discernir. Ele nos auxiliará a usar palavras na hora certa e da forma correta, para o bem de outros e para a Sua honra. –MLW

---

**Palavras oportunas são obras de arte.**

14 de outubro

# UM ETERNO OLÁ

LEITURA:
2 Coríntios 4:16–5:8

**...foi o próprio Deus quem nos preparou para isto, outorgando-nos o penhor do Espírito.**
**—2 Coríntios 5:5**

A BÍBLIA EM UM ANO:
☐ Isaías 43–44
☐ 1 Tessalonicenses 2

Após uma semana de férias com sua filha e Otávio, o neto de quatro meses, Kátia teve de se despedir até que pudesse vê-los novamente. Ela me escreveu: "Doces reencontros como este que tivemos fazem meu coração ansiar pelo céu. Lá não teremos que tentar capturar memórias em nossa mente. Não teremos que orar para que o tempo passe lentamente e os dias durem mais. Lá, nosso oi nunca se transformará em adeus. O céu será um "eterno olá", e eu não vejo a hora que chegue." Como avó de primeira viagem, ela quer estar com seu neto Otávio o máximo possível! Ela fica grata por qualquer momento que possa estar com ele e pela esperança do céu — onde os momentos maravilhosos nunca acabarão.

Nossos dias bons realmente parecem muito curtos e nossos dias difíceis longos demais. Mas ambos os tipos de dias nos fazem ansiar pelos dias ainda melhores que estão por vir. O apóstolo Paulo afirmou que ele e os coríntios ansiavam estar "...revestidos, para que o mortal seja absorvido pela vida" (2 Coríntios 5:4). Ainda que o Senhor esteja conosco nesta vida, não podemos vê-lo face a face. Agora vivemos por fé, não por vista (v.7).

Deus nos criou exatamente para o propósito de estar sempre próximos a Ele (v.5). O céu será um eterno olá. – AMC

**Agora vemos Jesus na Bíblia, mas o veremos face a face.**

15 de outubro

# De cabeça para baixo

Leitura:
**Mateus 8:1-4; 9:9-12**

**...Os sãos não precisam de médico, e sim os doentes.**
**—Mateus 9:12**

A Bíblia em um ano:
☐ Isaías 45–46
☐ 1 Tessalonicenses 3

Na Índia eu cultuei a Deus entre pacientes leprosos. A maioria dos avanços da medicina no tratamento da lepra surgiu como resultado de médicos missionários que se dispuseram a viver entre os pacientes e a arriscar-se à exposição à pavorosa doença. Como resultado, desenvolvem-se igrejas na maioria dos grandes centros de lepra. Em Mianmar visitei casas para órfãos aidéticos onde voluntários cristãos tentam substituir a afeição dos pais que a doença já roubou. No Chile e no Peru, visitei os cultos mais avivados no interior de uma penitenciária federal. Entre os simples, os desprezíveis, os oprimidos — os rejeitados deste mundo — o reino de Deus cria raízes.

Levar a sério algo designado por Deus significa que precisamos aprender a olhar para o mundo de cabeça para baixo, como Jesus fez. Em vez de buscar pessoas com recursos que possam nos fazer favores, procuramos pessoas com poucos recursos. Em vez dos fortes, encontramos os fracos; em vez do saudável, o doente. Em vez do espiritual, o pecador. Não é assim que Deus reconcilia o mundo consigo? "...Os sãos não precisam de médico, e sim os doentes [...] pois não vim chamar justos, e sim pecadores" (Mateus 9:12,13).

Para ganhar uma nova perspectiva, olhe para o mundo de cabeça para baixo, como Jesus o fez. — PDY

**Você vê um mundo carente por intermédio dos olhos de Jesus?**

16 de outubro

# DESVIOS MISTERIOSOS

LEITURA:
**Gênesis 12:1-10; 13:1**

**Nossos pais confiaram em ti; confiaram, e os livraste. —Salmo 22:4**

A BÍBLIA EM UM ANO:
- ☐ Isaías 47–49
- ☐ 1 Tessalonicenses 4

Antes que minha esposa e eu embarcássemos em uma viagem de 640 km de estrada, programei o *GPS* com destino à casa da minha filha em outro estado. Conforme cruzávamos por um estado, o *GPS* nos instruiu a sair da interestadual, o que nos levou a um desvio por uma cidade aleatória. Quando o *GPS* nos redirecionou à interestadual, fiquei aturdido com este misterioso desvio. Por que fomos conduzidos para fora de uma rodovia perfeitamente boa?

Nunca saberei a resposta. Continuamos em nosso caminho e confiamos que o *GPS* nos levaria até o destino e em seguida, de volta para casa.

Isso me fez pensar sobre os desvios na vida. Pode parecer que estamos viajando por um caminho plano. E então por alguma razão, Deus nos redireciona a uma área desconhecida. Talvez seja uma doença, ou uma crise no trabalho ou escola, ou uma tragédia inesperada ocorre. Não entendemos o que Deus está fazendo.

Abraão enfrentou um desvio misterioso quando Deus lhe disse: "...Sai da tua terra, da tua parentela e da casa de teu pai..." (Gênesis 12:1). Certamente Abraão deve ter se perguntado por que Deus o estava guiando ao deserto do Neguebe. Mas ele confiou em Deus e em Seus bons propósitos.

Um *GPS* pode errar, mas podemos confiar em nosso Deus infalível (Salmo 22:4). Ele nos guiará em todos os desvios misteriosos e nos direcionará para onde Ele quer que vamos. —JDB

**Não precisamos enxergar o caminho quando estamos perto daquele que o vê.**

17 de outubro

# ESPIAR OU BUSCAR

LEITURA:
**Jonas 1:1–2:2**

**...Na minha angústia, clamei ao SENHOR, e ele me respondeu... —Jonas 2:2**

A BÍBLIA EM UM ANO:
☐ Isaías 50–52
☐ 1 Tessalonicenses 5

Quando nossa filha ainda era muito pequena para andar ou engatinhar, ela criou uma forma de se esconder das pessoas quando queria ser deixada em paz ou queria as coisas do jeito dela. Ela simplesmente fechava seus olhos. O raciocínio de Catarina era que se ela não pudesse ver ninguém, ninguém podia vê-la. Minha filha utilizava esta tática em seu assento no carro quando alguém novo tentava dizer oi; utilizava em seu cadeirão quando não gostava da comida; utilizava inclusive quando avisávamos que era hora de dormir.

Jonas tinha uma estratégia mais adulta para esconder-se, mas não era mais eficaz do que a estratégia de nossa filha. Quando Deus lhe pediu que fizesse algo que não queria fazer, ele correu em direção oposta. Mas descobriu rapidamente que não havia lugar onde Deus não pudesse encontrá-lo. Na verdade, as Escrituras estão cheias de histórias de Deus encontrando pessoas quando elas não necessariamente queriam ser encontradas (Êxodo 2:11–3:6; 1 Reis 19:1-7; Atos 9:1-19).

Talvez você tente se esconder de Deus ou talvez até pense que Ele não o enxerga. Por favor, saiba disso: Se Deus vê e ouve a oração de um profeta rebelde na barriga de um grande peixe, então Ele o vê e ouve onde você estiver, seja lá o que tiver feito. Mas isso não é razão para temer. É na verdade um grande consolo. Ele está sempre ao seu lado e se importa! —RKK

**Não precisamos temer os problemas ao redor, desde que os olhos do Senhor estejam sobre nós.**

18 de outubro

# Um amigo genuíno

Leitura:
**1 Samuel 20:32-42**

**Melhor é serem dois do que um... —Eclesiastes 4:9**

A Bíblia em um ano:
☐ Isaías 53–55
☐ 2 Tessalonicenses 1

No livro *Shane*, se forma uma amizade entre Joe Starrett, um fazendeiro na fronteira americana, e Shane, um homem misterioso que faz uma pausa para descansar na casa de Starrett. Primeiro os homens criaram um vínculo conforme trabalhavam juntos para remover um enorme tronco de árvore do terreno de Joe. O relacionamento se aprofunda quando Joe resgata Shane de uma luta e este ajuda Joe a reparar e proteger a fazenda. Os homens compartilhavam um senso de respeito mútuo e lealdade que reflete o que as Escrituras dizem: "Melhor é serem dois do que um [...]. Porque se caírem, um levanta o companheiro..." (Eclesiastes 4:9,10).

Jônatas e Davi foram também modelos desse princípio. As circunstâncias testaram sua amizade quando Davi suspeitou que o rei Saul o queria morto. Jônatas duvidou, mas Davi sabia que era verdade (1 Samuel 20:2,3). Em dado momento, decidiram que Davi se esconderia num campo enquanto Jônatas questionaria seu pai sobre o assunto. Quando o intento mortal de Saul ficou claro, os amigos choraram juntos e Jônatas abençoou Davi enquanto ele fugia (v.42).

Você tem em Jesus um amigo genuíno, se já aceitou a Sua oferta de salvação — um amigo que é sempre leal; que o ergue quando você tropeça. Ele lhe demonstrou o maior amor que um amigo pode ter por outro — amor que o levou a sacrificar Sua vida por você (João 15:13). —JBS

**Jesus é seu Amigo mais confiável.**

19 de outubro

# A FUNDAÇÃO CERTA

LEITURA:
**Mateus 7:24-29**

**...aquele, pois, que ouve estas minhas palavras e as pratica será comparado a um homem prudente... —Mateus 7:24**

A BÍBLIA EM UM ANO:
☐ Isaías 56–58
☐ 2 Tessalonicenses 2

"Tenho más notícias para você", disse o empreiteiro que estava reformando uma casa antiga que eu tinha herdado. "Quando começamos a transformar a metade dos fundos da garagem em seu escritório, descobrimos que as paredes não tinham quase nenhuma fundação. Teremos que demoli-las, cavar fundações adequadas e começar de novo."

"Você precisa mesmo fazer isso?" questionei, calculando silenciosamente o custo extra. "Não podemos só remendar?" Mas o empreiteiro foi inflexível. "Se não cavarmos a profundidade adequada o inspetor não aprovará. A fundação certa é muito importante."

A fundação certa faz diferença entre algo que dura e algo temporário. Jesus sabia que ainda que as fundações sejam invisíveis, são extremamente importantes para a força e a estabilidade da casa (Mateus 7:24,25), especialmente quando esta é atingida pelas intempéries. Ele também conhecia os corações de Seus ouvintes. Eles eram tentados a tomar o caminho fácil, encontrar atalhos ou fazer coisas pela metade para atingir seus objetivos.

Outras fundações podem ser mais rápidas e mais fáceis. Construir nossas vidas sobre a fundação certa é um trabalho árduo, mas a verdade de Deus é o único alicerce sobre o qual vale a pena construir. Quando as tempestades da vida nos atingem, as casas construídas sobre Ele e mantidas por Ele permanecem firmes. —MS

---

**O homem sábio constrói sua casa sobre a Rocha.**

20 de outubro

# GUERRA DE PALAVRAS

LEITURA:
**Provérbios 15:1-23**

---

**A resposta branda desvia o furor, mas a palavra dura suscita a ira. —Provérbios 15:1**

---

A BÍBLIA EM UM ANO:
☐ Isaías 59–61
☐ 2 Tessalonicenses 3

Em 28 de julho de 1914 o império Austro-Húngaro declarou guerra à Sérvia em resposta ao assassinato do arquiduque Francisco Fernando e sua esposa, a duquesa Sofia. No período de 90 dias, outros países europeus tomaram partido para honrar suas alianças militares e buscar suas próprias ambições. Um único evento culminou na Primeira Guerra Mundial, um dos conflitos militares mais destrutivos da história moderna.

A tragédia da guerra é assombrosa, no entanto, nossos relacionamentos e famílias podem começar a ruir com apenas algumas poucas palavras odiosas. Tiago escreveu: "...Vede como uma fagulha põe em brasas tão grande selva!" (Tiago 3:5). Uma chave para evitar o conflito verbal está em Provérbios: "A resposta branda desvia o furor, mas a palavra dura suscita a ira" (15:1).

Um pequeno comentário pode provocar uma grande discussão. Quando, pela graça de Deus, escolhemos não retaliar com nossas palavras, honramos Jesus, nosso Salvador. Quando Ele foi injuriado e insultado, cumpriu as palavras proféticas de Isaías, "Ele foi oprimido e humilhado, mas não abriu a boca..." (Isaías 53:7).

O livro de Provérbios nos incita a falar a verdade e buscar paz por meio de nossas palavras. "A língua serena é árvore de vida [...] e a palavra, a seu tempo, quão boa é!" (15:4,23).
— DCM

---

**Senhor faça de mim um instrumento de Sua paz.
Onde houver ódio, que eu leve amor.**

21 de outubro

# LOUVOR IMERECIDO

LEITURA:
**Lucas 5:27-32**

---

**Não vim chamar justos, e sim pecadores, ao arrependimento.**
**—Lucas 5:32**

---

A BÍBLIA EM UM ANO:
☐ **Isaías 62–64**
☐ **1 Timóteo 1**

Antes mesmo de poder pagar por um forno autolimpante, eu conseguia manter meu forno limpo. Convidados até comentavam sobre ele quando os recebíamos para uma refeição. "Puxa! Seu forno é muito limpo! Parece novo." Eu aceitava o louvor mesmo sabendo que não merecia. O motivo para meu forno ser limpo não era minha limpeza meticulosa; mas sim o fato de que eu raramente o usava.

Com que frequência, me pergunto, sou culpada de aceitar admiração imerecida por minha vida "limpa"? É fácil passar a impressão de ser virtuosa; simplesmente não faça nada difícil, controverso ou irritante às pessoas. Mas Jesus disse que devemos amar as pessoas que não concordam conosco, que não compartilham de nossos valores, que nem mesmo gostam de nós. O amor exige que nos envolvamos nestas situações complicadas da vida das pessoas. Jesus teve problemas frequentes com líderes religiosos que estavam mais preocupados em manter suas reputações limpas do que com a condição espiritual daqueles por quem supostamente deveriam zelar. Eles consideravam Jesus e Seus discípulos impuros por misturarem-se com pecadores quando estavam simplesmente tentando resgatar pessoas de seus modos de vida destrutivos (Lucas 5:30,31).

Os verdadeiros discípulos de Jesus estão dispostos a arriscar suas reputações para ajudar outros a saírem do lodo do pecado.
— JAL

---

**Cristo nos manda sair para que busquemos outros para perto dele.**

22 de outubro

# Alguém que entende

Leitura:
**Salmo 139:7-12**

**...o Senhor esquadrinha todos os corações e penetra todos os desígnios do pensamento... —1 Crônicas 28:9**

A Bíblia em um ano:
☐ Isaías 65–66
☐ 1 Timóteo 2

O marido da minha amiga estava nos últimos estágios de demência. Em seu primeiro contato com a enfermeira que foi encarregada de cuidar dele, ele esticou o braço e a fez parar o que estava fazendo. Disse que queria apresentá-la ao seu melhor amigo — alguém que o amava profundamente.

Como não havia mais ninguém no corredor, a enfermeira pensou que ele estivesse delirando. Mas no fim das contas, meu amigo estava lhe falando de Jesus. Ela ficou profundamente emocionada, mas precisava apressar-se para cuidar de outro paciente. Ao retornar, a escuridão tinha tomado conta novamente e o homem já não estava mais lúcido.

Apesar deste homem ter caído nas profundezas da demência, ele sabia que o Senhor era seu melhor Amigo. Deus habita na insondável profundeza que é nossa alma. Ele pode trespassar a mente mais obscura e nos dar garantia de Seu cuidado gentil e amoroso. Realmente, a escuridão não nos esconderá dele (Salmo 139:12).

Não sabemos o que o futuro reserva para nós ou para aqueles que amamos. Nós também, conforme envelhecemos, podemos cair na escuridão da doença mental, *Alzheimer* ou demência. Mas mesmo lá, a mão do Senhor nos guiará e Sua destra nos manterá firmes (v.10). Não podemos escapar de Seu amor e cuidado pessoal. — DHR

**Jesus me ama. Disto eu sei.**

23 de outubro

# LIMPEZA INTERIOR

LEITURA:
**Salmo 139:13-24**

**Sonda-me, ó Deus, e conhece o meu coração... —Salmo 139:23**

A BÍBLIA EM UM ANO:
- ☐ Jeremias 1–2
- ☐ 1 Timóteo 3

Até hoje consigo ouvir minha mãe me mandando limpar meu quarto. Em obediência, eu entrava nele para iniciar o processo, mas simplesmente me distraía lendo o gibi que deveria empilhar com os outros. Mas em pouco tempo, a distração era interrompida pelo aviso de minha mãe de que ela chegaria em cinco minutos para inspecionar o aposento. Incapaz de limpá-lo bem naquele espaço de tempo, eu escondia no guarda-roupa tudo o que não sabia que destino dar; arrumava a cama e então aguardava ela entrar — esperando que não olhasse lá dentro.

Isto me lembra do que muitos de nós fazemos com nossas vidas. Limpamos o exterior esperando que ninguém olhe o nosso interior, onde escondemos nossos pecados pela racionalização e justificativas, além de culpar outros por nossas falhas.

O problema é que enquanto parecemos bons exteriormente, permanecemos bem cientes da bagunça interior. O salmista nos encoraja a nos submetermos à inspeção de limpeza de Deus: "Sonda-me, ó Deus, e conhece o meu coração, prova-me e conhece os meus pensamentos; vê se há em mim algum caminho mau e guia-me pelo caminho eterno" (Salmo 139:23,24). Vamos convidá-lo a inspecionar e limpar cada canto de nossas vidas. —JMS

---

**Podemos confessar nossos erros justamente por não poder escondê-los de Deus.**

24 de outubro

# Pequena ilha

Leitura:
**Tito 3:1-7**

**...não difamem a ninguém; [...] sejam [...] cordatos, dando provas de toda cortesia, para com todos os homens. —Tito 3:2**

A Bíblia em um ano:
☐ Jeremias 3–5
☐ 1 Timóteo 4

Singapura é uma pequena ilha. É tão pequena que dificilmente consegue--se identificá-la no mapa-múndi. (Tente, se você ainda não sabe onde Singapura fica). Por ser densamente habitada, o respeito mútuo é muito importante. Um homem escreveu à sua noiva que estava indo a Singapura pela primeira vez: "O espaço é limitado. Portanto... você precisa sempre ter consciência do espaço ao seu redor. Você deve sempre se afastar para garantir que não está bloqueando alguém. A chave é ser atencioso."

O apóstolo Paulo escreveu a Tito, um jovem pastor: "Lembra-lhes que [...] sejam obedientes, estejam prontos para toda boa obra, não difamem a ninguém; nem sejam altercadores, mas cordatos, dando provas de toda cortesia, para com todos os homens" (Tito 3:1,2). Já foi dito: "nossas vidas podem ser a única Bíblia que algumas pessoas leem." O mundo sabe que os cristãos devem ser diferentes. Se somos briguentos, egoístas e rudes, o que os outros pensarão sobre Cristo e o evangelho que compartilhamos?

Ser atencioso é um bom lema pelo qual viver e é possível ao dependermos do Senhor. E é uma forma de sermos modelos de Cristo e demonstrarmos ao mundo que Jesus salva e transforma vidas. — PFC

**Seu testemunho é tão forte quanto seu caráter.**

25 de outubro

# PRIMEIRA REAÇÃO

LEITURA:
**Tiago 5:13-16**

**Não andeis ansiosos de coisa alguma; [...] porém, sejam conhecidas, diante de Deus, as vossas petições... —Filipenses 4:6**

A BÍBLIA EM UM ANO:
☐ Jeremias 6–8
☐ 1 Timóteo 5

Quando meu marido, Tom, foi levado ao hospital para uma cirurgia de emergência, comecei a telefonar para os membros da família. Minha irmã e seu marido vieram imediatamente para ficar comigo e oramos enquanto esperávamos. A irmã de Tom ouviu minha voz ansiosa no telefone e disse no mesmo instante: "Cindy, posso orar com você?" Quando meu pastor e sua esposa chegaram, ele também orou por nós (Tiago 5:13-16).

Oswald Chambers escreveu: "Tendemos a usar a oração como último recurso, mas Deus quer que seja nossa primeira linha de defesa. Oramos quando não há nada mais que possamos fazer, mas Deus quer que oremos antes de fazermos qualquer outra coisa."

A oração, em suas raízes, é simplesmente uma conversa com Deus, pronunciada na esperança de que Ele a ouve e responde. Na verdade, ela não deveria ser o último recurso. Em Sua Palavra, Deus nos encoraja a comprometermo-nos com Ele em oração (Filipenses 4:6). Também temos Sua promessa de que quando "...estiverem dois ou três reunidos..." em Seu nome, Ele estará "...no meio deles" (Mateus 18:20).

Para aqueles que experimentaram o poder do Todo-poderoso, nossa primeira inclinação geralmente é clamar a Ele. Andrew Murray, pastor do século 19, disse: "A oração abre o caminho para que o próprio Deus faça Sua obra em nós e por meio de nós."
— CHK

---

**Ore antes!**

26 de outubro

# TODOS JUNTOS

LEITURA:
**Salmo 98:1-9**

**Celebrai com júbilo ao SENHOR, todos os confins da terra; aclamai, regozijai-vos e cantai louvores. —Salmo 98:4**

A BÍBLIA EM UM ANO:
- ☐ Jeremias 9–11
- ☐ 1 Timóteo 6

Por anos o piano de minha esposa e o meu banjo tiveram um relacionamento desconfortável e pouco frequente. Assim, depois que Janete me deu um novo violão em meu aniversário, demonstrou interesse em aprender a tocar meu antigo violão. Ela é uma musicista muito capaz e em pouco tempo estávamos tocando juntos canções de louvor em nossos violões. Gosto de pensar que um novo tipo de "conexão de louvor" preencheu nossa casa.

Quando o salmista foi inspirado para escrever sobre a adoração a Deus, ele começou com esta exortação: "Celebrai com júbilo ao SENHOR, todos os confins da terra; aclamai, regozijai-vos e cantai louvores" (98:4). Ele nos chamou a cantar ao Senhor com instrumentos como harpas, trombetas e buzinas (vv.5,6). Ele ordenou a toda a terra que celebrasse "...com júbilo ao SENHOR..." (v.4). Nessa poderosa orquestração de louvor, o mar rugirá em exaltação, os rios baterão palmas e as colinas cantarão em alegria. Toda a raça humana e a criação estão juntas conclamadas a louvar ao Senhor em "...um cântico novo..." de louvor, "...porque Ele tem feito maravilhas..." (v.1).

Permita hoje seu coração conectar-se a outros e à criação de Deus cantando louvores ao poderoso Criador e Redentor. — HDF

**Deus pode usar instrumentos comuns para produzir uma orquestra de louvor.**

27 de outubro

# NOVO NA FAMÍLIA

LEITURA:
**Lucas 15:3-7**

**...haverá maior júbilo no céu por um pecador que se arrepende do que por noventa e nove justos... —Lucas 15:7**

A BÍBLIA EM UM ANO:
☐ Jeremias 12–14
☐ 2 Timóteo 1

Durante uma viagem missionária à Jamaica com o coral cristão do Ensino Médio, testemunhamos um exemplo do amor de Deus em ação. No dia em que visitamos um orfanato de crianças e adolescentes com necessidades especiais, descobrimos que Douglas, um dos meninos com quem nossos jovens havia interagido — um adolescente com paralisia cerebral — ia ser adotado.

Quando o casal que o adotaria chegou à "base" onde estávamos hospedados, foi uma alegria conversar com eles sobre Douglas. Mas o melhor aconteceu depois. Estávamos na base quando Douglas e seus novos pais chegaram logo após saírem juntos do orfanato. Enquanto a nova mamãe abraçava seu filho, nossos alunos juntaram-se ao redor e cantaram canções de louvor. Lágrimas foram derramadas. Lágrimas de alegria. E Douglas estava radiante!

Mais tarde, um dos estudantes me disse: "Isto me lembra de como deve ser no céu quando alguém é salvo. Os anjos regozijam-se porque alguém foi adotado para a família de Deus." Realmente, foi uma imagem da alegria no céu quando alguém novo passa a fazer parte da família eterna de Deus pela fé em Cristo. Jesus falou deste grande momento ao dizer: "...haverá maior júbilo no céu por um pecador que se arrepende..." (Lucas 15:7).

Louve a Deus por nos ter adotado em Sua família. Não é surpresa que os anjos regozijem-se! —JDB

**Os anjos se alegram quando nos arrependemos.**

28 de outubro

# TRABALHAR PARA O VENTO

LEITURA:
**Eclesiastes 5:10-17**

**...que proveito lhe vem de haver trabalhado para o vento?**
**—Eclesiastes 5:16**

A BÍBLIA EM UM ANO:
☐ Jeremias 15–17
☐ 2 Timóteo 2

Howard Levitt perdeu sua Ferrari de 200 mil dólares em uma rodovia inundada em Toronto, Canadá. Ele tinha passado por algo que parecia ser uma poça antes de perceber que era muito mais fundo e que o nível da água subia rapidamente. Quando a água atingiu os para-lamas da Ferrari, seu motor de 450 cavalos parou. Felizmente, ele conseguiu sair do carro e chegar a um terreno mais alto.

O carro esportivo inundado me lembra da observação de Salomão de que "...riquezas se perdem por qualquer má aventura..." (Eclesiastes 5:14). Desastres naturais, roubos e acidentes podem levar nossos bens mais estimados. Mesmo que consigamos protegê-los, certamente não podemos arrastá-los conosco para o céu (v.15). Salomão perguntou: "...que proveito lhe vem de haver trabalhado para o vento?" (v.16). Há certa futilidade em trabalhar apenas para adquirir bens que no fim das contas desaparecerão.

Há algo que não deteriora e que podemos "levar conosco." É possível armazenar tesouro celestial eterno. Buscar virtudes como generosidade (Mateus 19:21), humildade (5:3) e persistência espiritual (Lucas 6:22,23) produzirão recompensas duradouras que não podem ser destruídas. O tipo de tesouro que você busca terá fim na terra? Ou você está buscando "...as coisas lá do alto, onde Cristo vive, assentado à direita de Deus"? (Colossenses 3:1). —JBS

**Os tesouros na terra não se comparam aos tesouros no céu.**

29 de outubro

# SEGUIDO DE PERTO

LEITURA:
**Jeremias 42:1-12**

---

**O SENHOR é a minha luz e a minha salvação; de quem terei medo?**
**—Salmo 27:1**

---

A BÍBLIA EM UM ANO:
☐ Jeremias 18–19
☐ 2 Timóteo 3

Vi uma sombra me seguindo. Em um corredor escuro, virei em um canto para subir as escadas e fiquei assustado com o que vi; quase perdi o chão. Alguns dias depois aconteceu novamente. Passei pelos fundos da minha cafeteria favorita e vi uma grande sombra de alguém vindo até mim. No entanto, ambos os incidentes acabaram com um sorriso. Eu estava me assustando com minha própria sombra!

O profeta Jeremias falou sobre a diferença entre medos reais e fictícios. Um grupo de compatriotas judeus pediu-lhe que descobrisse se o Senhor queria que ficassem em Jerusalém ou retornassem ao Egito por segurança, pois temiam o rei da Babilônia (Jeremias 42:1-3). Jeremias disse-lhes que se ficassem e confiassem em Deus, não precisariam temer (vv.10-12). Mas se retornassem ao Egito, o rei da Babilônia os encontraria (vv.15,16).

Em um mundo de perigos reais, Deus tinha dado a Israel razões para confiar nele permanecendo em Jerusalém. Ele já os havia resgatado do Egito. Séculos depois, o tão esperado Messias morreu por nós para nos libertar de nossos pecados e do medo da morte. Que nosso Deus Todo-poderoso nos revele hoje como viver na segurança de Sua sombra, ao invés de vivermos em nossos medos sombrios que nós mesmos criamos.
—MRD

---

**Sob a sombra protetora das asas de Deus, as pequenas sombras da vida perdem seu terror.**

30 de outubro

# MÚSICA E MEGAFONE

LEITURA:
2 Coríntios 3:17–4:7

**Temos, porém, este tesouro em vasos de barro, para que a excelência do poder seja de Deus e não de nós. —2 Coríntios 4:7**

A BÍBLIA EM UM ANO:
☐ Jeremias 20–21
☐ 2 Timóteo 4

Christopher Locke compra trombetas e trombones antigos e megafones franceses e os transforma em amplificadores acústicos para *iPhones* e *iPads*. Suas criações são inspiradas em autofalantes com formato de trompetes usados nas primeiras vitrolas no fim dos anos 1800. A música tocada nos telefonógrafos analógicos de Christopher tem "um som mais alto, limpo, rico e profundo" do que aquela dos pequenos autofalantes em aparelhos digitais. Além de serem interessantes obras de arte, estes instrumentos de metal recuperados não exigem energia elétrica para difundirem a música que as pessoas amam ouvir.

As palavras de Paulo aos seguidores de Jesus em Corinto nos lembram hoje de que ao viver por Cristo e compartilhá-lo com outros, não somos a música, mas simplesmente o megafone. "Porque não nos pregamos a nós mesmos..." Paulo escreveu, "... mas a Cristo Jesus como Senhor e a nós mesmos como vossos servos, por amor de Jesus" (2 Coríntios 4:5). Nosso propósito não é tornarmo-nos a mensagem, mas transmiti-la por meio de nossas vidas e nossos lábios. "Temos, porém, este tesouro em vasos de barro, para que a excelência do poder seja de Deus e não de nós" (v.7).

Se um antigo megafone pode amplificar música; então talvez nossas vidas falhas possam magnificar a bondade de Deus. Somos o megafone; a música e o poder vêm dele! — DCM

**Nada é inútil nas mãos de Deus.**

31 de outubro

# O AMOR É...

LEITURA:
**Romanos 5:1-8**

---

**Mas Deus prova o seu próprio amor para conosco pelo fato de ter Cristo morrido por nós, sendo nós ainda pecadores. —Romanos 5:8**

---

A BÍBLIA EM UM ANO:
☐ **Jeremias 22–23**
☐ **Tito 1**

Anos atrás perguntei a um jovem que estava noivo: "Como você sabe que a ama?" Foi uma pergunta capciosa com o objetivo de ajudá-lo a observar os motivos de seu coração em relação ao casamento que estava por vir. Após pensar cuidadosamente, ele respondeu: "Eu sei que a amo porque quero passar o resto de minha vida fazendo-a feliz."

Discutimos o que isso significava — e o preço cobrado pela abnegação de constantemente buscar o melhor para a outra pessoa em vez de nos colocarmos em primeiro lugar. O amor verdadeiro está muito relacionado ao sacrifício.

Essa ideia está alinhada com a sabedoria bíblica. Nas Escrituras há muitas palavras gregas para amor, mas a forma mais elevada é o amor ágape — amor que é definido e impulsionado pelo autossacrifício. Em lugar algum isto é mais verdadeiro do que no amor que nosso Pai celestial nos demonstrou em Cristo. Somos profundamente valorizados por Ele. Paulo afirmou: "Mas Deus prova o seu próprio amor para conosco pelo fato de ter Cristo morrido por nós, sendo nós ainda pecadores" (Romanos 5:8).

Se o sacrifício é a verdadeira medida do amor, não poderia haver dádiva maior que Jesus: "Porque Deus amou ao mundo de tal maneira que deu o seu Filho unigênito..." (João 3:16).
— WEC

---

**A medida do amor é o que você está disposto ceder por ele.**

1.º de novembro

# O QUE O MOTIVA?

LEITURA:
**João 12:37-43**

**Quem ama a sua vida perde-a; mas aquele que odeia a sua vida neste mundo preservá-la-á para a vida eterna —João 12:25**

A BÍBLIA EM UM ANO:
☐ Jeremias 24–26
☐ Tito 2

Muitos dizem que o ser humano é movido por suas crenças e sonhos. Outros, pelos instintos e feridas de alma. Na verdade, o que nos move em sentido mais profundo, é o amor que dedicamos a alguém ou a algo.

Nesta passagem, o apóstolo João estabelece um contraste revelador sobre a motivação de muitos que cercavam Jesus. É quase um contraste entre vida e morte, entre perda e ganho ainda maior.

Várias eram as recentes provas da divindade de Jesus: a ressurreição de Lázaro, Sua unção por Maria, Sua entrada triunfal em Jerusalém e a voz do Pai declarando dos céus que Cristo já era glorificado e ainda seria glorificado. Contudo, mesmo que muitos tivessem crido nele, algumas autoridades inclusive, resolveram rejeitá-lo. João explica o porquê: "...amaram mais a glória dos homens do que a glória de Deus" (v.43).

Tinham todos os motivos para crer, mas não aceitaram crer. Isso pode acontecer conosco. Apesar de tudo que Jesus tem feito por e em nós, podemos agir com cinismo diante dele, temendo perder família, amigos e posição, mais do que tememos perder a presença do Senhor. Assim, demonstramos amar mais à glória humana do que o Mestre.

O que mais amo e que serve como minha fonte de motivação: Deus ou as coisas do homem? Lembremo-nos de que em Cristo toda perda pode se transformar em grande lucro. Afinal, nele nenhuma perda é definitiva. —DCG

**Ame os homens a ponto de lavar os seus pés, mas não ame a glória humana.**

2 de novembro

# Tire as Mãos!

**Leitura:**
**Salmo 46**

**Aquietai-vos e sabei que eu sou Deus... —Salmo 46:10**

A Bíblia em um ano:
☐ **Jeremias 27–29**
☐ **Tito 3**

Lembro-me de brincar de morder a maçã quando era criança; um jogo que exigia que minhas mãos estivessem amarradas para trás. Tentar apanhar uma maçã com os dentes enquanto ela flutuava na água sem usar as mãos era uma experiência frustrante. Isto me lembrou da importância vital de nossas mãos — precisamos delas para comer, cumprimentar e para fazer praticamente tudo o que é essencial para a nossa existência.

Quando leio o Salmo 46:10, acho interessante Deus dizer: "Aquietai-vos e sabei que eu sou Deus...". A palavra hebraica para "aquietai-vos" significa "pare de lutar," ou, literalmente, "coloque suas mãos ao lado do corpo". À primeira vista, parece ser um conselho um tanto arriscado, considerando que nosso primeiro instinto numa situação problemática é manter nossas mãos controlando a situação para que tenhamos vantagem.

Em suma, Deus está dizendo: "tire as mãos! Deixe-me lidar com o seu problema e descanse, certo de que o resultado está em Minhas mãos."

Mas saber quando tirar as mãos e permitir que Deus trabalhe pode nos fazer sentir vulneráveis. A não ser que acreditemos que Deus é realmente "...o nosso refúgio e fortaleza, socorro bem presente nas tribulações" (v.1) e que "O Senhor dos Exércitos está conosco; o Deus de Jacó é o nosso refúgio" (v.7). Em meio ao problema, podemos descansar no cuidado de Deus. —JMS

---

**Quando colocamos nossos problemas nas mãos de Deus, Ele coloca Sua paz em nossos corações.**

3 de novembro

# DEUS SE IMPORTA?

LEITURA:
**Salmo 30**

---

**Ouve, SENHOR, e tem compaixão de mim; sê tu, SENHOR, o meu auxílio. —Salmo 30:10**

---

A BÍBLIA EM UM ANO:
☐ Jeremias 30–31
☐ Filemom

Minnie e George Lacy questionavam-se: "Jesus é suficiente? Nosso relacionamento com Ele é satisfatório para nos manter? Cristo será suficiente para nos ajudar a querer continuar vivendo? Ele se importa?"

Em 1904, a filha mais nova deste casal de missionários adoeceu e numa rápida sequência todos os cinco filhos do casal faleceram de escarlatina. Nenhum sobreviveu para ver o novo ano. Em cartas à direção de missões, George Lacy escreveu sobre a profunda solidão e tristeza do casal: "Às vezes, parece ser mais do que podemos suportar." Mas acrescentou, "O Senhor está conosco e está nos ajudando de modo maravilhoso." Neste momento mais escuro, eles descobriram que Jesus estava mais perto e que Ele era suficiente.

Muitos de nós enfrentarão momentos quando nos questionaremos se vamos conseguir continuar ou não. Se nossa saúde falhar, se nosso emprego desaparecer, se perdermos os nossos queridos, descobriremos que o nosso relacionamento com o Senhor é verdadeiro o suficiente para continuar nos impulsionando adiante?

O salmista nos lembra da presença e da fidelidade de Deus. Quando ele estava profundamente deprimido, clamou, "Ouve, SENHOR, e tem compaixão de mim; sê tu, SENHOR, o meu auxílio" (30:10). Deus deu-lhe a cura e consolo (vv.2,3).

Como cristãos, nunca teremos falta daquilo que precisamos para perseverar. O Senhor estará sempre perto. —RKK

---

**A fé no Cristo Todo-poderoso nos habilita a prosseguir.**

4 de novembro

# É PERCEPÇÃO OU VERDADE?

LEITURA:
**Marcos 4:31-45**

**...Mestre, não te importa que pereçamos? —Marcos 4:38**

A BÍBLIA EM UM ANO:
☐ Jeremias 32–33
☐ Hebreus 1

Com frequência ouvimos que a "verdade é perceptível", ideia que pode ter sido provada em 26 de setembro de 1960, no primeiro debate na TV entre dois candidatos à presidência. Diante das câmeras, o candidato norte-americano John Kennedy aparentava segurança e Richard Nixon nervosismo. A percepção era de que Kennedy seria um líder mais forte. O debate não apenas decidiu as eleições, mas também mudou o modo como a política é feita naquele país. Valorizar a percepção quando se trata de política, tornou-se a regra do dia.

Algumas vezes a percepção é verdadeira; mas nem sempre. Especialmente nossas percepções com relação a Deus. Quando Jesus e Seus discípulos estavam atravessando o mar da Galileia numa pequena embarcação pesqueira, uma tempestade repentina ameaçou afundar o barco. Com Jesus adormecido, e os discípulos prestes a entrar em pânico, começaram a incitá-lo, perguntando: "...Mestre, não te importa que pereçamos?" (Marcos 4:38).

A pergunta dos discípulos soa semelhante às perguntas que faço. De tempos em tempos concebo a aparente inatividade de Deus como falta de cuidado. Mas Seu cuidado por mim vai muito além do que consigo ver ou mensurar. Nosso Deus está profundamente preocupado com o que está relacionado a nós. Ele nos impele a colocar todas as nossas preocupações sobre Ele, "...porque ele tem cuidado..." de nós (1 Pedro 5:7). Essa é a verdadeira realidade. — WEC

**Mesmo quando não sentimos a presença de Deus, Seu cuidadoso amor nos envolve.**

5 de novembro

# Menos que o mínimo

Leitura:
**Gênesis 32:3-12**

**...sou indigno de todas as misericórdias e de toda a fidelidade que tens usado para com teu servo... —Gênesis 32:10**

A Bíblia em um ano:
☐ **Jeremias 34–36**
☐ **Hebreus 2**

Diferentemente daqueles que têm pensamentos elevados sobre si mesmos, Jacó sabia que estava arruinado pelo pecado (Gênesis 32:10), e acreditava ser um homem indigno da graça da Deus. Ele tinha trapaceado seu irmão Esaú roubando-lhe sua primogenitura (cap.27) e seu irmão o odiou por causa disso. Anos depois, Jacó iria enfrentar Esaú novamente.

Jacó orou: "...sou indigno de todas as misericórdias...", ele usou a palavra "todas" que sugere o menor dos objetos. "Livra-me..." (32:10,11).

Que estranho ver essas frases lado a lado: *sou indigno de todas as misericórdias... Livra-me!* Entretanto, Jacó podia orar por misericórdia porque sua esperança não estava em seu próprio mérito, mas na promessa divina de olhar com favor àqueles que se lançam aos Seus pés. Humildade e contrição são as chaves que abrem o coração de Deus. Alguém já disse que a melhor disposição para a oração é estar desprovido de tudo. É clamar das profundezas. Surge da alma que conhece sua mais profunda perversão.

Tais orações são oferecidas por aqueles que estão totalmente convictos de seu pecado e vergonha, mas, ao mesmo tempo, convencidos da graça de Deus dispensada aos pecadores que não a merecem. Deus ouve melhor aqueles que clamam: "...Ó Deus, sê propício a mim, pecador!" (Lucas 18:13). —DHR

---

**Uma das características do grande Deus é perdoar grandes pecadores.**

6 de novembro

# MUITOS CAVALOS

LEITURA:
**Jó 39:19-25**

**Graças te dou, visto que por modo assombrosamente maravilhoso me formaste...
—Salmo 139:14**

A BÍBLIA EM UM ANO:
☐ **Jeremias 37–39**
☐ **Hebreus 3**

Pense por um momento no poder, na beleza e na majestade de um cavalo galopante — sua cabeça elevada, sua crina voando ao vento e suas patas trabalhando em uníssono para prover velocidade, força e desimpedimento.

Este é um exemplo maravilhoso da magnificente criação de Deus! Ele criou o cavalo não apenas para nos maravilharmos e dele desfrutarmos, mas também como um complemento à raça humana (Jó 39). O cavalo, se treinado apropriadamente, é destemido quando precisamos de um companheiro corajoso. Este animal era usado para carregar o soldado à batalha com fidelidade, velocidade (v.24) e esperança de chegar onde precisava (v.25).

Embora Deus estivesse usando a criação para ensinar Jó sobre a Sua soberania, esta passagem pode também nos lembrar de nosso valor no mundo de Deus. Fomos criados não simplesmente como belas criaturas com um trabalho a fazer, mas também como criaturas feitas à imagem de Deus. A força do cavalo é incrível, mas o valor de cada ser humano transcende todas as outras criaturas.

Deus nos criou unicamente para termos um relacionamento com Ele e para vivermos com o Senhor para sempre. Enquanto louvamos a Deus pela magnificência das criaturas da natureza, também nos maravilhamos por termos sido formados "...por modo assombrosamente maravilhoso..." (Salmo 139:14). —JDB

**De toda a criação de Deus, apenas o homem experimenta o novo nascimento.**

7 de novembro

# Multiplique

Leitura:
**Apocalipse 22:1-5**

**Nunca mais haverá qualquer maldição... —Apocalipse 22:3**

A Bíblia em um ano:
☐ Jeremias 40–42
☐ Hebreus 4

Amanda havia lutado com o câncer por cinco anos. O médico lhe disse então que os tratamentos estavam falhando e que ela tinha poucas semanas de vida. Desejando entender e ter segurança sobre a eternidade, Amanda perguntou ao seu pastor, "Como será o céu?"

Ele perguntou-lhe o que ela mais gostava em sua vida na terra. Amanda mencionou as caminhadas e o arco-íris, amigos cuidadosos e risadas de crianças. "Então você está dizendo que vou ter tudo isso lá?", ela perguntou com ânsia.

O pastor respondeu: "Acredito que sua vida lá será muito mais bela e incrível do que qualquer coisa que tenha amado ou vivido aqui. Pense no que é melhor para você aqui e multiplique várias e várias vezes. É assim que o céu será na minha opinião."

A Bíblia não descreve em detalhes como a vida será na eternidade, mas nos diz que estar com Cristo no céu é "...incomparavelmente melhor..." que nossa situação atual (Filipenses 1:23). "Nunca mais haverá qualquer maldição. Nela, estará o trono de Deus e do Cordeiro. Os seus servos o servirão" (Apocalipse 22:3).

O melhor de tudo é que veremos o Senhor Jesus face a face. Nossos anseios mais profundos serão completamente satisfeitos nele. —AMC

**Estar com Jesus para sempre é a essência de toda a felicidade.**

8 de novembro

# LARANJAS OU LEITE?

LEITURA:
**Hebreus 5:5-14**

---

**Mas o alimento sólido é para os adultos...**
**—Hebreus 5:14**

---

A BÍBLIA EM UM ANO:
☐ **Jeremias 43–45**
☐ **Hebreus 5**

Quando disse à minha filha que um bebê de três meses viria para uma visita ela ficou encantada. Com o senso de hospitalidade de uma criança, ela sugeriu que compartilhássemos parte de nosso alimento com o bebê. Ela pensou que ele poderia gostar de uma laranja suculenta da fruteira no balcão de nossa cozinha. Expliquei-lhe que o bebê só podia beber leite, mas que talvez gostasse de laranjas quando ficasse mais velho.

A Bíblia usa um conceito semelhante para descrever a necessidade de um cristão por alimento espiritual. As verdades básicas das Escrituras são como leite — elas ajudam os novos cristãos a florescer e crescer (1 Pedro 2:2,3). Em contraste, "...o alimento sólido é para os adultos..." (Hebreus 5:14). Os cristãos que tiveram tempo de digerir e entender o básico podem ir adiante para investigar outros conceitos bíblicos e começar a ensinar estas verdades a outros. As recompensas da maturidade espiritual são maturidade e discernimento (v.14), sabedoria divina (1 Coríntios 2:6) e a habilidade de comunicar a verdade de Deus a outros (Hebreus 5:12).

Como um pai amoroso, Deus quer que cresçamos espiritualmente. Ele sabe que alimentarmo-nos apenas de leite espiritual não é o melhor para nós. Ele quer que nos movamos adiante de modo que possamos desfrutar do sabor do alimento sólido. —JBS

---

**Quando cultivamos a fé, crescemos espiritualmente.**

9 de novembro

# DERRUBE O MURO

LEITURA:
**Gênesis 50:15-21**

**...os consolou e lhes falou ao coração.**
**—Gênesis 50:21**

A BÍBLIA EM UM ANO:
☐ Jeremias 46–47
☐ Hebreus 6

Os anos subsequentes à Segunda Guerra Mundial foram rotulados de Guerra Fria, durante os quais as nações trocavam ameaças e trapaceavam para obter poder. O Muro de Berlim, construído em agosto de 1961, permaneceu intacto por quase três décadas como um dos símbolos mais poderosos da animosidade latente. Mas em 9 de novembro de 1989 foi anunciado que os cidadãos poderiam cruzar livremente a fronteira entre Berlim Oriental e Ocidental. Todo o muro foi demolido no ano seguinte.

A conhecida história sobre José relatada no Antigo Testamento nos apresenta um filho preferido por seu pai e odiado pelos irmãos (Gênesis 37–50). Entretanto, José recusou-se a construir um muro de ódio entre ele e seus irmãos que o venderam como escravo. Quando a fome os colocou face a face após muitos anos, José tratou seus irmãos com bondade, dizendo: "Vós, na verdade, intentastes o mal contra mim; porém Deus o tornou em bem [...]. Assim, os consolou e lhes falou ao coração" (50:20,21), ajudando a restaurar o relacionamento entre eles.

Há 25 anos desta data, uma barreira opressiva feita por homens foi destruída, oferecendo a liberdade e reunindo as famílias e os amigos.

Se porventura construímos muros de raiva e separação entre nós e outros, o Senhor está pronto e Ele é capaz de nos ajudar a começar a destruí-los hoje. — DCM

**A raiva levanta muros, o amor os derruba.**

**10 de novembro**

# A HONRA DE SEGUIR

LEITURA:
**Mateus 4:18-22**

**E [Jesus] disse-lhes: Vinde após mim...**
**—Mateus 4:19**

A BÍBLIA EM UM ANO:
☐ **Jeremias 48–49**
☐ **Hebreus 7**

Enquanto visitava Jerusalém, um amigo meu viu um rabino idoso passando pelo Muro das Lamentações. O interessante com relação a esse idoso rabino eram os cincos jovens que andavam atrás dele. Eles também caminhavam curvados para frente, mancando — exatamente como o seu rabino. Um judeu ortodoxo que os observasse saberia exatamente porque eles estavam imitando o seu mestre. Eles eram "seguidores".

Por toda história do judaísmo, um dos cargos mais honrados para um judeu era ter o privilégio de tornar-se um "seguidor" do rabino local. Os seguidores se sentavam aos pés do rabino enquanto ele ensinava. Eles estudavam suas palavras e observavam como ele agia e reagia à vida e aos outros. Um seguidor considerava uma grande honra servir seu rabino mesmo nas tarefas mais servis. E porque admiravam o seu rabino, eles decidiam tornar-se como ele.

Quando Jesus chamou os Seus discípulos para segui-lo (Mateus 4:19), convidou-os a serem transformados por Ele e para compartilhar de Sua paixão por aqueles que precisam de um Salvador. A grande honra de ser seguidor de Cristo deveria também ser demonstrada em nossas vidas. Também nós fomos chamados para chamar a atenção do mundo que nos observa enquanto andamos, pensamos e agimos exatamente como Jesus — o rabino, o Mestre de nossas almas. —JMS

---

**Siga Jesus e deixe que o mundo saiba que Ele é o seu Mestre.**

**11 de novembro**

# SIGA A CAÇAROLA

LEITURA:
**Filipenses 2:12-18**

---

**...resplandeceis como luzeiros no mundo, preservando a palavra da vida... —Filipenses 2:15,16**

---

A BÍBLIA EM UM ANO:
☐ **Jeremias 50**
☐ **Hebreus 8**

Antes da Guerra Civil Americana (1861–65), os escravos fugitivos encontraram a liberdade seguindo uma rede de rotas clandestinas do Sul ao Norte, conhecido pelo termo *Underground Railroad*, e também foram ajudados pelos abolicionistas. Os escravos viajavam à noite por muitos quilômetros e se mantinham no caminho seguindo a luz da "Caçarola" — o grupo de estrelas mais brilhante da constelação de Ursa Maior. Este era um nome codificado para o grupo de estrelas conhecido como o Grande Carro, que aponta para a Estrela do Norte. Alguns acreditam que os fugitivos também usavam nomes codificados sobre os caminhos, nas letras da canção *Follow the drinking Gourd* (Siga a Caçarola) para impedi-los de se perder enquanto viajavam.

Os abolicionistas e a "Caçarola" serviram como pontos de luz que indicavam o caminho da liberdade aos escravos. O apóstolo Paulo diz que os cristãos devem brilhar "...como luzeiros no mundo" para mostrar o caminho àqueles que buscam a verdade de Deus, a redenção e libertação espiritual (Filipenses 2:15).

Vivemos num mundo obscuro que precisa desesperadamente ver a luz de Jesus Cristo. Nosso chamado é para brilharmos a verdade de Deus de modo que outros possam ser direcionados Àquele que redime e é o caminho para a liberdade e vida. Nós mostramos o caminho que leva a Jesus, Aquele que é o caminho, a verdade e a vida (João 14:6). —HDF

---

**Ilumine seu mundo refletindo a luz de Jesus.**

12 de novembro

# A IMAGEM FINAL

LEITURA:
**Isaías 40:21-31**

---

**Levantai ao alto os olhos e vede. Quem criou estas coisas?**
**—Isaías 40:26**

---

A BÍBLIA EM UM ANO:
☐ **Jeremias 51–52**
☐ **Hebreus 9**

O que começou como um campo vazio de cerca de meio quilômetro em Belfast, Irlanda do Norte, acabou sendo o maior retrato composto nas Ilhas Britânicas. A obra de arte *Desejo*, do artista Jorge Rodriguez-Gerada, é feita de 30 mil pinos de madeira, duas mil toneladas de terra, duas mil de areia e uma mistura de outros componentes como grama, pedras e corda.

No começo, apenas o artista sabia como ficaria a obra de arte finalizada. Ele contratou trabalhadores e recrutou voluntários para transportar os materiais colocando-os no lugar adequado. Enquanto trabalhavam, eles mal percebiam que algo incrível estava prestes a surgir. Mas foi o que aconteceu. Do chão, não parece ser algo incrível, mas de cima, observa-se um enorme retrato — o rosto sorridente de uma menininha.

Deus está fazendo algo em uma escala mais grandiosa no mundo. Ele é o artista que vê a imagem final. Nós somos Seus "...cooperadores..." (1 Coríntios 3:9) que estamos ajudando a tornar isso realidade. Por meio do profeta Isaías, Deus lembrou o Seu povo de que é Ele quem "...está assentado sobre a redondeza da terra..." e "...quem estende os céus como cortina..." (Isaías 40:22). Não conseguimos ver a imagem final, mas continuamos fiéis, sabendo que somos parte de uma incrível obra de arte — uma obra que está sendo criada na terra, mas será melhor vista do céu. —JAL

---

**Deus está nos usando para ajudá-lo a criar uma obra de arte.**

13 de novembro

# Arrastando o Natal?

Leitura:
**Gálatas 4:1-7**

---

**Graças a Deus pelo seu dom inefável!**
**—2 Coríntios 9:15**

---

A Bíblia em um ano:
☐ Lamentações 1–2
☐ Hebreus 10:1-18

Amo o Natal, pois é a celebração do nascimento de Cristo e, a beleza e a maravilha da estação fazem dele "a época mais maravilhosa do ano". Ultimamente, entretanto, a estação vem acompanhada de crescente irritação. Todos os anos "os preparativos de Natal" surgem cada vez mais cedo — arrastando-se da primavera até o dia de Natal.

O Natal costumava chegar apenas em dezembro, mas agora temos estações de rádio e lojas tocando canções natalinas no começo de novembro. Lojas começam a anunciar ofertas de Natal em outubro e os panetones aparecem nos mercados no fim de setembro. Se não tivermos cuidado, essa contínua antecipação pode nos entorpecer — até mesmo nos amargurar com relação a esta época que deveria ser de gratidão e reverência.

Quando essa irritação começa a surgir em meu espírito, tento fazer uma coisa: lembrar. Trago à memória o significado do Natal, recordo-me de quem Jesus é, e porque Ele veio. Lembro-me do amor e da graça de um Deus perdoador que nos enviou o resgate na Pessoa de Seu Filho. Lembro-me de que, no fim das contas, há apenas um presente que realmente importa — o "inefável dom de Deus!" (2 Coríntios 9:15). Lembro-me de que a salvação que Cristo veio oferecer é a dádiva e o Doador, embalados juntos como um só presente.

Jesus é nossa vida durante todo o ano e Ele é a maior das maravilhas. "Ó vinde e adoremos!" —WEC

---

**Jesus é a nossa vida durante o ano inteiro.**

**14 de novembro**

# Desolação e Esperança

Leitura:
**Lamentações 3:1-6; 16:25**

---

**Bom é o Senhor para os que esperam por ele... —Lamentações 3:25**

---

A Bíblia em um ano:
- ☐ **Lamentações 3–5**
- ☐ **Hebreus 10:19-39**

Quando o cantor *country* americano George Jones morreu aos 81 anos, seus fãs lembraram sua voz inconfundível, sua vida difícil e suas lutas pessoais. Ainda que muitas de suas canções refletissem seu desespero e anseio, era a maneira como as cantava que tocava profundamente as pessoas. Certo crítico musical afirmou: "Sua voz foi feita para comunicar o sofrimento."

O livro de Lamentações registra a angústia de Jeremias pela recusa teimosa da nação de Judá de seguir a Deus. Frequentemente chamado de "profeta chorão", ele testemunhou a destruição de Jerusalém e viu o seu povo ser conduzido ao cativeiro. Ele perambulava pelas ruas da cidade, repleto de tristeza (Lamentações 1:1-5).

Entretanto, em seu momento mais obscuro, Jeremias disse: "Quero trazer à memória o que me pode dar esperança. As misericórdias do Senhor são a causa de não sermos consumidos, porque as suas misericórdias não têm fim; renovam-se cada manhã. Grande é a tua fidelidade" (3:21-23).

Quer soframos por nossas próprias escolhas ou pelas de outros, o desespero pode ameaçar nos esmagar. Quando tudo parece perdido, podemos nos apegar à fidelidade do Senhor. "A minha porção é o Senhor, diz a minha alma; portanto, esperarei nele" (v.24). —DCM

---

**A âncora da fidelidade de Deus permanece firme nas maiores tempestades.**

15 de novembro

# HERANÇA INESPERADA

LEITURA:
**Provérbios 30:1-9**

---

**...o pão nosso de cada dia dá-nos hoje.**
**—Mateus 6:11**

---

A BÍBLIA EM UM ANO:
☐ **Ezequiel 1–2**
☐ **Hebreus 11:1-19**

Ao ganhar o maior prêmio lotérico em 2012, o feliz empresário expressou desejos nobres. Ele queria começar uma fundação de caridade, devolver empregos a desempregados e beneficiar sua família. Ele já era rico e disse aos repórteres que o grande prêmio não o mudaria.

Alguns anos depois, um artigo descreveu um resultado diferente. Após ganhar o maior prêmio de todas as loterias esse homem tinha enfrentado problemas legais, perdido sua reputação pessoal e seu dinheiro em jogos e apostas.

Um homem zeloso chamado Agur escreveu palavras que antecipam tal desgosto. Ele era modesto por ter consciência de suas próprias inclinações naturais (Provérbios 30:2,3), Agur via os perigos de possuir demais ou muito pouco. Então orou: "...não me dês nem a pobreza nem a riqueza; dá-me o pão que me for necessário; para não suceder que, estando eu farto, te negue e diga: Quem é o SENHOR? Ou que, empobrecido, venha a furtar e profane o nome de Deus" (vv.8,9).

Agur viu os desafios peculiares que surgem com a riqueza e a pobreza, mas também com nossas tendências pessoais. Cada um destes nos dá razões para termos cautela. Juntos eles mostram a nossa necessidade por Aquele que nos ensinou a orar, "...o pão nosso de cada dia dá-nos hoje." —MRD

---

**O descontentamento empobrece o rico e o contentamento enriquece o pobre.**

16 de novembro

# GUIA INCRÍVEL

LEITURA:
**Josué 1:1-9**

---

**Nenhuma promessa falhou de todas as boas palavras que o SENHOR falara... —Josué 21:45**

---

A BÍBLIA EM UM ANO:
☐ Ezequiel 3–4
☐ Hebreus 11:20-40

Quando os atores fazem um filme, é o diretor que vê o "contexto completo" e a direção em geral. Certa atriz admitiu não ter entendido tudo o que o diretor estava fazendo num de seus filmes recentes, e disse: "Achei muito interessante me permitir estar perdida, porque sabia que tinha esse guia incrível... Você se entrega a uma história e a um diretor que fará tudo funcionar."

Acho que Josué pode ter dito algo semelhante com relação ao diretor de sua vida. Na passagem de hoje, o líder de Israel recém-comissionado está diante da entrada da Terra Prometida. Mais de dois milhões de israelitas estão confiando nele para guiá-los. Como ele faria isso? Deus não havia lhe dado um roteiro detalhado, mas lhe deu a certeza de que iria com ele.

Deus disse, "...serei contigo; não te deixarei..." (Josué 1:5). Ele ordenou que Josué estudasse e praticasse tudo que estava escrito em Sua Palavra (vv.7,8) e prometeu estar com Josué onde quer que ele fosse. Josué respondeu com total devoção e entrega a este incrível Guia e "Nenhuma promessa falhou de todas as boas palavras que o SENHOR falara..." (21:45).

Nós também podemos nos entregar ao nosso Diretor e descansar em Sua fidelidade. – PFC

---

**Fé é nunca saber para onde somos guiados; é conhecer e amar Aquele que nos guia.** —O. Chambers

17 de novembro

# ADVERSÁRIO DERROTADO

LEITURA:
**Efésios 6:10-18**

**Sede sóbrios e vigilantes. O diabo, [...] anda em derredor, como leão que ruge procurando alguém para devorar.
—1 Pedro 5:8**

A BÍBLIA EM UM ANO:
☐ **Ezequiel 5–7**
☐ **Hebreus 12**

O leão que ruge é o legendário "rei da selva." Mas os únicos leões que muitos de nós veem são os felinos letárgicos nos zoológicos. Seus dias são repletos de muito descanso e seu jantar é servido sem que tenham que levantar uma única pata.

Em seu *habitat* natural, entretanto, os leões nem sempre vivem tão descontraidamente. Sua fome lhes diz que devem caçar e ao fazê-lo procuram devorar os mais novos, fracos, doentes ou feridos. Rastejando pelo gramado alto, lentamente se arrastam para a frente e com ataque repentino fecham suas mandíbulas no corpo de suas vítimas.

Pedro usou um "leão que ruge" como metáfora para Satanás. Ele é um predador astuto, procurando por presas fáceis para devorar (1 Pedro 5:8). Ao lidar com este adversário, os filhos de Deus precisam ser vigilantes em colocar "...toda a armadura de Deus..." e podem então ser "...fortalecidos no Senhor e na força do Seu poder" (Efésios 6:10,11).

A boa notícia é que Satanás é um adversário derrotado. Ainda que seja um inimigo poderoso, aqueles que são protegidos por salvação, oração e pela Palavra de Deus não precisam paralisar-se de medo diante deste leão que ruge. Somos "...guardados pelo poder de Deus..." (1 Pedro 1:5). O livro de Tiago 4:7 nos garante: "...resisti ao diabo, e ele fugirá de vós."
– CHK

**Nenhum mal pode infiltrar-se na armadura de Deus.**

**18 de novembro**

# AMOR ENRAIZADO

LEITURA:
**Hebreus 13:15-25**

**Não negligencieis [...] a prática do bem e a mútua cooperação... —Hebreus 13:16**

A BÍBLIA EM UM ANO:
- ☐ **Ezequiel 8–10**
- ☐ **Hebreus 13**

Ao pensar nas maravilhas da divina criação, fico extasiado pela sequoia-gigante. Estas árvores gigantescas da floresta podem atingir alturas em torno de 90 metros com diâmetro que excede os seis metros. Elas vivem mais de três mil anos e são inclusive resistentes ao fogo. Na verdade, os incêndios nas florestas abrem as pinhas das sequoias, distribuindo suas sementes no solo da floresta fertilizado pelas cinzas. Talvez o fato mais surpreendente é que as raízes destas árvores se aprofundam a quase dez metros do solo e resistem aos fortes ventos. Sua força está no entrelaçamento de suas raízes com a de outras sequoias, provendo força mútua e recursos compartilhados.

O plano de Deus para nós é assim. Nossa habilidade de permanecermos firmes apesar dos ventos devastadores da vida está relacionada ao amor e suporte que recebemos de Deus e uns dos outros. E então, como o escritor de Hebreus diz, não devemos nos esquecer "...a prática do bem e a mútua cooperação..." (13:16). Pense em como seria difícil enfrentar a adversidade se alguém não estivesse compartilhando as raízes de sua força conosco.

Há grande poder nos dons entretecidos de palavras de encorajamento, orações de intercessão, choro solidário, apoio um ao outro e algumas vezes simplesmente sentar-se uns com os outros compartilhando a existência de nosso amor. —JMS

**Permita que as raízes do amor divino em sua vida se entrelacem com outros que precisam do seu apoio.**

19 de novembro

# ADEUS

LEITURA:
**Números 11:1-10**

**Queixou-se o povo de sua sorte aos ouvidos do SENHOR; ouvindo-o o SENHOR, acendeu-se-lhe a ira... —Números 11:1**

A BÍBLIA EM UM ANO:
☐ Ezequiel 11-13
☐ Tiago 1

Quando Max Lucado participou de um Meio-*Ironman* triatlo, ele experimentou o poder negativo da reclamação, e disse: "Após nadar quase 1900 m, e de 90 km de ciclismo, não tinha muita energia sobrando para a corrida de 21 km. E nem o camarada correndo ao meu lado, que me disse: 'Isto é uma droga. Esta competição foi a decisão mais tola que já tomei.' Eu lhe respondi: 'Adeus.'" Max sabia que se o ouvisse por muito tempo, começaria a concordar com o outro triatleta. Disse-lhe adeus e continuou correndo.

Entre os israelitas, muitas pessoas ouviram reclamações por muito tempo e começaram a concordar. Isto desagradou a Deus e com razão. Ele havia libertado os israelitas da escravidão e concordara em viver no meio deles, mas mesmo assim eles reclamavam. Além da dificuldade do deserto, eles estavam insatisfeitos com a provisão do maná. Em suas reclamações, Israel esqueceu que o maná era um presente concedido a eles pela amorosa mão de Deus (Números 11:6). Como a reclamação envenena o coração com ingratidão e pode ser contagiosa, Deus precisou julgá-la.

Dizer "adeus" à reclamação e ingratidão é a maneira correta de agirmos. Todos os dias, relembremos a fidelidade e a bondade de Deus para conosco. —MLW

**Proclamar a fidelidade de Deus silencia o descontentamento.**

**20 de novembro**

# VOCÊ PODE AJUDAR?

LEITURA:
**Tiago 2:14-20**

---

**...a fé, se não tiver obras, por si só está morta. —Tiago 2:17**

---

A BÍBLIA EM UM ANO:
☐ **Ezequiel 14–15**
☐ **Tiago 2**

Os administradores de uma escola no Alasca, EUA, cansaram-se de ver os alunos arranjando problemas e 50% deles desistindo de estudar. Para mantê--los interessados, eles começaram um time de futebol que lhes oferecia uma chance para desenvolver habilidades pessoais, espírito de equipe e aprender lições de vida. O problema com o futebol nessa cidade, que fica ainda mais ao norte do que a própria Islândia, é a dificuldade em plantar um campo de grama. E assim, eles competiam num campo de pedregulhos e terra.

Muito distante dali, uma senhora ouviu falar da equipe e do perigoso campo de futebol em que treinavam. Sentindo que Deus a movia para ajudar e impressionada pelas mudanças positivas que viu nos alunos, ela entrou em ação. Quase um ano mais tarde, eles dedicaram seu novo campo de futebol, completo com um gramado artificial. Ela havia arrecadado milhares de dólares para ajudar adolescentes que nem conhecia.

Isto não se trata de futebol — ou dinheiro. Trata-se de lembrar-se "...a prática do bem e a mútua cooperação..." (Hebreus 13:16). O apóstolo Tiago nos lembra de que demonstramos a nossa fé por nossas ações (2:18). As necessidades em nosso mundo são várias e opressivas, mas quando amamos o nosso próximo como a nós mesmos, conforme Jesus disse (Marcos 12:31), alcançamos pessoas com o amor de Deus. —JDB

---

**Abra seu coração a Deus para aprender a compaixão e a mão para ajudar.**

21 de novembro

# LIDANDO COM DISTRAÇÕES

LEITURA:
**Mateus 13:14-22**

**...os cuidados do mundo [...] sufocam a palavra... —Mateus 13:22**

A BÍBLIA EM UM ANO:
☐ Ezequiel 16–17
☐ Tiago 3

O dono de um restaurante na vila de Abu Ghosh, fora da cidade de Jerusalém, ofereceu um desconto de 50% para os clientes que desligassem seus celulares. Jawdat Ibrahim acredita que *smartphones* mudaram o foco das refeições: do companheirismo e conversa para a navegação na internet, envio de mensagens de texto e telefonemas de negócio. "A tecnologia é algo muito bom," Ibrahim diz. "Mas… quando você está com a sua família e os seus amigos, é possível ser capaz de esperar por meia hora e simplesmente desfrutar do alimento e da companhia."

Como é fácil nos distrairmos com muitas coisas, seja em nosso relacionamento com os outros ou com o Senhor.

Jesus disse aos Seus seguidores que a distração espiritual começa com os corações endurecidos, com ouvidos que dificilmente ouvem e olhos que já se fecharam (Mateus 13:15). Ao usar a ilustração de um fazendeiro espalhando sementes, Jesus comparou a semente que caiu entre espinhos à pessoa que ouve a Palavra de Deus mas cujo coração está focado em outras coisas. "…os cuidados do mundo e a fascinação das riquezas sufocam a palavra, e fica infrutífera" (v.22).

Há grande valor em cultivarmos momentos, todos os dias, nos quais acabamos com as distrações da mente e do coração e nos focamos no Senhor. —DCM

**Colocar Cristo no centro de tudo, coloca o restante em perspectiva.**

**22 de novembro**

# O CALOR DO SOL

**LEITURA:**
**Salmo 6**

**Estou cansado de tanto gemer; todas as noites faço nadar o meu leito, de minhas lágrimas o alago. —Salmo 6:6**

A BÍBLIA EM UM ANO:
☐ **Ezequiel 18–19**
☐ **Tiago 4**

Os *Beach Boys*, Brian Wilson e Mike Love, num dia de novembro de 1963, compuseram uma canção relativamente diferente das melodias animadas da banda. Era uma canção pesarosa sobre um amor perdido. Love, mais tarde, disse: "Por mais difícil que esse tipo de perda possa ser, o que fica de bom é ter tido a experiência de estar apaixonado." Eles intitularam a canção como *The Warmth of the Sun* (O calor do sol).

O fato de a tristeza servir como catalisador para a composição das canções não é nada novo. Alguns dos salmos mais comoventes de Davi, incluindo o Salmo 6, foram redigidos em momentos de profunda perda pessoal. Ainda que não sejamos informados dos acontecimentos que o moveram a escrever, os versos são repletos de pesar, "Estou cansado de tanto gemer; todas as noites faço nadar o meu leito, de minhas lágrimas o alago. Meus olhos, de mágoa, se acham amortecidos..." (vv.6,7).

Mas não é aqui que a canção termina. Davi conhecia dor e perda, mas conhecia também o consolo de Deus. E portanto escreveu, "o SENHOR ouviu a minha súplica; o SENHOR acolhe a minha oração" (v.9).

Em seu pesar, Davi não apenas encontrou uma canção, mas também encontrou motivo para confiar em Deus, cuja fidelidade permeia todas as épocas difíceis da vida. No calor de Sua presença, nossas tristezas ganham uma perspectiva de esperança. — WEC

---

**A canção de tristeza pode voltar nossos corações a Deus — que nos concede alegria eterna.**

23 de novembro

# AMARGURA DURADOURA

LEITURA:
**Colossenses 3:12-17**

**...caso alguém tenha motivo de queixa contra outrem. Assim como o Senhor vos perdoou, assim também perdoai vós. —Colossenses 3:13**

A BÍBLIA EM UM ANO:
☐ Ezequiel 20–21
☐ Tiago 5

Durante a Segunda Guerra Mundial, a família de Corrie ten Boom era proprietária de uma relojoaria na Holanda e eles trabalhavam ativamente para proteger as famílias judias. Ao fim, a família ten Boom foi enviada a um campo de concentração, onde o patriarca morreu dez dias depois. A irmã de Corrie, Betsie também morreu no campo. Enquanto Betsie e Corrie estavam juntas, a fé de Betsie ajudou a fortalecer a fé de Corrie.

Essa mesma fé levou Corrie a perdoar até mesmo os homens cruéis que serviam como guardas durante os seus dias de campo de concentração. Ainda que o ódio e o desejo de vingança continuassem a destruir muitas vidas muito tempo depois do fim dos campos de concentração, Corrie conhecia a verdade: O ódio fere mais quem odeia do que a pessoa odiada, independentemente do quanto se possa justificá-lo.

Como ela, cada um de nós tem a oportunidade de amar o nosso inimigo e escolher perdoar. O perdão não justifica a ofensa, mas quando perdoamos mostramos Cristo ao mundo. "Antes, sede uns para com os outros benignos, compassivos, perdoando-vos uns aos outros, como também Deus, em Cristo, vos perdoou" (Efésios 4:32).

Deus ajudará você a abrir mão de todo o rancor furioso conforme você perceber o Espírito Santo construir em você um lugar onde outros veem o Salvador. —RKK

**Quando perdoamos alguém, mais nos assemelhamos a Cristo.**

24 de novembro

# ESPERANÇA NO SOFRIMENTO

LEITURA:
**1 Pedro 1:3-9**

**Nisso exultais, embora, no presente, por breve tempo, se necessário, sejais contristados por várias provações.**
**—1 Pedro 1:6**

A BÍBLIA EM UM ANO:
☐ **Ezequiel 22–23**
☐ **1 Pedro 1**

Quando abri minha Bíblia para ler o livro de Jeremias 1–4, a expressão "Ouvi a palavra do SENHOR..." me surpreendeu. Quase chorei. O momento era perfeito, pois estava passando por uma época de lamento pela morte de minha mãe.

Senti-me praticamente da mesma forma após ouvir o sermão do meu pastor no dia anterior. O título era "Alegria no sofrimento," baseado em 1 Pedro 1:3-9. Ele nos deu uma ilustração de sua vida: o aniversário de um ano da morte de seu pai. O sermão foi significativo para muitos, para mim foi um presente de Deus. Estes e outros acontecimentos foram indicações sustentadas pela Palavra de Deus de que Ele não me deixaria sozinha em minha tristeza.

Ainda que o caminho da tristeza seja difícil, Deus envia lembretes de Sua constante presença. Para os israelitas expulsos da Terra Prometida devido à desobediência, Deus tornou Sua presença evidente enviando profetas como Jeremias para oferecer-lhes esperança — a esperança de reconciliação por meio de arrependimento. E àqueles a quem guia por momentos de prova, Ele demonstra Sua presença por meio de uma comunidade de cristãos que se amam "...de coração, uns aos outros ardentemente" (1 Pedro 1:22). Estas indicações da presença de Deus durante as provações aqui na terra reafirmam a Sua promessa da esperança viva nos aguardando na ressurreição. —JAL

**Jamais devemos nos envergonhar de nossas lágrimas.** —Dickens

25 de novembro

# Descanse em Deus

Leitura:
**Romanos 4:16-22**

**...não duvidou, por incredulidade [...] estando plenamente convicto de que ele era poderoso para cumprir o que prometera.**
**—Romanos 4:20,21**

A Bíblia em um ano:
☐ Ezequiel 24–26
☐ 1 Pedro 2

Era nosso último feriado juntos como família antes que o nosso filho mais velho fosse para a universidade. Todos nós ali preenchíamos o banco dos fundos da igreja e meu coração estava repleto de amor ao olhar os meus cinco filhos bem arrumados. "Por favor, proteja-os espiritualmente e os mantenha perto de ti Senhor." Orei silenciosamente, pensando nas pressões e desafios que cada um enfrentava.

O cântico final tinha um refrão baseado nas palavras de 2 Timóteo 1:12. "...porque sei em quem tenho crido e estou certo de que ele é poderoso para guardar o meu depósito até aquele Dia." Tive um sentimento de paz ao ter a certeza de que Deus guardaria a alma de cada um.

Desde então os anos passaram. Houve momentos em que alguns de meus filhos andaram por descaminhos, e outros rebelaram-se totalmente. Algumas vezes me questionei sobre a fidelidade de Deus. Lembro-me então de Abraão. Ele tropeçou, mas nunca duvidou em confiar na promessa que tinha recebido (Gênesis 15:5,6; Romanos 4:20,21). Nos anos de espera e de tentativas equivocadas de colaborar com as situações, Abraão apegou-se à promessa de Deus até que Isaque nascesse.

Acredito que este lembrete à confiança é algo encorajador. Dizemos a Deus qual é nosso pedido. Lembramo-nos de que Ele se importa. Sabemos que Ele é poderoso. Agradecemos a Ele por Sua fidelidade. —MS

**É demorado para aprender algumas lições sobre a paciência.**

26 de novembro

# DEUS SUSSURRA "PEIXE"

LEITURA:
**Lucas 5:1-10**

**...doravante serás pescador de homens.**
**—Lucas 5:10**

A BÍBLIA EM UM ANO:
☐ **Ezequiel 27–29**
☐ **1 Pedro 3**

Há muitos anos, nossos filhos e eu desfrutamos de alguns dias juntos velejando e pescando com dois guias de pesca que também serviram como nossos barqueiros.

O guia que ficou comigo tinha vivido no rio por toda a sua vida e sabia onde as grandes trutas ficavam. Era um homem tranquilo e mal falou duas dúzias de palavras em todo o tempo que esteve conosco, mas suas poucas palavras alentaram os meus dias.

Estávamos pescando com anzóis pequenos em águas agitadas. Minha visão já não era como antes e eu estava perdendo a maioria das capturas. Meu guia — que era também uma alma paciente — começou a alertar-me sussurrando "peixe" quando via uma truta surgindo sob o anzol. Quando ouvia a dica, levantava a ponta da vara de pesca e... olha só! Uma truta na ponta do meu anzol!

Com frequência penso naquele guia e na declaração de Jesus a Seus pescadores-discípulos, "...doravante serás pescador de homens" (Lucas 5:10). Surgem grandes oportunidades em nosso caminho todos os dias — pessoas ao nosso redor, procurando por aquele "algo mais" ilusório pelo qual suas almas suplicam — ocasiões para mostrar o amor de Cristo e falar da esperança que está em nós. Podemos perder estas oportunidades se não estivermos alertas.

Que o grande Pescador, que conhece todos os corações, sussurre "peixe" em nossos ouvidos e que tenhamos ouvidos para ouvir. —DHR

---

**Quando o Espírito impelir, aja.**

27 de novembro

# Lição sobre o louvor

Leitura:
**Salmo 150**

**...Louvai a Deus...**
**—Salmo 150:1**

A Bíblia em um ano:
☐ **Ezequiel 30–32**
☐ **1 Pedro 4**

O Salmo 150 não é apenas uma bela expressão de louvor, é também uma lição sobre como louvar o Senhor. Ele nos fala onde louvar, porque devemos louvar, como devemos louvar e quem deveria oferecer louvor.

Onde louvamos? No "santuário" e "poderoso firmamento" de Deus (v.1). Onde quer que estejamos no mundo há sempre um lugar apropriado para louvar Aquele que criou todas as coisas.

Por que louvamos? Primeiro, devido ao que Deus faz. Ele executa "poderosos feitos." Segundo, por causa de quem Deus é. O salmista louvou-o por "...sua muita grandeza" (v.2). O Criador Todo-poderoso é o Sustentador do universo.

Como deveríamos louvar? Com altos sons. Gentilmente. Calmamente. Com entusiasmo. Com ritmo. Intrepidamente. Espontaneamente e sem temor. Em outras palavras, podemos louvar a Deus de muitas maneiras e em muitas ocasiões (vv.3-5).

Quem deveria louvar? "Todo ser que respira..." (v.6). Jovem e velho. Rico e pobre. Fraco e forte. Toda criatura vivente. A vontade de Deus é que todos a quem Ele deu fôlego de vida o usem para reconhecer o Seu poder e grandeza.

O louvor é a nossa expressão entusiasta de gratidão a Deus por reinar em glória para sempre. — JAL

---

**O louvor é o transbordar de um coração alegre.**

**28 de novembro**

# AMANI

LEITURA:
**1 Samuel 16:14-23**

---

**Porque Deus não nos tem dado espírito de covardia, mas de poder, de amor e de moderação.**
**—2 Timóteo 1:7**

---

A BÍBLIA EM UM ANO:
☐ **Ezequiel 33–34**
☐ **1 Pedro 5**

A*mani*, que significa "paz" na língua suaíli, do Quênia, é o nome de um cão labrador que tem alguns amigos especiais. Amani mora com duas jovens chitas (guepardos) num zoológico americano. Os zoólogos colocaram os animais juntos para que as chitas aprendessem os modos descontraídos de Amani. Considerando que cães são geralmente tranquilos em locais públicos, os especialistas antecipam que Amani será uma "influência serena" na vida das chitas à medida que crescerem juntos.

Davi foi uma influência que trazia calma à vida do rei Saul quando um "espírito maligno" o atormentava (1 Samuel 16:14). Quando os servos de Saul souberam de seu problema, pensaram que a música poderia aliviar sua angústia. Um servo convocou Davi, que era um harpista habilidoso. Sempre que o rei ficava perturbado, Davi tocava a harpa. "...então, Saul sentia alívio e se achava melhor..." (v.23).

Ansiamos por refrigério e bem-estar quando somos acometidos por raiva, medo ou tristeza. O Deus da Bíblia é um "Deus de paz" (Hebreus 13:20,21), Aquele que dá o Espírito Santo a todos que creem nele. Quando estamos agitados ou ansiosos podemos nos lembrar de que o Espírito de Deus produz poder, amor e autocontrole (2 Timóteo 1:7). A influência de Deus em nossas vidas pode criar um efeito calmante — efeito que leva ao consolo e completude. – JBS

---

**Deixo-vos a paz, a minha paz vos dou;**
**não vo-la dou como a dá o mundo.** —Jesus

29 de novembro

# Final Feliz

Leitura:
**Apocalipse 21:1-7**

**Vi novo céu e nova terra... —Apocalipse 21:1**

A Bíblia em um ano:
☐ Ezequiel 35–36
☐ 2 Pedro 1

Nesta "trama", a história da Bíblia termina de modo semelhante ao começo. O relacionamento destruído entre Deus e os seres humanos foi finalmente restaurado e a maldição de Gênesis 3 está revogada. Emprestando imagens do Éden, o livro de Apocalipse retrata um rio e uma árvore da vida (22:1,2). Mas desta vez, uma grande cidade substitui o cenário do jardim — uma cidade repleta de adoradores de Deus. Nenhuma morte ou tristeza jamais escurecerá esse cenário. Quando acordarmos no novo céu e na nova terra, teremos finalmente um final feliz.

O céu não é um complemento ou uma crença opcional. É a justificação final de toda a criação. A Bíblia nunca diminui a tragédia e o desapontamento humano — algum livro é mais dolorosamente honesto? — mas acrescenta uma palavra-chave: temporário.

O que sentimos agora, não sentiremos sempre. O momento de recriação virá.

Para os que se sentem presos na armadilha da dor ou de um lar arruinado, em miséria financeira ou amedrontado — para todos nós — o céu promove um futuro atemporal de saúde, completude, satisfação e paz. A Bíblia começa com a promessa de um Redentor no livro de Gênesis (3:15) e termina com a mesma promessa (Apocalipse 21:1-7) — uma garantia de realidade futura. O fim será o começo. — PDY

**Os ganhos da eternidade mais do que nos compensarão pelas perdas da terra.**

30 de novembro

# ASSIM COMO ESTÁ

LEITURA:
**Apocalipse 5:1-12**

**...porque foste morto e com o teu sangue [nos] compraste para Deus... —Apocalipse 5:9**

A BÍBLIA EM UM ANO:
☐ Ezequiel 37–39
☐ 2 Pedro 2

Uma casa colocada à venda "assim como está" geralmente significa que o vendedor não pode ou não quer gastar mais qualquer valor para reparar a casa ou melhorar o seu visual. Qualquer conserto necessário ou melhorias desejadas são responsabilidade do comprador quando a venda estiver efetuada. "Assim como está" equivale a dizer: "Comprador tome cuidado. A casa pode precisar de investimentos adicionais significativos."

É digno de nota que Jesus ao morrer pagou o mais alto preço por todos nós, independentemente de nossa condição. O livro de Apocalipse 5 descreve uma cena no céu onde apenas "o Leão da tribo de Judá, a Raiz de Davi" é digno de ler e selar o rolo (vv.3-5). Ele aparece como um cordeiro e se torna objeto de louvor em uma nova canção, "...porque foste morto, e com o teu sangue compraste para Deus homens de toda a tribo, e língua, e povo, e nação; E para o nosso Deus os fizeste reis e sacerdotes; e eles reinarão sobre a terra" (vv.9,10).

Jesus Cristo deliberadamente nos comprou para Deus com Seu sangue. Fomos comprados "assim como estamos", com falhas, com defeitos, carentes de transformação. Por fé estamos agora sob Sua propriedade, no processo de reforma para a glória de Deus. Que maravilhoso! Deus nos conhecia, nos amava e nos comprou exatamente como somos. – DCM

---

**Deus nos conhece por dentro e por fora.
Nenhuma restauração é complicada demais para Ele.**

**1.º de dezembro**

# O CAÇADOR DE TALENTOS

LEITURA:
**Efésios 1:4-11**

---

**...assim como nos escolheu, nele, antes da fundação do mundo, para sermos santos e irrepreensíveis perante ele; e em amor. —Efésios 1:4**

---

A BÍBLIA EM UM ANO:
☐ **Ezequiel 40–41**
☐ **2 Pedro 3**

"Acho que encontrei um candidato disposto a atingir a glória" foram as palavras do caçador de talentos, num telegrama enviado ao presidente de um famoso clube inglês, em 1961. Quem era o gênio? A lenda do futebol, George Best. O garoto de 15 anos mal sabia que aquelas palavras o tinham colocado na rota do estrelato do futebol, pavimentando o caminho para que ele se tornasse o ponta do *Manchester United*, e o melhor futebolista europeu daquele ano.

Mas, os supercraques não aparecem em cena por acaso. Muitos devem as suas ilustres carreiras a algum olheiro atento que os descobriram quando eram apenas meninos magricelas e lhes deram a passagem à fama e glória.

Há outro Olheiro sempre ocupado em procurar por pessoas que Ele possa transformar em santos e enviá-las para a estrada da glória na eternidade. A despeito de nossa atual natureza egoísta repugnante, Ele almeja transformar qualquer pessoa que esteja disposta em transformar-se em alguém santo e perfeito aos olhos de Deus (2 Coríntios 3:18). Até os anjos são comparativamente insignificantes quando comparados a Ele!

Deus é o nosso Olheiro e o Seu Filho Jesus Cristo é aquele que nos concede por meio da fé nele, a passagem para o lar celestial.

Pela fé em Jesus, você participará da glória eterna. De fato, nada supera a mensagem: "Acho que encontrei um candidato disposto à glória". —JFG

---

**Jesus transforma os pecadores em santos.**

2 de dezembro

# DESVIO DO CAMINHO

LEITURA:
**1 Timóteo 6:6-10**

**...o amor do dinheiro é raiz de todos os males; e alguns, nessa cobiça, se desviaram da fé e a si mesmos se atormentaram... —1 Timóteo 6:10**

A BÍBLIA EM UM ANO:
☐ Ezequiel 42–44
☐ 1 João 1

Uma pesquisa *on-line*, realizada por um escritório de advocacia de Nova Iorque, revela que 52% dos comerciantes de *Wall Street*, corretores, investidores e outros profissionais do ramo financeiro envolvem-se em alguma atividade ilegal, ou acredita precisar fazê-lo para ser bem-sucedido. A pesquisa conclui que esses líderes financeiros "perderam sua bússola moral" e "aceitam delitos corporativos como um mal necessário."

Quando orientava o jovem Timóteo, o apóstolo Paulo advertiu que o amor ao dinheiro e o desejo de ficar rico levara alguns a se afastarem do caminho. Eles haviam cedido às tentações e se envolvido em muitas concupiscências "insensatas e perniciosas" (1 Timóteo 6:9). Paulo viu "o amor ao dinheiro" (não o dinheiro em si) como raiz de "todos os males" (v. 10), especialmente o mal do confiar no dinheiro ao invés de depender de Cristo.

Ao reconhecermos que Cristo é a fonte de tudo o que temos, encontraremos contentamento nele, em vez de nos bens materiais. Quando buscarmos a santidade, ao invés de riquezas, nascerá em nós o desejo de sermos fiéis ao que nos foi dado.

Cultivemos deliberadamente uma atitude de contentamento em Deus e submetamo-nos fielmente a Ele, pois o nosso Provedor cuidará de nós. — MLW

**Amar o dinheiro é perder de vista a Fonte da vida.**

3 de dezembro

# De que lado você está?

Leitura:
**Salmo 73**

**...bom é estar junto a Deus...**
**—Salmo 73:28**

A Bíblia em um ano:
☐ Ezequiel 45–46
☐ 1 João 2

No calor da Guerra Civil Americana, um dos conselheiros do presidente Lincoln disse que era grato por Deus estar do lado da União. Lincoln respondeu: "Senhor, minha preocupação não é se Deus está do nosso lado; minha maior preocupação é estar do lado de Deus, porque o Senhor está sempre certo."

É um grande desafio assumirmos que Deus apoia nossas perspectivas, nossos planos, nossas decisões e nossos desejos. No entanto, a resposta de Lincoln nos lembra que até mesmo os nossos melhores planos podem não estar perto daquilo que Deus deseja.

O salmista demonstra claramente que quer estar ao lado de Deus quando declara "Sonda-me, ó Deus, e conhece o meu coração, prova-me e conhece os meus pensamentos; vê se há em mim algum caminho mau e guia-me pelo caminho eterno" (Salmo 139:23,24). Quando seguimos o exemplo do salmista que diz "...bom é estar junto a Deus..." (73:28), podemos estar certos de que estamos do lado dele, quando Seu espírito nos ajuda a medir cada pensamento e ação com base em Seus caminhos que estão sempre corretos.

Então, vamos nos questionar: estamos do lado do Senhor? Estar do lado dele significa que iremos refletir Seu amor para o mundo ao nosso redor pela maneira como interagimos com os outros. Vamos perdoar, tratar as pessoas com justiça e buscar a paz. Os caminhos de Deus são sempre os melhores. —JMS

**Ao se aproximar do Senhor,**
**você terá a certeza de estar do lado certo.**

4 de dezembro

# CHAMADO PELO NOME

LEITURA:
**Lucas 19:1-10**

**...Jesus chegou àquele lugar, olhando para cima, disse-lhe: Zaqueu, desce depressa, pois me convém ficar hoje em tua casa. —Lucas 19:5**

A BÍBLIA EM UM ANO:
☐ Ezequiel 47–48
☐ 1 João 3

No início do ano letivo, a diretora de uma escola em nossa cidade comprometeu-se a aprender os nomes de todos os 600 alunos de sua escola. Qualquer um que duvidasse de sua capacidade ou intenção poderia olhar seu histórico. Durante o ano anterior, ela tinha aprendido os nomes de 700 alunos e, antes disso, de 400 crianças em uma escola diferente. Imagine o que deve ter significado para estes alunos serem reconhecidos e chamados por seus nomes.

A história de Zaqueu e Jesus (Lucas 19:1-10) contém o elemento surpresa do reconhecimento pessoal. Quando Jesus atravessou a cidade de Jericó, um rico cobrador de impostos, chamado Zaqueu, subiu numa árvore para vê-lo. "Quando Jesus chegou àquele lugar, olhando para cima, disse-lhe: Zaqueu, desce depressa, pois me convém ficar hoje em tua casa" (v.5). Em vez de ignorar Zaqueu ou dizer: "Ei, você aí na árvore", Jesus o chamou pelo nome. A partir desse momento sua vida começou a mudar.

Quando parece que ninguém o conhece ou não se importa sobre quem você é, lembre-se de Jesus. Ele nos conhece pelo nome e deseja que o conheçamos de uma forma pessoal. O nosso Pai no céu nos vê com Seus olhos de amor e se preocupa com cada detalhe de nossa vida. —DCM

**Jesus o conhece pelo nome e deseja que você o conheça.**

5 de dezembro

# XADREZ HUMANO

LEITURA:
**1 João 4:7-12**

---

**Amados, amemo-nos uns aos outros, porque o amor procede de Deus; e todo aquele que ama é nascido de Deus e conhece a Deus. —1 João 4:7**

---

A BÍBLIA EM UM ANO:
☐ Daniel 1–2
☐ 1 João 4

O xadrez é um jogo de estratégia antigo. Cada jogador começa com 16 peças no tabuleiro com o objetivo de encurralar o rei do oponente. O jogo tomou diferentes versões ao longo dos anos. Uma delas é o xadrez humano, criado por Carlos Martel, duque da Austrásia, em 735 d.C. Martel jogava com tabuleiros gigantes utilizando pessoas como peças. As pessoas fantasiadas refletiam seu status no tabuleiro e eram movidas ao capricho dos jogadores — manipuladas para seus próprios fins.

Será que às vezes não jogamos esta versão humana do jogo de xadrez? Facilmente podemos nos deixar levar por nossos objetivos de modo que as pessoas se tornam apenas um peão a mais para alcançá-los. Contudo, as Escrituras nos alertam para uma visão diferente sobre os que estão ao nosso redor. Devemos vê-los como pessoas criadas à imagem de Deus (Gênesis 1:26). Elas são objeto do amor de Deus (João 3:16) e merecedoras também do nosso amor.

O apóstolo João escreveu: "Amados, amemo-nos uns aos outros, porque o amor procede de Deus; e todo aquele que ama é nascido de Deus e conhece a Deus" (1 João 4:7). Porque Deus nos amou primeiro, devemos corresponder ao Seu amor, amando-o e também amando as pessoas que Ele criou à Sua imagem. – WEC

---

**As pessoas devem ser amadas; não usadas.**

6 de dezembro

# MELHOR DO QUE ANTES

LEITURA:
**2 Reis 5:1-15**

**...e a sua carne [de Naamã] se tornou como a carne de uma criança, e ficou limpo. —2 Reis 5:14**

A BÍBLIA EM UM ANO:
☐ Daniel 3–4
☐ 1 João 5

Quando crianças, meus filhos tinham a pele quase perfeita. Era macia — eles não tinham cotovelos secos ou partes ásperas nos pés. A pele nova e macia contrastava com a minha, marcada por anos de várias cicatrizes e calosidades.

Como grande guerreiro e comandante do exército da Síria, Naamã devia ter a pele marcada por várias cicatrizes de batalhas, mas ele também tinha uma doença grave de pele — a lepra. Quando uma serva sugeriu que o profeta Eliseu poderia curá-lo, Naamã foi visitá-lo. Ele seguiu as instruções de Eliseu e sua carne doente tornou-se "...como a carne de uma criança..." (2 Reis 5:14). Esta cura fez Naamã se sentir melhor física e espiritualmente. Após ser curado, declarou: "...Eis que, agora, reconheço que em toda a terra não há Deus, senão em Israel..." (v.15). Por meio desta experiência milagrosa ele aprendeu que existe somente um Deus verdadeiro (1 Coríntios 8:6).

Como Naamã, podemos aprender lições importantes sobre Deus como resultado de nossas experiências de vida. Receber uma bênção pode nos mostrar Sua misericórdia e bondade (Mateus 7:11). Sobreviver ou suportar uma provação pode nos ajudar a ver a suficiência e os cuidados de Deus. Crescer no conhecimento dele (2 Pedro3:18) nos tornará melhores espiritualmente do que éramos antes.

Que possamos aprender mais sobre Deus em nossa passagem por este mundo. —JBS

**As lições sobre Deus estão embutidas nas experiências da vida.**

7 de dezembro

# A CORRIDA DE JOHNNY

LEITURA:
**Hebreus 10:19-25**

---

**Consolai-vos, pois, uns aos outros e edificai-vos reciprocamente... —I Tessalonicenses 5:11**

---

A BÍBLIA EM UM ANO:
- ☐ Daniel 5–7
- ☐ 2 João

Quando Johnny Agar, de 19 anos, terminou a corrida de 5 quilômetros, muitas pessoas correram até ele — os membros da família e os amigos que queriam parabenizá-lo.

Agar tem paralisia cerebral, o que dificulta a atividade física. Mas ele e seu pai, Jeff, formaram uma dupla para competir em muitas corridas — o pai empurrando (o carrinho) e Agar dirigindo. Mas um dia, ele quis terminar a corrida sozinho. No meio do percurso, seu pai o tirou do carrinho, ajudou-o a colocar as muletas, e viu o filho terminar a corrida com seus próprios pés. Isso fez os amigos e a família aplaudirem o feito com grande entusiasmo. "Foi mais fácil fazê-lo com eles me apoiando", Johnny disse a um repórter. "O encorajamento deles foi o que me impulsionou."

Não é isso que os seguidores de Cristo devem fazer? O livro de Hebreus 10:24 nos lembra: "Consideremo-nos também uns aos outros, para nos estimularmos ao amor e às boas obras". Com base no modelo de amor do nosso Salvador (João 13:34,35), imagine a diferença que faria se todos nós encorajássemos uns aos outros — se sempre soubéssemos que atrás de nós há um grupo de amigos torcendo por nós. Se levássemos a sério as palavras: "Consolai-vos, pois, uns aos outros e edificai-vos reciprocamente..." (1 Tessalonicenses 5:11), a corrida seria mais fácil para todos nós. — DJB

---

**Uma palavra de encorajamento pode fazer a diferença entre desistir ou prosseguir.**

**8 de dezembro**

# AS PEDRAS CLAMAM

LEITURA
**Lucas 19:28-40**

**Mas ele lhes respondeu: Asseguro-vos que, se eles se calarem, as próprias pedras clamarão. —Lucas 19:40**

A BÍBLIA EM UM ANO:
☐ **Daniel 8–10**
☐ **3 João**

A cada ano parece que o Natal se torna mais e mais comercializado. Mesmo em nações onde a maioria das pessoas se intitula "cristã", esta celebração se tornou mais uma época de compras do que de adoração. A pressão para comprar presentes e planejar festas elaboradas torna cada vez mais difícil manter o foco sobre o real significado do feriado — o nascimento de Jesus, o Filho único de Deus, o Salvador do mundo.

Mas em cada Natal, também ouço o evangelho em lugares surpreendentes — exatamente nos lugares que tanto comercializam o Natal — os shoppings. Quando ouço: "Cantai que o Salvador chegou, acolha a Terra o Rei" (CC 26), tocando em locais públicos, penso nas palavras que Jesus disse aos fariseus, quando lhe pediram para silenciar a multidão que o louvava: "Mas ele lhes respondeu: Asseguro-vos que, se eles se calarem, as próprias pedras clamarão" (Lucas 19:40).

No Natal, ouvimos as pedras clamarem. Mesmo as pessoas espiritualmente mortas cantam canções escritas por cristãos falecidos há muito tempo, lembrando-nos que não importa quão seriamente as pessoas tentem silenciar a verdadeira mensagem do Natal, nunca terão sucesso.

Apesar do comercialismo que ameaça confundir a mensagem do nascimento de Cristo, Deus fará Suas boas-novas conhecidas em todo lugar onde houver maldição. —JAL

**Manter Cristo fora do Natal é tão inútil quanto tentar deter a maré do oceano.**

**9 de dezembro**

# A VIDA É UMA CARTILHA

LEITURA
**Deuteronômio 6:4-9**

---

**Tu as inculcarás a teus filhos [...] andando pelo caminho, e ao deitar-te, e ao levantar-te.**
**—Deuteronômio 6:7**

---

A BÍBLIA EM UM ANO:
☐ **Daniel 11–12**
☐ **Judas**

A cartilha da Nova Inglaterra foi publicada no século 17. Ela se tornou um recurso amplamente utilizado por todas as colônias que mais tarde se tornariam os Estados Unidos.

Esta antiga cartilha americana baseou-se em grande parte na Bíblia, e usou rimas com base nas Escrituras e figuras para ajudar as crianças a aprender a ler. Também incluía orações como esta: "Agora me deito para dormir, peço ao Senhor para minha alma guardar. Se morrer antes de despertar, peço ao Senhor para minha alma levar."

No período colonial americano, esta se tornou a maneira que aquela geração foi capaz de transmitir sua fé à próxima. Isso condiz com o que Deus queria de Seu povo, os israelitas, como está registrado no livro de Deuteronômio 6:6,7: "Estas palavras que, hoje, te ordeno estarão no teu coração; tu as inculcarás a teus filhos, e delas falarás [os mandamentos de Deus] [...] andando pelo caminho, e ao deitar-te, e ao levantar-te."

Quando falamos sobre quem é Deus, o que Ele fez por nós, e como Ele deseja nosso amor e obediência, nossa vida pode se tornar um livro para a próxima geração. Nós podemos fornecer as ferramentas que Deus usará para ajudar as pessoas em sua caminhada com Ele. – HDF

---

**Quando ensinamos outros, não estamos apenas gastando tempo, mas investindo.**

10 de dezembro

# MARAVILHAS DO CORAÇÃO

LEITURA:
**Jó 38:1-11**

**Em ti me tenho apoiado desde o meu nascimento... —Salmo 71:6**

A BÍBLIA EM UM ANO:
- ☐ Oseias 1– 4
- ☐ Apocalipse 1

Nosso coração bate cerca de 100 mil vezes por dia, bombeando sangue para todas as células do nosso corpo. Somam-se cerca de 35 milhões de batidas em um ano e 2,5 bilhões de batidas durante um tempo médio de vida. A ciência médica nos diz que cada contração é como o esforço de segurarmos uma bola de tênis na palma da mão e apertá-la com força.

Embora o funcionamento do nosso coração seja incrível, é apenas um exemplo da natureza projetada para nos comunicar algo sobre o nosso Criador. Encontramos esta ideia por trás da história de um homem chamado Jó.

Acometido por muitos problemas, Jó sentiu-se abandonado. Quando Deus finalmente falou com ele, não lhe disse por que estava sofrendo. O Criador também não lhe contou que um dia o Senhor sofreria por ele. Em vez disso, chamou sua atenção para uma série de maravilhas naturais que estão sempre nos sussurrando — e às vezes gritando — sobre a sabedoria e poder que são muito maiores do que o nosso próprio (Jó 38:1-11).

O que podemos aprender sobre a complexidade deste músculo incansável, o coração? A mensagem é como o som das ondas batendo na praia e das estrelas brilhando, em silêncio, no céu. O poder e a sabedoria do nosso Criador nos dão razão para confiar nele. – MRD

**Quando refletimos sobre o poder da criação de Deus, vemos o poder de Seu cuidado por nós.**

11 de dezembro

# UMA COBRA NA CAIXA

LEITURA:
**Isaías 11:1-9**

**Porque a terra se encherá do conhecimento do SENHOR. —Isaías 11:9**

A BÍBLIA EM UM ANO:
- ☐ Oseias 5–8
- ☐ Apocalipse 2

Em um minizoo, vi a filha de minha amiga, um bebê de bochechas rosadas, acariciar uma caixa grande de vidro. Dentro da caixa, uma serpente deslizou lentamente, olhando para a menina. O corpo do réptil era tão grosso quanto meu antebraço e era marcado por manchas marrons e amarelas. Embora eu soubesse que ela não poderia escapar de seu recipiente, ver uma criatura de aspecto ameaçador tão perto de uma criança pequena me fez estremecer.

A Bíblia fala de um tempo no futuro quando animais ferozes já não ameaçarão outros animais ou seres humanos. "O lobo habitará com o cordeiro..." e "A criança de peito brincará sobre a toca da áspide..." (Isaías 11:6,8). Todos os habitantes do mundo experimentarão plena paz e harmonia.

O Senhor estabelecerá esse ambiente seguro quando restaurar o mundo com Sua sabedoria, poder e conhecimento. Naquele dia, julgará o mundo com equidade e justiça (11:4). E todos reconhecerão Sua grandeza: "...porque a terra se encherá do conhecimento do SENHOR..." (11:9).

Vivemos num mundo corrompido. A injustiça e discórdia, o medo e a dor são sentimentos muito reais em nossa vida diária. Mas um dia Deus mudará tudo e "...nascerá o sol da justiça, trazendo salvação nas suas asas..." (Malaquias 4:2). Então Jesus governará o mundo com justiça. —JBS

**Deixe a justiça final nas mãos do Deus justo.**

12 de dezembro

# O PASTOR DE ESTRELAS

LEITURA:
**Isaías 40:25-27**

**Levantai ao alto os olhos e vede. Quem criou estas coisas?...**
**—Isaías 40:26**

A BÍBLIA EM UM ANO:
☐ Oseias 9–11
☐ Apocalipse 3

Longe das luzes da cidade, "Levantai ao alto os olhos e vede..." (Isaías 40:26), você verá uma faixa luminosa de estrelas se estendendo de horizonte a horizonte — nossa galáxia.

Se tiver bons olhos, você conseguirá ver perto de cinco mil estrelas, diz o astrônomo Simon Driver. No entanto existem outras que são impossíveis de ver a olho nu. O estudo feito sobre as imagens obtidas pela sondagem espacial do telescópio Hubble de uma pequena região do céu, em 1995, concluiu que existem bilhões de galáxias, cada uma contendo bilhões de estrelas. Uma das estimativas afirma que existem mais de dez estrelas no universo para cada grão de areia na terra. No entanto, todas as noites, Deus "...faz sair o seu exército de estrelas, todas bem contadas, [...] por ser ele grande em força [...] nem uma só vem a faltar" (v.26).

Por que, então, as pessoas dizem, "O meu caminho está encoberto ao SENHOR...?" (v.27). Sim, bilhões de indivíduos habitam este globo, mas nenhum foi esquecido por Deus. Ele conhece os que lhe pertencem (2 Timóteo 2:19). Se Ele pode fazer sair os incalculáveis exércitos de estrelas todas as noites, uma a uma, pode trazer você à Sua luz. Ele o faz "...por ser ele grande em força..." (Isaías 40:26) — a força que Ele demonstrou quando ressuscitou Jesus dentre os mortos.

As estrelas estão no céu esta noite? Alegre-se! Deus cuida de você. —DHR

---

**Ao vermos o poder da criação de Deus, sentimos o poder do Seu amor.**

**13 de dezembro**

# Outro herói do Natal

**Leitura:**
**Mateus 1:18-25**

---

**Mas José, seu esposo, sendo justo e não a querendo infamar, resolveu deixá-la secretamente. —Mateus 1:19**

---

A Bíblia em um ano:
- ☐ Oseias 12–14
- ☐ Apocalipse 4

Por muito tempo não dei importância a José na história do Natal. Porém, depois que me tornei marido e pai, comecei a valorizar muito mais o seu caráter singular. Antes mesmo de ele saber que Maria estava grávida, José decidiu que não iria envergonhar ou puni-la pelo que julgou ser infidelidade (Mateus 1:19).

Fico maravilhado com sua obediência e humildade, pois não apenas fez o que o anjo lhe dissera (v.24), mas também se absteve de intimidades físicas com Maria enquanto ela não deu à luz um filho — Jesus (v.25). Mais tarde, vemos que José se dispôs a fugir de seu lar para proteger Jesus (2:13-23).

Imagine a pressão que José e Maria devem ter sentido quando compreenderam que teriam de criar e educar Jesus! Imagine a complexidade e a pressão de ter o Filho de Deus vivendo com você em cada momento de cada dia; Sua simples presença era um constante apelo à santidade. Que homem José deve ter sido para ser confiável a Deus para esta tarefa! Que exemplo maravilhoso para seguirmos, se estivermos criando nossos filhos ou aqueles que não são nossos filhos, mas que nos foram confiados.

Que Deus nos conceda força para sermos fiéis como José, mesmo se não compreendermos totalmente o plano de Deus. —RKK

---

**O segredo do verdadeiro serviço é ser absolutamente fiel onde Deus o colocar.**

**14 de dezembro**

# Um nascimento especial

Leitura:
**Isaías 7:10-15**

**Eis que a virgem conceberá e dará à luz um filho e lhe chamará Emanuel. —Isaías 7:14**

A Bíblia em um ano:
- ☐ Joel 1–3
- ☐ Apocalipse 5

Nas páginas das Escrituras, destacam-se vários nascimentos de meninos. Caim, o primogênito após a criação. Isaque, a esperança do futuro de Israel. Samuel, a resposta à oração fervorosa de uma mãe. Todos foram extremamente importantes. Todos esperados com alegria. E todos descritos exatamente da mesma forma pelos cronistas das Escrituras. Em cada caso, nos é dito que a mãe concebeu e deu à luz um filho (Gênesis 4:1; 21:2,3; 1 Samuel 1:20).

Agora vamos analisar o nascimento de mais um menino. A descrição desta chegada foi muito mais detalhada: certamente apenas algumas palavras não foram suficientes para relatar o nascimento de Jesus. No livro de Miqueias está escrito onde Ele nasceria — Belém (5:2). No de Isaías, que Sua mãe seria uma virgem (7:14), e que Ele viria para salvar as pessoas de seus pecados (Isaías 53).

O Novo Testamento nos fornece informações-chave sobre qual seria o Seu nome e por que assim o chamariam (Mateus 1:21), onde Ele nasceu em cumprimento à profecia (2:6), e como tanto sua mãe biológica quanto seu pai adotivo faziam parte do plano de Deus (1:16).

O nascimento de Jesus está acima de todos os nascimentos. Sua vinda mudou o mundo e pode mudar nossa vida. Vamos comemorar! —JDB

**Cristo é o maior presente que o homem já recebeu.**

15 de dezembro

# MORDOMOS DA HISTÓRIA

LEITURA:
**Deuteronômio 4:1-9**

**...não esqueças daquelas coisas que os teus olhos têm visto [...] e as farás saber a teus filhos e aos filhos de teus filhos.**
**—Deuteronômio 4:9**

A BÍBLIA EM UM ANO:
- ☐ Amós 1–3
- ☐ Apocalipse 6

Muitas pessoas tomam bastante cuidado para terem certeza de que suas posses serão bem utilizadas após sua morte. Elas fazem consórcios, testamentos e criam fundações para garantir que seus ativos continuarão a ser empregados em um bom propósito, depois que se despedirem de sua vida na terra. A isso damos o nome de boa mordomia.

Igualmente importante, contudo, é sermos bons mordomos da nossa história de vida. Deus ordenou aos israelitas não apenas que ensinassem Suas leis aos filhos, mas também que se certificassem de que eles tivessem conhecimento da história de sua família. Era responsabilidade dos pais e avós assegurar-se de que os seus filhos conhecessem as histórias de como Deus havia trabalhado em seu favor (Deuteronômio 4:1-14).

Deus concedeu a cada um de nós uma história única. Seu plano para nossa vida é individualizado. Outras pessoas sabem em que você acredita e por quê? Elas conhecem a história de como você chegou à fé em Cristo, e como Deus trabalha em sua vida para fortalecer sua fé? Elas sabem como o Senhor tem-se mostrado fiel e ajudado em meio às dúvidas e decepções?

Temos o privilégio de passar adiante a história da fidelidade de Deus. Devemos gravá-la de alguma forma e compartilhá-la. Seja um bom mordomo da história que Deus está contando por seu intermédio. — DJD

**Viver continuamente na presença de Deus deixa um legado duradouro.**

16 de dezembro

# UM NATAL UCRANIANO

LEITURA:
**Lucas 2:6-14**

**Glória a Deus nas maiores alturas, e paz na terra entre os homens, a quem ele quer bem.**
**—Lucas 2:14**

A BÍBLIA EM UM ANO:
☐ **Amós 4–6**
☐ **Apocalipse 7**

Ao comemorar o Natal, os ucranianos incluem muitos elementos maravilhosos à sua celebração. Às vezes tufos de feno são colocados sobre a mesa de jantar como um lembrete da manjedoura em Belém. Em outros momentos de sua celebração, evocam os eventos da noite em que o Salvador entrou no mundo. Fazem uma oração de Natal e, em seguida, o pai da família faz a saudação: "Cristo nasceu!" A família, então, responde: "Vamos glorificá-lo!"

Estas palavras me fazem imaginar a cena dos anjos do céu sobre Belém na noite em que Cristo nasceu. O anjo do Senhor declarou: "é que hoje vos nasceu, na cidade de Davi, o Salvador, que é Cristo, o Senhor" (Lucas 2:11). O exército celeste respondeu: "Glória a Deus nas maiores alturas, e paz na terra entre os homens, a quem ele quer bem" (v.14).

Estas duas mensagens dão um significado muito profundo a essa maravilhosa época do ano. O Salvador veio trazer perdão e esperança — e Ele é merecedor de toda a adoração que podemos lhe dar.

Que todos que conhecem a maravilha do dom da vida eterna possam se juntar às vozes das hostes angelicais, declarando: "Glória a Deus nas alturas!" —WEC

**A glória espetacular do amor de Deus por nós, nos foi revelada na vinda de Jesus.**

17 de dezembro

# UMA OBRA EM ANDAMENTO

LEITURA:
**João 15:9-17**

---

**Crescei na graça e no conhecimento de nosso Senhor e Salvador Jesus Cristo.**
**—2 Pedro 3:18**

---

A BÍBLIA EM UM ANO:
- ☐ **Amós 7–9**
- ☐ **Apocalipse 8**

Pablo Casals foi considerado o mais ilustre violoncelista na primeira metade do século 20. Ele ainda tocava seu violoncelo apesar de sua idade avançada, quando um jovem repórter perguntou: "Senhor Casals, o senhor está com 95 anos de idade e é o maior violoncelista que já existiu. Por que o senhor ainda estuda violoncelo seis horas por dia?"

Ele respondeu: "Porque acho que estou fazendo progressos."

Que atitude magnífica! Como cristãos nunca devemos ficar satisfeitos com o pensamento de que atingimos o autoproclamado pináculo de sucesso espiritual, mas ao invés disso continuar a crescer "...na graça e no conhecimento de nosso Senhor e Salvador Jesus Cristo (2 Pedro 3:18). Jesus nos lembra no evangelho de João 15:16 que Ele nos escolheu para irmos e darmos frutos. O resultado do crescimento saudável continua a dar frutos espirituais ao longo de nossa vida. O Senhor Jesus promete: "Eu sou a videira, vós, os ramos. Quem permanece em mim e eu nele, esse dá muito fruto..." (v.5).

Com crescimento constante e fiel, no qual nos tornamos cada vez mais como aquele a quem amamos e servimos, podemos confiar que Ele, que começou uma "boa obra" em nós, continuará, até finalmente completá-la quando voltar (Filipenses 1:6).
– CHK

---

**A obra invisível de Deus em nosso coração produz frutos em nossa vida.**

18 de dezembro

# MEUS AMIGOS E EU

LEITURA:
**1 Samuel 18:1-4; 23:15-18**

**Jônatas e Davi fizeram aliança; porque Jônatas o amava como à sua própria alma.**
**—1 Samuel 18:3**

A BÍBLIA EM UM ANO:
☐ **Obadias**
☐ **Apocalipse 9**

João Crisóstomo (347–407d.C.), arcebispo de Constantinopla, disse o seguinte sobre a amizade: "A amizade é tal que, por meio dela nós amamos lugares e épocas; pois [...] como as flores deixam cair suas suaves folhas no chão ao seu redor, assim os amigos derramam graça nos lugares em que habitam."

Jônatas e Davi ilustram a doçura de uma amizade verdadeira. A Bíblia registra uma ligação íntima e imediata entre eles (1 Samuel 18:1). Eles mantiveram sua amizade viva demonstrando sua lealdade um ao outro (18:3; 20:16,42; 23:18), e também se preocupavam e cuidavam um do outro. Jônatas deu presentes a Davi (18:4) e o ajudava quando ele enfrentava dificuldades (19:1,2; 20:12,13).

No livro de 1 Samuel 23:16, vemos o momento mais crucial dessa amizade. Ocorreu, quando Davi estava fugindo do pai de Jônatas: "Então, se levantou Jônatas, filho de Saul, e foi para Davi, a Horesa, e lhe fortaleceu a confiança em Deus." Os amigos ajudam você a se fortalecer em Deus durante as fases difíceis da vida.

Neste mundo onde a maioria dos relacionamentos gira em torno do que se pode obter, seja o tipo de amigo que se concentra naquilo que você pode oferecer. Jesus, nosso amigo perfeito, mostrou-nos que: "Ninguém tem maior amor do que este: de dar alguém a própria vida em favor dos seus amigos" (João 15:13).
—PFC

---

**A glória da vida é amar, não ser amado;**
**dar, não receber; servir, não ser servido.**

19 de dezembro

# A ESSÊNCIA DO NATAL

LEITURA:
**1 Timóteo 1:12-17**

**Transbordou, porém, a graça de nosso Senhor com a fé e o amor que há em Cristo Jesus.
—1 Timóteo 1:14**

A BÍBLIA EM UM ANO:
☐ Jonas 1–4
☐ Apocalipse 10

O romance de Charles Dickens, *Um Conto de Natal*, foi lançado em 19 de dezembro de 1843 e nunca mais saiu de circulação. Ele conta a história de Ebenezer Scrooge, um homem rico, mal-humorado e mesquinho que dizia: "Cada idiota que aparece desejando 'Feliz Natal', deveria ser cozido junto com seu próprio pudim!" Porém, na véspera de Natal, Scrooge é radicalmente transformado em um homem generoso e feliz. Com muito humor e perspicácia, o livro de Dickens capta o anseio universal por paz interior.

Quando jovem, o apóstolo Paulo persegue Jesus e Seus seguidores com um espírito vingativo. Ele "...assolava a igreja, entrando pelas casas; e, arrastando homens e mulheres, encerrava-os no cárcere" (Atos 8:3). Mas um dia ele encontrou o Cristo ressurreto, e sua vida tornou-se uma história diferente (9:1-16).

Em uma carta a Timóteo, seu filho na fé, Paulo descreveu essa mudança de vida, dizendo que ele "...outro tempo, era blasfemo, e perseguidor, e insolente [...] transbordou, porém, a graça de nosso Senhor com a fé e o amor que há em Cristo Jesus" (1 Timóteo 1:13,14).

Jesus veio ao nosso mundo e deu Sua vida para podermos ser perdoados e transformados por meio da fé nele. Esta é a essência do Natal! —DCM

**A mudança de comportamento começa com a transformação operada por Jesus em nosso coração.**

20 de dezembro

# EM NOME DE JESUS

LEITURA:
**João 14:12-21**

**Até agora nada tendes pedido em meu nome; pedi e recebereis, para que a vossa alegria seja completa. —João 16:24**

A BÍBLIA EM UM ANO:
☐ **Miqueias 1–3**
☐ **Apocalipse 11**

Em minha coleção de fotos, minha favorita é a de um jantar em família. Guardadas em um álbum estão as imagens de meu pai e dos seus filhos com suas respectivas esposas, e netos, num momento de ações de graça e intercessão.

Papai tinha sofrido uma série de derrames e não conseguia falar como anteriormente. Mas durante esse tempo de oração, ouvi-o dizer com forte convicção: "Nós oramos em nome de Jesus!" Cerca de um ano mais tarde, meu pai passou deste mundo para a presença daquele em cujo nome colocara tanta confiança.

Jesus ensinou a orar em Seu nome. Na véspera de ser crucificado, prometeu aos Seus discípulos: "Até agora nada tendes pedido em meu nome; pedi e recebereis, para que a vossa alegria seja completa" (João 16:24). Mas a promessa de pedir em nome de Jesus não é um cheque em branco para satisfazer nossos caprichos pessoais.

Antes, naquela mesma noite, Jesus ensinou que Ele responde aos pedidos feitos em Seu nome, com o objetivo de trazer glória ao Pai (João 14:13). E mais tarde, o próprio Jesus orou em estado de angústia: "Meu Pai, se possível, passe de mim este cálice! Todavia, não seja como eu quero, e sim como tu queres" (Mateus 26:39).

Quando oramos, podemos nos render à soberania, ao amor e à sabedoria de Deus e pedirmos com confiança "em nome de Jesus." — HDF

**Nada está fora do alcance da oração, exceto o que se encontra fora da vontade de Deus.**

21 de dezembro

# No momento certo

Leitura:
**Hebreus 9:11-22**

**...veio Cristo como sumo sacerdote dos bens já realizados. —Hebreus 9:11**

A Bíblia em um ano:
☐ **Miqueias 4–5**
☐ **Apocalipse 12**

O maestro estava em pé, no pódio, enquanto seus olhos examinavam o coro e a orquestra. Os cantores dispunham a partitura em suas pastas, encontrando uma posição confortável para que, em pé, pudessem ver o maestro acima delas. Os membros da orquestra posicionaram sua partitura na estante, e, encontrando uma posição adequada, permaneceram sentados em seus lugares. O maestro esperou e viu que todos estavam prontos. Em seguida, ao toque de sua batuta, os sons da abertura do "Messias de Handel" encheram a catedral.

Com o som vibrando ao meu redor, senti que estava imerso no Natal — quando Deus, no momento certo, a um sinal de Sua mão, colocou em ação uma sinfonia que começou com o nascimento do Messias, o "...sumo sacerdote dos bens já realizados..." (Hebreus 9:11).

Todo Natal, quando comemoramos a primeira vinda de Cristo com essa música gloriosa, lembro-me que o povo de Deus, e os membros do coro e da orquestra, estão se preparando para o sinal do maestro, quando Cristo virá novamente. Naquele dia, participaremos com Ele do movimento final da sinfonia de redenção de Deus — tornando novas todas as coisas (Apocalipse 21:5). Com expectativa, precisamos manter nossos olhos sobre o maestro e nos certificar de que estamos prontos. —JAL

**O advento de Cristo celebra o Seu nascimento e aguarda o Seu retorno.**

22 de dezembro

# Lembre-se do embrulho

Leitura:
**Filipenses 2:5-11**

**Antes, a si mesmo se esvaziou [...] tornando-se em semelhança de homens.**
**—Filipenses 2:7**

A Bíblia em um ano:
- ☐ Miqueias 6–7
- ☐ Apocalipse 13

Em nossa casa, alguns costumes relacionados ao Natal são os mesmos a cada ano. Entre eles está o apelo de Marta, minha esposa, aos filhos e netos quando eles abrem seus presentes: "Guardem o papel, podemos usá-lo no próximo ano!" Marta adora dar belos presentes, mas ela também aprecia a embalagem. A apresentação faz parte da beleza do presente.

Isso me faz pensar no embrulho que Cristo escolheu quando veio como um presente redentor para nos resgatar de nossos próprios pecados. Jesus poderia ter vindo envolto em uma alucinante demonstração de poder, iluminando o céu com Sua presença em um show de glória celestial. Em vez disso, numa bela retrospectiva ao que diz o livro de Gênesis 1:26, Ele escolheu vir embrulhado "em semelhança de homens" (Filipenses 2:7).

Então por que este embrulho é tão importante? Porque, sendo como nós, Ele não ignora nossas lutas. Experimentou a solidão profunda e a traição de um amigo querido. Foi envergonhado publicamente, incompreendido e acusado falsamente. Em suma, Ele sente a nossa dor. Com base nisso, o escritor de Hebreus nos diz: "Acheguemo-nos, portanto, confiadamente, junto ao trono da graça, a fim de recebermos misericórdia e acharmos graça para socorro em ocasião oportuna" (Hebreus 4:16).

Quando você pensar no presente de Jesus neste Natal, lembre-se de ter o "embrulho" em mente! —JMS

---

**Não desconsidere o embrulho do melhor presente de Natal de todos os tempos.**

23 de dezembro

# O QUE REALMENTE IMPORTA

LEITURA:
**2 Coríntios 9:10-15**

---

**Graças a Deus pelo seu dom inefável!**
**—2 Coríntios 9:15**

---

A BÍBLIA EM UM ANO:
☐ Naum 1–3
☐ Apocalipse 14

Quando os nossos filhos ainda moravam conosco, uma das nossas tradições mais significativas da manhã de Natal era muito simples. Nossa família se reunia ao redor da árvore de Natal, diante dos presentes que havíamos recebido um do outro e, juntos, líamos a história do nascimento de Jesus. Era uma adorável lembrança de que a razão pela qual nos presenteávamos não era porque os magos trouxeram presentes para o menino Jesus. Pelo contrário, nossos presentes de amor uns para os outros eram o reflexo do presente do amor Deus por nós, que é infinitamente maior.

Relembrávamos a conhecida história dos anjos, dos pastores e do presépio, na esperança de que a magnitude do que Deus havia feito no primeiro Natal ofuscasse nossas melhores tentativas de exibir nosso amor uns pelos outros.

Nada jamais poderá se igualar ao presente que Deus nos deu em Seu Filho, uma realidade que ecoa nas palavras de Paulo à igreja em Corinto: "Graças a Deus pelo seu dom inefável!" (2 Coríntios 9:15).

Evidentemente, o desejo de Deus ao enviar o Seu filho para ser nosso resgatador é um presente que as palavras não podem expressar plenamente. É este o presente que celebramos no Natal — pois, verdadeiramente, o próprio Cristo é o que mais importa. — WEC

---

**Jesus é o maior presente de Natal já concedido.**

24 de dezembro

# PAZ DURADOURA

LEITURA:
**Efésios 2:13-19**

**Porque ele é a nossa paz, o qual de ambos fez um; e, tendo derribado a parede da separação que estava no meio, a inimizade... —Efésios 2:14**

A BÍBLIA EM UM ANO:
- ☐ Habacuque 1–3
- ☐ Apocalipse 15

Na véspera do Natal de 1914, durante a Primeira Guerra Mundial, as armas silenciaram ao longo de um trecho de aproximadamente 50 quilômetros da frente ocidental. Os soldados surgiam cautelosamente por cima das trincheiras, enquanto alguns deles recuperavam suas posições e enterravam os mortos. Quando a escuridão chegou, algumas tropas alemãs acenderam suas lanternas e cantaram canções natalinas. Os soldados do lado britânico aplaudiram e gritaram saudações de Natal.

No dia seguinte, as tropas alemãs, francesas e britânicas reuniram-se em terreno neutro para apertar as mãos, compartilhar a refeição e trocar presentes. Foi um breve intervalo da guerra, que logo terminou quando a artilharia e as metralhadoras despertaram rugindo novamente. Mas ninguém que experimentou aquela "trégua de Natal", como ficou conhecido aquele evento, esquecerá como se sentiu e como isso alimentou seu desejo por paz duradoura.

O profeta Isaías afirma que: "...o seu nome será: Maravilhoso Conselheiro, Deus Forte, Pai da Eternidade, Príncipe da Paz" (Isaías 9:6). Por Sua morte na cruz, Jesus removeu o "terreno neutro" entre nós e Deus. "Porque ele é a nossa paz" (Efésios 2:14).

Em Jesus podemos encontrar a paz duradoura com Deus e a harmonia uns com os outros. Esta é a mensagem do Natal que transforma as vidas! — DCM

**Somente em Cristo a verdadeira paz pode ser alcançada.**

**Natal**
**25 de dezembro**

# OS CHEIROS DO ESTÁBULO

**LEITURA:**
**Lucas 2:15-20**

**E ele será chamado pelo nome de Emanuel (que quer dizer: Deus conosco). —Mateus 1:23**

A BÍBLIA EM UM ANO:
☐ Sofonias 1–3
☐ Apocalipse 16

Um estábulo? Que lugar para dar à luz ao Messias! Os cheiros e sons de um curral foram a primeira experiência humana do nosso Salvador. Como outros bebês, Ele pode até ter chorado ao ouvir os sons dos animais e dos estranhos desfiles ao redor de Seu berço provisório.

Se foi assim, essas teriam sido as primeiras de muitas lágrimas. Jesus viria a conhecer a perda humana e a tristeza, as dúvidas que Seus irmãos e a família tinham a Seu respeito e a dor que Sua mãe experimentou quando o viu ser torturado e morto.

Todas estas dificuldades — e muito mais — aguardavam o bebê que tentava dormir naquela primeira noite. Mesmo a partir de Seus primeiros momentos, Jesus era "...Deus conosco" (Mateus 1:23), e Ele sabia o que significava ser humano. Isso iria continuar por mais de três décadas, culminando em Sua morte na cruz.

Por causa do Seu amor por você e por mim, Jesus se tornou plenamente humano. E o fato de Ele ser humano permite que se identifique conosco. Nunca mais poderemos dizer que ninguém nos compreende. Jesus nos compreende.

Que a luz que entrou no mundo naquela noite lance o seu brilho nos recantos mais profundos de nossa alma neste Natal, dando-nos a paz na terra sobre a qual os anjos falaram há tanto tempo. – RKK

**Jesus nos compreende.**

26 de dezembro

# NA VIZINHANÇA

LEITURA:
**João 1:1-14**

---

**E o Verbo se fez carne e habitou entre nós...**
**—João 1:14**

---

A BÍBLIA EM UM ANO:
- ☐ **Ageu 1–2**
- ☐ **Apocalipse 17**

Havia muita movimentação em nosso bairro. Um famoso jogador de futebol havia mudado a apenas duas casas para baixo da nossa. Nós o conhecíamos pela televisão e líamos sobre sua grande habilidade em campo, mas nunca pensamos que ele escolheria nosso bairro para morar. Inicialmente, nossas expectativas eram de que seria bom tê-lo entre nós e que nos tornaríamos grandes amigos. Mas, obviamente, sua vida era muito ocupada para qualquer um de nós o conhecermos pessoalmente.

Imagine isto: Jesus — o Senhor do universo e Criador de todas as coisas — escolheu morar entre nós! Ele deixou o céu e veio a esta terra. Como o evangelho de João diz: "...vimos a sua glória, glória como do unigênito do Pai" (1:14). Jesus decidiu se envolver intimamente com todos aqueles que se aproximarem dele. E, ainda mais significativo, naqueles dentre nós que receberam Seu amor redentor, o Espírito Santo agora fixou morada em nosso coração para nos confortar, consolar, convencer, conduzir e ensinar.

Quando você pensar no bebê na manjedoura, lembre-se de como é especial o fato que Ele não apenas se mudou para nossa "vizinhança", mas que Ele o fez para poder nos abençoar com o privilégio íntimo de Sua habitação em nós. —JMS

---

**Desfrute do dom da presença de Deus.**

27 de dezembro

# Fora do Egito

Leitura:
**Mateus 2:13-21**

**...Dispõe-te, toma o menino e sua mãe, foge para o Egito...**
**—Mateus 2:13**

A Bíblia em um ano:
☐ Zacarias 1–4
☐ Apocalipse 18

Certa vez, quando nossa família viajava a caminho da casa de nossa avó, no momento em que chegamos numa determinada cidade foi emitido um aviso de furacão. De repente, tudo mudou, pois temíamos que os nossos filhos pudessem estar em perigo.

Menciono esta história para nos ajudar a imaginar o que aconteceu com a família de José, quando ele, Maria e seu filho viajaram para o Egito. Herodes, não um furacão, ameaçou-os, tentando matar o infante Jesus. Imagine quão assustador era para eles, saber que "...Herodes há de procurar o menino para o matar" (Mateus 2:13).

Geralmente temos uma visão mais idílica da época natalina — mugido de bois e pastores ajoelhados em uma cena de paz. Mas não havia nenhuma paz para a família de Jesus enquanto eles tentavam escapar do horror de Herodes. Somente quando um anjo lhes disse que era seguro a família sair do Egito e voltar para casa em Nazaré, eles tomaram a iniciativa de retornar (vv.20-23).

Quanto temor e admiração a encarnação deve nos infundir! Jesus, que desfrutava da majestade do céu com o Pai, renunciou a tudo isto para nascer na pobreza, para enfrentar muitos perigos e para ser crucificado por nós. Sair do Egito é uma coisa, mas sair do céu por nós — é a parte maravilhosa e incrível desta história! —JDB

**Jesus veio à terra por nós,**
**então podemos ir ao céu com Ele.**

28 de dezembro

# JESUS ESTÁ AQUI?

LEITURA:
**Romanos 8:31-39**

**...[Nada] poderá separar-nos do amor de Deus, que está em Cristo Jesus, nosso Senhor.**
**—Romanos 8:38,39**

A BÍBLIA EM UM ANO:
- ☐ **Zacarias 5–8**
- ☐ **Apocalipse 19**

A casa de Ted Robertson, em Colorado, estava entre as mais de 500 casas destruídas pelo incêndio da Floresta Negra, em junho de 2013. Quando ele recebeu permissão para retornar e peneirar as cinzas e escombros, esperava encontrar uma preciosa relíquia da família feita por sua esposa — uma pequena estatueta de cerâmica do menino Jesus, do tamanho de um selo postal. Enquanto procurava entre os restos carbonizados de sua casa, continuava pensando: "O bebê Jesus ainda está aqui?"

Quando nossa vida está abalada por decepção e perda, às vezes perguntamos se Jesus ainda está conosco. A resposta da Bíblia é um retumbante "sim"! "...nem a morte, nem a vida, nem os anjos, nem os principados, nem as coisas do presente, nem do porvir [...] poderá separar-nos do amor de Deus, que está em Cristo Jesus, nosso Senhor" (Romanos 8:38,39).

No local onde ficava a garagem, Robertson descobriu os restos queimados de um presépio. E ali, não danificada pelas chamas, encontrou a estatueta do menino Jesus. Ele disse ao canal de televisão local: "Passamos da apreensão à esperança [...] de que vamos recuperar algumas partes da nossa vida que pensamos que estivessem perdidas."

Jesus ainda está aqui? Ele realmente está e esta é a maravilha eterna do Natal. —DCM

**Se você conhece Jesus, jamais andará sozinho.**

**29 de dezembro**

# DEMORA NÃO É NEGAÇÃO

LEITURA
**João 11:21-35**

**Quando [Jesus], pois, soube que Lázaro estava doente, ainda se demorou dois dias no lugar onde estava. —João 11:6**

A BÍBLIA EM UM ANO:
☐ **Zacarias 9–12**
☐ **Apocalipse 20**

O aniversário dos meus filhos é em dezembro. Quando eles eram pequenos, Ângelo logo aprendeu que se não recebesse o brinquedo tão aguardado no começo do mês, talvez ele o encontrasse embaixo da árvore de Natal. E se Davi não recebesse seu presente no Natal, ele poderia receber 4 dias depois, em seu aniversário. A demora não necessariamente significa negação.

Era natural para Marta e Maria chamarem Jesus quando Lázaro adoeceu seriamente (João 11:1-3). Talvez elas olhassem ansiosamente à estrada buscando sinais de Sua chegada, mas Jesus não veio. "Chegando Jesus, encontrou Lázaro já sepultado, havia quatro dias" (v.17).

Marta estava entorpecida, quando disse: "...Senhor, se estiveras aqui, não teria morrido meu irmão" (v.21). Então recuperando a fé, afirmou: "...sei que, mesmo agora, tudo quanto pedires a Deus, Deus to concederá" (v.22). Questiono-me sobre o que ela esperava. Lázaro estava morto, e ela temerosa sobre a abertura do túmulo. No entanto, por uma palavra de Jesus, o espírito de Lázaro retornou ao seu corpo em decomposição (vv.41-44). Jesus deixara simplesmente de curar seu amigo doente, para realizar um milagre ainda maior — trazê-lo de volta à vida.

Aguardar pelo tempo de Deus também pode nos trazer um milagre ainda maior do que esperávamos. —MS

---

**O tempo que investimos ao esperar em Deus jamais é desperdiçado.**

30 de dezembro

# ELE ME GUIA

LEITURA:
**Salmo 23**

**...Leva-me para junto das águas de descanso. —Salmo 23:2**

A BÍBLIA EM UM ANO:
☐ Zacarias 13–14
☐ Apocalipse 21

Em Istambul, na Turquia, em 2005, uma ovelha pulou de um penhasco e, então, quase 1.500 ovelhas a seguiram! No final, cerca de um terço delas tinha morrido. Quando não sabem qual caminho seguir, as ovelhas insensatamente seguem outros membros do rebanho.

Não há figura melhor do que a ovelha para ilustrar nossa necessidade por um líder confiável. Isaías escreveu que todos nós somos como ovelhas (Isaías 53:6). Temos a tendência de seguir nosso próprio caminho, contudo precisamos desesperadamente da direção certa de um pastor.

O Salmo 23 descreve a confiabilidade de nosso Bom Pastor. Ele cuida de nós (v.1); supre as nossas necessidades físicas (v.2); mostra-nos como viver vidas santas (v.3); restaura-nos, conforta, cura e nos abençoa generosamente (vv.3-5); e não nos abandonará (v.6).

Que conforto saber que Deus nos conduz suavemente, mas com firmeza! Ele faz isto por meio do toque do Espírito Santo, da leitura de Sua palavra e por meio da oração. Deus é o líder confiável que precisamos.

Em reconhecimento à nossa dependência do Senhor, podemos dizer com o salmista: "O SENHOR é o meu pastor; nada me faltará. Ele me faz repousar em pastos verdejantes. Leva-me para junto das águas de descanso" (Salmo 23:1,2). —DCE

**O Cordeiro que morreu para nos salvar é o Pastor que vive para nos guiar.**

31 de dezembro

# EM PÉ NA BORDA

LEITURA:
**Josué 3:9-17**

**Tendo partido o povo das suas tendas, para passar o Jordão, levando os sacerdotes a arca da Aliança diante do povo. —Josué 3:14**

A BÍBLIA EM UM ANO:
- ☐ Malaquias 1–4
- ☐ Apocalipse 22

Minha filhinha ficou apreensiva na borda da piscina. Como ainda não sabia nadar, estava tentando se sentir confortável na água. Na piscina, seu instrutor a esperava com os braços estendidos. Como minha filha hesitou, vi a dúvida em seus olhos: Você vai me pegar? O que vai acontecer se minha cabeça afundar?

Os israelitas podem ter se perguntado o que aconteceria quando eles atravessassem o rio Jordão. Podiam confiar em Deus para secar o solo no leito do rio? Deus estava conduzindo seu novo líder, Josué, como havia conduzido Moisés? Deus ajudaria Seu povo a derrotar os ameaçadores cananeus que habitavam do outro lado do rio?

Para saber as respostas a estas perguntas, os israelitas tiveram de se submeter a um teste de fé — tiveram que agir: "Tendo partido o povo das suas tendas, para passar o Jordão, levando os sacerdotes a arca da Aliança diante do povo" (v.14). Exercitar sua fé permitiu que eles vissem que Deus estava com eles. Ele ainda estava dirigindo Josué e os ajudaria a se estabelecerem em Canaã (vv.7:10,17).

Se você estiver enfrentando um teste de fé, também poderá ir em frente, fundamentado no caráter de Deus e em Suas infalíveis promessas. Confiar nele o ajudará a mover-se de onde você está para onde Ele desejar que você esteja. —JBS

**O medo desvanece quando confiamos em nosso Pai.**

# Deus envia o Seu amor

Por muito tempo, anos na verdade, fiquei numa situação em que não conseguia perceber o amor de Deus por mim. Se você alguma vez, como eu, se questionou em relação ao amor de Deus por você, então já sabe que o Seu amor pode parecer distante e impessoal. Sabemos que em "algum lugar por aí" está o amor de Deus por nós, mas aqui e agora lutamos para sentir esse amor. Tendemos a pensar em Deus amando "o mundo" como no evangelho de João 3:16. Por extensão, reconhecemos que estamos incluídos neste cenário, ainda que pareça impessoal. Sabemos que Cristo morreu por nós, mas Ele morreu por todo o resto do mundo também.

Acredito que muitas pessoas acham mais fácil reconhecer mentalmente o amor de Deus do que experimentá-lo em seus corações. Algumas vezes, as pessoas mencionam o espaço de 30 centímetros que separa suas cabeças e corações justamente por saberem sobre isso em suas mentes e não sentirem esta realidade em seus corações. Por muitos anos foi assim que me senti com relação ao amor de Deus por mim. Sabia em minha mente que Deus me amava, mas queria sentir a veracidade do amor de Deus em meu coração.

**A Palavra de Deus dizia que Ele me amava... eu estava quase desafiando Deus a "provar" isso.**

Infelizmente, quando não conseguia perceber o amor de Deus por mim, passei a fugir dele por alguns anos. Conforme Deus começou a restaurar o meu relacionamento com Ele, alcancei um ponto em que sabia que precisava tomar uma decisão sobre crer ou não que o que Deus dizia era verdade. A Palavra de Deus dizia que Ele me amava, mas eu não via provas disso em minha vida. Eu estava quase desafiando Deus a "provar" isso. De certa forma, eu precisava saber que podia confiar nele.

Em um dos verões mais quentes já registrados, desci até a parte mais fresca do porão com minha Bíblia e um caderno. Fiquei o fim de semana todo pesquisando todos os versículos sobre o amor de Deus, Sua fidelidade e outros atributos. Aprendi muito sobre Deus naquele fim de semana. O que começara como um debate filosófico com Ele de alguma forma tocou meu coração o suficiente, de modo que me entreguei e tomei a decisão de parar de resistir-lhe.

Conforme caminhava com Deus, comecei a crescer em meu relacionamento com Ele, mas continuei a lutar com a depressão crônica. Uma sábia mulher cristã me incentivou a começar a escrever um diário de gratidão. E me encorajou a manter meu caderno ao lado da cama para registrar três coisas pelas quais era grata antes de apagar as luzes para dormir. Ela disse que ao permanecer focada em coisas positivas antes de dormir, eu teria um sono melhor e me desafiou a fazer isto por 90 dias, sugerindo que esta prática me concederia uma perspectiva mais positiva da vida.

Aceitei o desafio. No começo registrei coisas óbvias e genéricas como ser grata por amigos e pela família. Em seguida, comecei a prestar mais atenção em coisas durante o dia e descobri muitas coisas pelas quais poderia ser grata: um elogio de alguém que alegrava o meu espírito ou uma tempestade que me lembrava do incrível poder de Deus. O exercício me forçou a tornar-me vigilante. Aumentou minha percepção sobre as pequenas maneiras como Deus expressa Seu amor por nós todos os dias.

Mantive esse diário apenas por três meses, mas mudou minha perspectiva para sempre. Comecei a procurar e encontrar os prelúdios do amor de Deus por mim em inúmeras e pequenas formas. Notar as pequenas coisas abriu meus olhos para as coisas maiores que Deus estava fazendo em minha vida. Comecei a sentir-me grata por Ele ter me curado da depressão crônica e fiquei maravilhada com o modo como Ele mudou minha atitude com relação a Ele partindo de uma rebeldia desesperada, como um animal ferido, à calma aceitação e ardente esperança. Ou, para colocar de outra forma, saí do desespero por uma gota do amor de Deus e passei a nadar no oceano de Seu amor. Finalmente eu estava flutuando com total confiança no amor de Deus em vez de lutar contra esse amor como quem está se afogando.

Listar as coisas pelas quais eu poderia ser agradecida parecia ser uma atividade mental, mas mudou o meu coração. A mente e as emoções trabalham juntas de modos misteriosos, mas é preciso que ambas estejam envolvidas no processo para que tenhamos um relacionamento satisfatório e equilibrado com Deus.

**Queremos experimentar um relacionamento dinâmico com Deus diariamente.**

Pode parecer ingratidão egoísta listar o que Deus fez por mim recentemente, mas talvez isso expresse o mais profundo anseio de nosso coração: o de estar num relacionamento que seja pessoalmente relevante e dinâmico. Não queremos uma história do tipo "era uma vez" sobre o que Deus fez por nós há dois mil anos; queremos experimentar um relacionamento dinâmico com Deus diariamente. Queremos virar a página com comprometimento, com o amor do começo ao fim, com intensidade, ação constante e esperança sempre presente apesar de circunstâncias impossíveis. Ainda assim, para experimentarmos uma história de amor dinâmica hoje, precisamos voltar aos eventos da cruz há dois mil anos, os quais tornaram possível o nosso relacionamento de amor com Deus.

Deus demonstrou Seu amor infalível por nós na cruz. O amor de Deus implica em impedir que recebamos a punição que merecemos e estender a nós o bem que não merecemos. Isto não significa que Deus é brando com o pecado. Muito pelo contrário. Há um preço a ser pago e Ele estava disposto a pagá-lo para nos resgatar. O Filho de Deus tomou forma humana e sacrificou Sua vida para salvar a nossa. Essa é a mensagem da cruz: "Mas Deus prova o seu próprio amor para conosco pelo fato de ter Cristo morrido por nós, sendo nós ainda pecadores" (Romanos 5:8). Isso é amor infalível.

Apesar de ser verdade que a cruz é a prova do amor de Deus por mim, algumas vezes o presente do Filho de Deus nos parece como o sentimento que temos ao ganhar um objeto pessoal muito desejado no Natal. Queremos algo pessoal de Deus. Por esta razão, a salvação — como um presente que não temos a certeza de que queríamos ganhar — pode parecer um bom gesto da parte de Deus, mas não temos a certeza do que fazer com isso. Tendemos a deixá-la guardada numa prateleira como lembrete do presente que Deus nos deu. E prosseguimos levando a vida como sempre. Entretanto, a salvação é um presente para ser utilizado aqui e agora, todos os dias. A salvação não é uma entrada gratuita para o céu; é um convite a um relacionamento que produz vida abundante.

Um exemplo notável do amor infalível de Deus ocorre quando Deus lamenta a infidelidade de Seu povo e em seguida promete restaurar o seu relacionamento. Ele diz: "Desposar-te-ei comigo para sempre; desposar-te-ei comigo em justiça, e em juízo, e em benignidade, e em misericórdias; desposar-te-ei comigo em fidelidade, e conhecerás ao SENHOR" (Oseias 2:19,20).

Claramente, Deus se retrata como o Amor. O Seu relacionamento com o Seu povo é descrito como um voto de casamento. Apesar da infidelidade de Sua noiva, Ele permanecerá fiel e lhe oferecerá amor infalível. Não é esse o tipo de relacionamento que procuramos ter com Deus?

Por que, então, a mensagem da cruz é frequentemente descrita em termos frios e áridos? O amor sacrificial de Deus por nós é geralmente explicado em termos judiciais: nós violamos a lei de Deus e o diabo trouxe acusações contra nós. Deus, o justo Juiz, nos declara culpados e a sentença por nossa infração criminal é a pena de morte. Por amor a nós, Deus anuncia que Seu Filho Jesus, pagará nossa pena para que possamos viver. Jesus morreu na cruz sem culpa alguma, no entanto, foi condenado como criminoso para pagar a nossa pena de morte.

**Deus interage conosco de maneiras que indicam Seu relacionamento singular de amor com cada um de nós.**

Apesar de esta explanação ser verdade, não mexe com nossas emoções da forma como uma história romântica poderia. Quando uma pessoa nos ama o suficiente a ponto de comprometer o resto de sua vida por nós, nos sentimos especiais por termos sido escolhidos entre todos os outros para sermos seu amado. É assim que Deus se relaciona conosco. Ele nos escolheu para sermos Seus amados.

Deus não está lá em cima no céu olhando o mundo de cima para baixo com um tipo de amor genérico pela humanidade como um todo. Deus interage conosco de maneiras que indicam Seu relacionamento singular de amor com cada um de nós. Ele nos ama de modo pessoal e único, como nenhuma outra pessoa pode nos amar.

Se começarmos a prestar atenção, perceberemos os gestos do amor de Deus por nós. Ele nos inunda com lembretes de Seu amor e espera que os notemos. Como uma trilha pavimentada por anônimos bilhetes de amor, as bênçãos de Deus nos levam a Ele. Deus não quer nos forçar a amá-lo. De forma alguma, isso seria amor. Ainda assim Ele demonstra fielmente Seu amor em nossa vida e espera que a nossa reação seja amá-lo. Ele espera usufruir de um relacionamento onde haja amor com cada um de nós.

Deus envia o Seu amor. Ele enviou o Seu amor há dois mil anos ao sacrificar heroicamente a vida de Seu Filho por nós. Ele continua a nos enviar o Seu amor todos os dias. Os gestos de amor de Deus por nós, como indivíduos, objetivam chamar a nossa atenção e ganhar os nossos corações. Espero que você passe a reconhecer e a contar com a demonstração do amor de Deus por você todos os dias.

---

Extraído e adaptado do livro *Best Friends with God* (Deus, o melhor Amigo), © 2010, Cristy Bower.

# Descanse no Deus fidedigno

Se formos honestos, admitiremos que há momentos em que pensamos que as promessas da Bíblia foram escritas para outras pessoas. É difícil descansar em Deus, ao receber um diagnóstico de câncer, ter um seguro negado, ou precisar amputar um dos pés devido a diabetes. Se usamos as circunstâncias para definir Deus, em momentos de dor e sofrimento, vivemos na tensão entre o que cremos em relação a Deus e quem Ele aparenta ser.

Aprendemos muito com José que enfrentou o verdadeiro sofrimento (Gênesis 34:50). Ele acreditava que Deus era bom, apesar de as circunstâncias parecerem indicar o oposto. As boas coisas da vida lhe foram arrancadas uma a uma: liberdade, reputação, família. Foi falsamente acusado e aprisionado enquanto a injustiça prevalecia. Viveu por anos sem uma prova visível de que Deus estava agindo para o "seu bem". Mas José manteve-se firme na fé no Deus amoroso. Por quê? Sua fé estava enraizada em seu comprometimento com a verdade, não no que podia ver. Ele cria num Deus fidedigno cuja fidelidade era maior do que as circunstâncias sugeriam. Que Deus, soberanamente, interveio no curso da história humana; portanto ele confiou nele. José agia com base em sua fé. Ele, como nós, viveu a maior parte de sua vida sob a tensão das experiências que pareciam não se ajustar às promessas de Deus. Ainda assim, apegou-se inabalavelmente à sua fé.

As dificuldades são certas na vida, mas elas não têm o poder de controlar-nos quando a nossa fé descansa no caráter do Deus fidedigno que nos promete por meio do Seu Filho, Jesus Cristo, que também, triunfaremos em todas as circunstâncias.

---

Extraído e adaptado do livro *All is Well with My Soul*
(Tudo está bem com a minha alma) © 2012, Publicações Pão Diário.

# ÍNDICE TEMÁTICO

## ENDEREÇOS DOS ESCRITÓRIOS DE IBERO-AMÉRICA E REGIÃO DO CARIBE

Para informações sobre os recursos bíblicos de Ministérios Pão Diário, contate-nos no escritório mais próximo:

**ARGENTINA:** Ministerios Nuestro Pan Diario, Casilla de Correos 23, Sucursal Olivos, B1636AAG, Buenos Aires
Email: argentina@odb.org • Tel.: (+54) 11 15-5467 4008

**BRASIL:** Ministérios Pão Diário, Caixa Postal 4190, 32501-970, Curitiba/PR
Email: brasil@paodiario.org • Tel.: (+55) 41 3257-4028

**COLÔMBIA:** Ministerios Nuestro Pan Diario, Apartado Postal 21, Fusagasugá, Cundinamarca
Email: colombia@odb.org • Tel.: (+57) 1 873 6476

**ESPANHA:** Ministerios Nuestro Pan Diario, Apartado de correos 33, 36950 Moaña, Pontevedra
Email: spain@odb.org • Tel.: (+34) 986 31 80 85

**EUA:** Our Daily Bread Ministries, PO Box 293, Grand Rapids, MI 49501-0293
Email: usa@odb.org • Tel.: (+1) 616 974-2210

**GUIANA:** Our Daily Bread Ministries, PO Box 101070, Georgetown
Email: guyana@odb.org • Tel.: (+592) 231 6704

**HONDURAS:** Ministerios Nuestro Pan Diario, Apartado Postal 30082, Toncontín
Email: honduras@odb.org • Tel.: (+504) 2213 1277

**JAMAICA:** Our Daily Bread Ministries, 23 Parkington Plaza, P.O. Box 139, Kingston 10
Email: jamaica@odb.org • Tel.: (+876) 926 5552

**MÉXICO:** Ministerios Nuestro Pan Diario, Apartado Postal 47-085, Col. Industrial, Del. G. A. M., México DF 07801
Email: mexico@odb.org • Tel.: (+52) 55 2877 0255

**PERU:** Ministerios Nuestro Pan Diario, Casilla de Correos 14-425, Lima
Email: peru@odb.org • Tel.: (+51) 1 221-8530

**PORTUGAL:** Ministérios Nosso Pão Diário, Apartado 66, EC Valença, 4930-999 Valença
Email: portugal@odb.org • Tel.: (+351) 22 489 6232

**TRINIDAD E TOBAGO:** Our Daily Bread Ministries, PO Box 4938, Tunapuna
Email: trinidad@odb.org • Tel.: (+1-868) 645 7402

Para uma lista completa dos endereços de todos os nossos escritórios, acesse **paodiario.org/escritorios**

Para outras informações:
**brasil@paodiario.org • www.paodiario.org**